北京市信访矛盾分析研究中心（www.bjrcsc.gov.cn）是全国信访系统中第一个分析和研究通过信访渠道反映社会矛盾和社会问题的专业机构，也是政府机关中唯一一个利用信访资源专门从事社会矛盾和社会问题分析的研究机构。

研究中心以理论研究和对策研究为主要任务，组织社会科研机构和专家学者，通过客观理性的研究方法并运用统计分析等技术手段，努力研究信访理论，积极创新信访理念，大力开展对外交流合作，主动参与国内外学术研讨，定期发布社会热点问题快速调查和理论研究成果，以此搭建了解社会动态、掌握社会矛盾、完善各项政策、调节发展速度、调整发展模式、推动和谐社会建设的重要平台。

信访理论研究

"信访与社会矛盾冲突管理"
研究方向教学成果（2015）

吴镝鸣 主 编

敖 曼 李慧敏 许 娟 副主编

人民出版社

责任编辑:邓创业
装帧设计:胡欣欣
责任校对:吕　飞

图书在版编目(CIP)数据

信访理论研究/吴镝鸣 主编. —北京:人民出版社,2016.1
ISBN 978 - 7 - 01 - 016202 - 7

Ⅰ.①信… Ⅱ.①吴… Ⅲ.①信访工作-研究-中国 Ⅳ.①D632.8

中国版本图书馆 CIP 数据核字(2016)第 100080 号

信访理论研究
XINFANG LILUN YANJIU

吴镝鸣　主　编

敖　曼　李慧敏　许　娟　副主编

人民出版社 出版发行
(100706　北京市东城区隆福寺街 99 号)

北京中印联印务有限公司印刷　新华书店经销

2016 年 1 月第 1 版　2016 年 1 月北京第 1 次印刷
开本:710 毫米×1000 毫米 1/16　印张:17.75
字数:280 千字

ISBN 978 - 7 - 01 - 016202 - 7　定价:48.00 元

邮购地址 100706　北京市东城区隆福寺街 99 号
人民东方图书销售中心　电话 (010)65250042　65289539

序　一

　　教育是民族振兴和社会进步的基石。党的十八大以来，全党全社会都在关心支持教育改革和发展，我国人才培养体制、考试招生制度、现代学校制度、办学体制、管理体制等多方面改革都在朝着纵深推进。党的十八大提出要"全面实施素质教育，深化教育领域综合改革，着力提高教育质量，培养学生社会责任感、创新精神、实践能力"。深化教育领域综合改革，大的方向是构建政府、学校、社会之间新型关系，落实和扩大学校办学自主权，建设依法办学、自主管理、民主监督、社会参与的现代学校制度。

　　北京市信访矛盾分析研究中心作为一家体制内研究机构，在构建政府、学校、社会之间新型关系方面进行了大胆而有效的尝试，给教育改革注入了新的活力和动力。研究中心自成立之初就定位为"信访理论与信访实践综合创新平台"，秉持发挥科学研究、服务决策和人才培养的三大职能，6年来开创性地取得了一系列的成果。研究中心不仅突破传统信访理论研究视角，跳出单纯"从信访看信访"的封闭式思维，致力于建成现代信访理论与信访实践交汇的前沿研究平台；坚持"以数字反映矛盾规律，以规律促进科学决策"的宗旨，努力把研究成果转化为决策行为和社会实践；在信访学科发展、人才培养方面的贡献更是突出。不管是科学研究的发展，还是服务决策的努力，最终都离不开专业化的人才队伍，因此，研究中心在促进信访学科发展和推动信访专业人才培养方面进行积极探索，有力地推动了学科体系的完善，促使信访工作向专业化、学科化方向发展方面迈出了实质性的一步。

　　为推进信访专业人才队伍的建设，研究中心与北京城市学院不仅共同开设了"信访与社会矛盾冲突管理专业方向硕士研究生班"，又与北京城市学院建立了硕士研究生校外教学基地，为学生教学培养、参与社会实践及科学研究提供平台。双方以研究基地和开展课题为基础，共同创新我国高等教育人才的培养模式，在设置专业课程、建立师资队伍发展机制、考核硕士研究生的培养质量等方面进行合作，这种"产、学、研"一体化工作机制将教育理论和实践工作有机结合，为理论研究找到实践依托，为培养符合社会治理需要的理论和实践一体化应用型人才提供参考。同时，研究中心先后与北京工业大学、中国政法大学、中国人民大学、北京大学等高校在协同创新过程中成立研究基地、开设相关课程、联合培养信访专业人才，为推动信访工作科学化、专业化、规范化发挥了重要作用。2015 年，在研究中心的积极倡导和引导下，中国政法大学正式设立了我国首个信访领域的"信访政策量化分析"博士生培养方向，并且在研究生层面成功申请了二级交叉学科——信访学。研究中心这一系列高等教育培养模式的创举有力地推动了信访学的发展，也是对教育深化改革的一次有意义的探索。

此外，研究中心成立后，密切关注国内外信访与社会矛盾发展态势，紧密结合我国社会发展的实际情况，带动各部门、各学科的研究人员进行前沿性、综合性研究，成为国内各部门协力合作与国际社会学术交流沟通的平台，也在国内外掀起了一股信访理论研究的高潮，为信访学的进一步完善起到了重要的推动作用。

北京城市学院"信访与社会矛盾冲突管理"方向的硕士研究生就是在这样的热潮下开始了他们的学习之旅，他们不仅可以从研究中心这个平台获得最新的信访理论知识，还可以在研究中心实地感受信访工作，把所学的知识应用于实践问题。2015 年，北京城市学院第二批"信访与社会矛盾冲突管理"方向硕士研究生在研究中心及北京城市学院专业导师的共同指导下，完成了硕士研究生毕业论文的撰写。研究中心精心挑选了部分硕士研究生的毕业论文集结成书。这些被挑选出的论文主要是围绕信访与社会矛盾问题展开讨论，有的直接谈论信访制度和信访问题，如信访事项复查复核制度运行现状及完善对策研究、重复访问题研究、涉诉信访问题研究、基层信访工作研究、信访系统政务微博发展对策研究、信访视角下的公众参与和公共政策制定等。有的是在社会工作框架下探讨信访问题或可能引发的信访矛盾，如城市社区违章建筑引发信访问题的社会工作介入研究、社会工作介入 C 区拆迁信访问题策略研究、社会工作介入城市社区信访矛盾化解研究、医务社会工作缓解紧张医患关系途径研究、增权理论视角下的农村征地矛盾纠纷化解路径研究等。这些论文结合当下热点、难点问题进行阐述，对信访与社会矛盾问题研究具有启发意义。相信这一批批高层次专业人才会给信访领域带来新的生机和活力，也相信研究中心会继续在推进信访制度改革、信访学科发展及信访领域专业人才培养方面发挥重要作用。

傅广宛

2015 年 12 月

序　二

本书是北京市信访矛盾分析研究中心 2015 年计划出版的七部著作之一。

党的十八届三中全会在《中共中央关于全面深化改革若干重大问题的决定》中提出，全面深化改革的总目标是完善和发展中国特色社会主义制度，推进国家治理体系和治理能力现代化，第一次在中央文件中以"创新社会治理体制"独立成篇，在创新有效预防和化解社会矛盾体制要求下改革信访工作制度。信访制度改革已被纳入全面深化改革的总目标，是创新社会治理体制的重要内容。信访制度作为中国特色的制度设计，其制度功能始终服务于国家制度的发展，它是国家治理体系中重要一环，是政治管理的科学和民主有效性有机结合的重要制度设计。信访是社会成员参与治理的重要途径，是领导者倾听群众呼声、了解群众疾苦的重要渠道，是坚持走群众路线、保持同群众密切联系的重要体现。从这个意义上，信访工作是衡量国家治理能力现代化的一个重要指标，这就对信访工作提出了前所未有的、更高的标准和要求。要适应这一新标准和新要求，理论研究和人才培养就显得格外重要，然而这两个方面都是当前信访工作的短板，急需改变现状。

北京市信访矛盾分析研究中心自成立以来，就立足于这个领域的理论研究和人才培养，推动信访工作学科化、专业化。2011 年研究中心首先与北京城市学院合作开设"信访与社会矛盾冲突管理"方向硕士研究生班，然后又相继与中国政法大学合作开设了"信访与公共政策"方向的硕士生培养工作；与北京联合大学合作开设了"信访与社会治理（法务）"方向的硕士培养工作。几年来，研究中心还推动中南财经政法大学等多所院校在本科和硕士生教学阶段设置与信访相关的公共课程，都取得良好的效果。

　　为了更好地推动这一领域的人才培养，2015 年研究中心与全国 11 所高等院校共同成立了全国信访高等教育联盟，与此同时研究中心还积极推动中国政法大学在硕士研究生教育中正式开设信访学专业。信访学在我国高等教育中作为一门专业学科尚属首次。此外，研究中心还和中国政法大学合作，开设了"信访政策量化分析"方向的博士生培养工作，在全国高等教育中具有里程碑意义。

　　《信访理论研究》也可以说是一本论文集。它选取了部分优秀硕士生的毕业论文，这些论文从不同角度和视角，就信访工作中普遍关注又研究不够的问题开展理性思考和研究。我以为，每一篇论文都是信访工作的一个专题研究，对现实工作的更好开展具有一定指导意义。有些论文采用的研究方法是我们许多实务工作者不曾用过的，有些论文中的思考是我们许多实务工作者所未曾想到的，还有些论文提出的一些创新理念也是我们许多实务工作者未曾意识到的。这本书的出版除了可以引发信访工作者的深入思考指导实际工作以外，也可以帮助不太了解信访工作的人们对我国存在的信访矛盾有正确的认识和理解。因此，这本书的出版是信访理论研究的重要收获。

　　几年来，我们之所以这样努力地去推动这件事情，是因为我们意识到了这个领域的人才极其短缺，是因为我们意识到了这个领域的工作急需理论的指导。有些人，包括有的记者都这样问过我，学这个专业的人今后好就业吗？信访部门能不能把他们都收下？他们的担心不是没有道理的，但我只想说这个专业不仅仅是为信访领域培养人才，更重要的是为国家培养人才，因为国家急需这样的人才。也可能有些人不这样认为，但现实告诉我们情况就是这样。我们的眼界应该更宽一些，社会才会快速发展。

张宗林

2015 年 12 月

前　言

不同的历史时期,不同的社会发展阶段对人才的要求标准也不同。随着时代的变化和社会分工的日益深化,人才标准从强调具有专门技能、专业特长,逐步发展深化到强调人才应具有知识技能的创造性并对社会经济发展作出贡献。中央明确指出,信访工作是构建社会主义和谐社会的重要基础。培养信访工作人才是信访工作的重要组成部分。信访工作人才具有既是党政工作人才,又是社会工作人才的双重性特点。作为党政人才,信访工作人员代表国家行使公共权力,从事公共事务性质的工作,他们既是党联系群众的桥梁和纽带,又是党的路线、方针、政策的执行者;作为社会工作人才,信访工作人员需要运用专业知识和方法,承担调处社会矛盾、维护人民正当权益、辅导信访人心理等社会服务工作,是现代国家治理能力的重要力量,在保障社会稳定、健康和可持续发展中起到不可替代的作用。

当前,信访工作人才队伍一定程度上存在着引进人才困难、人才教育培养机制不健全、与实际工作还有不适应等问题。为适应社会发展,实现信访工作科学化、学科化、专业化和数字化的新要求,加强信访系统高层次、专业型、研究型信访人才培养,研究中心付出了大量的心血。2011 年,研究中心与北京城市学院共同设立了全国首个信访方向的硕士研究生方向——"信访与社会矛盾冲突管理"研究方向,通过全国硕士研究生入学考试面向全国统一招录。"信访与社会矛盾冲突管理"研究方向的设立,是加强和创新社会治理工作的重要举措,有力地推动了信访工作向专业化方向迈进,为信访系统培养专业化的人才、提高信访干部的素质、提升信访工作的质量,更好地研究和化解社会矛盾发挥了积极作用。

在信访高端人才培养方面，研究中心顺应新时期对信访工作的新要求，打破之前重实践、轻研究的经验主义，充分发挥自身优势，参与硕士生教学的每一个环节，积极与北京城市学院共同开展硕士生培养工作。第一，研究中心编写了全国第一套用于信访方向研究生教学用的 6 本学习教材，包括《信访学概论》、《高级信访工作实务》、《中国信访史研究》等，系统科学地将信访的基本理论、研究方法、信访史、信访心理和应用信访做了详细而全面的梳理。第二，研究中心指派具有硕士生导师资格的研究人员担任硕士生的专业学术导师，并承担部分教学任务。第三，研究中心为硕士生提供了大量实习机会，使研究生在学习理论知识的同时深入北京市信访一线业务部门，了解信访领域的前沿动态，不断从信访实践中触发思考。以上工作为信访理论研究打下了坚实的实践基础，为提升信访干部队伍素质和能力迈出了实质性步伐。

2014 年，首届"信访与社会矛盾冲突管理"专业硕士研究生毕业。研究中心从这届硕士研究生的毕业论文中，精选了其中比较优秀的一部分编辑成书。这些论文所探讨的问题，在不同程度上引发了理论界和学术界的关注，在社会上引起了广泛反响，起到了推介信访制度的积极作用。这些论文凝结了研究中心在信访高端人才培养方面的不懈努力，同时，也是研究中心创新信访高端人才培养的又一次积极尝试。

2015 年，第二届"信访与社会矛盾冲突管理"专业的硕士生研究也在研究中心及北京市城市学院专业导师的共同指导下，完成了硕士研究生毕业论文的撰写并顺利通过答辩。他们的论文内容几乎涉及了信访与社会治理的方方面面。研究中心精选了其中与信访理论和实践联系特别紧密的 11 篇优秀毕业论文编辑成书。在这 11 篇优秀毕业论文中，有的文章侧重信访工作实践，发现问题并寻求应对措施，有的文章侧重社会工作的功能意义，研究信访矛盾引发的社会问题并寻求解决路径，也有一部分文章从社会治理和国家治理角度出发，探讨如何优化信访工作、扩大公众参与并完善公共政策的制定。

与 2014 年出版的首届"信访与社会矛盾冲突管理"专业的生毕业论文汇编相比，本书所收集的论文在选题方面更加注重问题导向和应用价值。写作内容与信访工作实际联系更加紧密，特别是对需要侧重解决的问题，论文作者采用实地调查和访谈等多种方法获取第一手资料，保证了数据来源的可靠性和真实性，文章所用的文献材料也更为翔实。文章综合运用社会学、信访学、统计学知识分析和研究需要解决的问题，提出了很多创新见解，对策和建议更加与时俱进，可操作性更强。

如果说首届"信访与社会矛盾冲突管理"专业的硕士毕业生论文汇编是"小荷才露尖尖角"的话，那么本书公开出版的第二届"信访与社会矛盾冲突管理"专业的硕士毕业生论文汇编已经逐渐成长、成熟起来。正所谓"为有源头活水来"。我们相信此次论文的出版将会给读者一个全新的视角来审视信访工作以及信访矛盾和社会问题，并为信访高端人才培养蓄积更多的源泉和动力！

编者

2015 年 12 月

目　录
CONTENTS

信访事项复查复核制度运行现状
及完善对策研究

岳 媛

摘 要：信访事项复查复核制度自 2005 年设立以来已经运行了
10 个年头。这 10 年间，复查复核制度从探索运行到不断发展，信访
工作者从最初摸索开展信访复查复核工作到工作程序比较严谨有序；
信访群众也从最初的不了解、不认识信访复查复核转变到很多人主
动申请复查复核，珍惜和行使这项信访权利。复查复核制度已经成
为一项众所周知并且在化解社会矛盾中彰显着重要功能的制度。其
作为法定渠道补充地位的信访制度的重要组成部分，应当形成更加
成熟的制度体系，才能在矛盾纠纷解决机制体系中发挥更有效的作
用。这项制度要想发展得更为成熟，进而形成更加完善的制度体系，
那么就应当既"发挥其所长"，又"弥补其所短"。发挥所长就是认
识到制度发挥的作用并继续发扬。弥补其短就是要找出影响制度功
能发挥的问题和困境所在，并剖析原因，从而提出化解困境之对策
以促其更加完善。

信访事项复查复核制度的内涵

一、信访事项复查复核的概念及受案范围

（一）信访事项复查复核概念的界定

要清晰界定信访事项复查复核这个概念，应该先厘清两个基础信访概念：一是信访的概念；二是信访事项的概念。

1. 什么是信访

"信访，作为一种社会现象，至少自有文字史以来就在不同社会里以不同名称、不同形式存在着。"[①] 比如，古代社会的"谤木"、"肺石"、"登闻鼓"都是一些类似于信访的社会现象的重要标志。至于当代信访的概念，现行《信访条例》第二条作出了明确界定。即公民、法人或其他组织通过特定方式，向政府及其工作部门反映情况，提出建议、意见或者投诉请求的活动。

2. 什么是信访事项

弄清信访事项要抓好两个要点：第一个要点是，政府信访机构或政府工作部门收到信访请求后，首先要依据《信访条例》第十四条第二款规定做一个判断，即群众请求是否能够通过诉讼、仲裁、行政复议等法定途径寻求救济，或者已经通过这些渠道得到了实体处理。如果判断是肯定结论，那么该请求就不是信访事项。第二个要点是，要看群众请求内容是不是针对《信访条例》第十四条第一款涉及的五类组织和人员的职务行为。即群众提出请求内容的对象必须是针对五类组织和人员，而且还要针对五类组织和人员的职务行为，这两个要件缺一不可。否则就不应作为信访事项来受理。

3. 什么是信访事项复查复核

信访事项复查复核是指信访群众如果对某个行政机关出具的某件信访事项答复意见书不服，可以在特定时限内逐级向该行政机关的上一级行政机关

---

① 李秋学：《中国信访史论》，中国社会科学出版社 2009 年版，第 374 页。

提出复查、复核申请，受理复查、复核请求的上一级行政机关应当在特定时限内出具书面复查、复核意见书，而信访事项复核意见为最终信访答复意见的三级信访程序。这个程序主要包含以下四个层面的内涵：

从主体来看，复查复核程序的三级办理主体都是行政机关，而非立法机关、司法机关其他国家机关。

从内容来看，第一级答复意见、第二级复查意见、第三级复核意见都应当是针对同一件信访事项作出的。

从效果来看，信访事项复核意见是最终的信访事项答复意见，是信访程序的终结性意见。

从时限来看，复查复核过程中，信访群众和复查、复核机关都要受到法定时限的约束。

（二）信访事项复查复核受案的范围

1. 法律概念层面的受案范围

只有不在《信访条例》第十四条第二款所述法定途径解决的范围内，又在《信访条例》第十四条第一款所述内容之内，才属于信访事项，相关行政机关才能针对该事项做出答复意见，否则就不应当做出答复意见。而应当引导信访群众采取诉讼等途径寻求救济。

2. 实践操作层面的受案范围

实践工作中，有的行政机关对非信访事项出具了信访事项答复意见，有的行政机关对于本应受理的信访事项又没有受理，存在拓宽入口和缩小入口的问题。这就产生了实践操作层面的复查复核受案范围与《信访条例》规定的复查复核受案范围不一致的问题。

新修订《行政诉讼法》于2015年5月1日起施行，其扩大了行政诉讼这一法定途径的受理范畴。这将使社会矛盾纠纷中更多的行政争议能够通过行政诉讼这种法定途径解决。从而影响到信访事项和信访复查复核事项的受案范围也会有所变化。

二、信访事项复查复核制度的定位

复查复核制度的定位，是指其作为一项信访制度和社会矛盾纠纷解决机制，在化解社会矛盾纠纷中具备怎样的功能，与其他信访制度和其他社会矛盾纠纷解决机制的关系如何。

（一）在信访制度体系中的定位：具有信访程序终结功能

1. 复查复核制度是信访制度体系内的一项重要制度

"信访复查复核工作与信访工作的关系是：它既具有相对独立性，又从属于信访工作，是信访工作的重要组成部分和信访办理的重要环节，同时也是化解疑难信访案件，减少重复信访、越级信访的重要手段。"①

2. 复查复核制度与接访、办信等信访制度密切相关

复查复核制度与来访接待、办理来信、督查督办等信访制度紧密相关，在化解信访矛盾过程中系统发挥作用。

3. 复查复核制度具有信访程序终结功能

在信访制度体系内，复查复核制度具有三级信访程序终结功能。按照《信访条例》中的相关规定，如果复核机关已经向信访群众出具了复核意见，信访群众再次信访时只有提出了新的事实和理由，才可能重新启动信访程序，否则只能承担各级行政机关不再受理的后果。

（二）在社会解纷机制中的定位：法定渠道的补充渠道

复查复核制度在社会矛盾纠纷解决机制中的定位主要体现在，其与现有的诉讼、仲裁、行政复议等法定渠道的关系。这种关系，在《信访条例》中没有非常直接的概括性表述，但是从《信访条例》第十四条第二款、第二十一条第一款第一项等相关条款中可以分析得出，依法不能、不应当通过法定途径解决的事项才可能在信访和复查复核程序的受理范围，信访复查复核是一个穷尽法定渠道后的渠道。

三、信访事项复查复核制度的价值

（一）保障公民权益

现行《信访条例》增设的复查复核制度，与修订以前《信访条例》设定

---

① 万发科：《复查复核要做到五个明确》，《山东信访》2008 年第 12 期。

的信访事项处理方式相比，相当于对同一个信访事项处理意见增加了审查处理的行政机关的数量和层级。这种制度设计的变化所产生的相应结果就是可以有三级行政机关对同一件信访事项进行慎重审查，在信访制度体系内能够对不当的信访事项处理方式进行及时和有效的监督与纠正，体现了国家对公民信访权益等合法权益的尊重与保障。

（二）监督依法行政

复查复核程序也是公民对行政机关执行法律的一种有效的监督形式。信访群众通过主动提出申请，致使复查复核程序启动。这项程序中办理主体是某个行政机关，具体依靠的是行政机关内的某些工作人员。复查复核机关对下一级行政机关的信访答复意见进行复查复核，一方面对下一级行政机关是否履行了信访事项处理和答复职责进行监督，另一方面对行政机关是否依法履行了其业务方面的法定职责进行监督。

（三）维护信访秩序

信访事项的初级办理机关出具了信访答复意见后，信访群众如果对答复意见不满意、有异议，复查复核程序就给信访群众这样一个表达不满和异议，继续申请信访救济的渠道。存在这样的一个信访渠道，在一定程度上可以避免信访群众盲目信访，在一定程度上规范了信访秩序。

（四）促进社会和谐

"信访工作的任务之一就是正确处理通过信访形式反映出来的人民内部矛盾。"① 信访制度中的复查复核制度包含了行政系统内部纠错功能，确保了信访事项处理意见的合法性和合理性，增加了解释说明的内容以及解决信访事项或化解信访矛盾的可能性。此外，复查复核程序涉及三级行政机关对同一件信访事项进行处理，三级行政机关的慎重处理程序，给信访群众提供了一个心理承受缓冲空间，使得一些信访群众可能出现的激烈的情绪得到疏导和缓解，更易促进息诉罢访。

---

① 中共中央办公厅、国务院办公厅信访局：《信访学概论》，华夏出版社 1991 年版，第 100 页。

（五）彰显法治精神

合法性是行政机关支持信访群众信访请求的重要标准，也是上一级行政机关对下一级行政机关答复意见予以支持的重要标准。"信访事项三级终结机制是一项较好的制度设计，是信访制度主动向法治靠拢的一种有益探索，是对非程序性信访诉求解决机制的一种自我纠偏和自觉拨正，符合现代法治理念。"①

信访事项复查复核制度的运行现状

一、信访事项复查复核制度的运行原则

依据《信访条例》中关于复查复核制度的相关规定，以及各省市在《信访条例》的指导下出台的地方信访条例或者是复查复核工作办法，复查复核制度在运行过程中形成了一些工作准则。

（一）公开便民原则

复查复核程序依据群众主动提起的复查、复核申请而启动。对于什么样的信访情形可以申请信访复查、复核，何时可以申请，如何申请，还需要哪些准备条件，复查、复核申请受理后的流程如何。很多信访机构都在网站或者办公场所公示了复查复核指南，以方便信访群众申请信访复查复核，进一步畅通这条权益救济渠道。比如，广东省信访局、四川省信访局、重庆市信访办等信访机构都在网站的明显位置公示了信访事项复查复核指南，对于复查复核的受理范围、注意内容、具体流程、申请方式等方面做出了明确说明，以方便信访群众在需要时提出复查复核申请。

（二）书面审查为主原则

《信访条例》并没有明确规定办理复查复核案件应当是书面审查，还是应当是实地勘查，或者是其他审查方式。但在实际工作中，鉴于没有相关明确

---

① 胡林贵：《信访事项三级终结机制分析及完善建议》，《蚌埠党校学报》2013 年第 3 期。

的法律规定以及工作人员配备有限等客观因素，很多复查复核机关只能借鉴《中华人民共和国行政复议法》中的相关规定，采纳原则上主要运用书面审的形式办理案件，对于群众提出的复查复核申请以及下级行政机关提交的相关文书及证据材料进行深入、细致、系统的审查。但在遇到复杂疑难或者是对一些事实存在争议以及其他情况，复查复核机关也可能会采取实地调查或其他方式办理案件。有些省市出台了信访事项复查复核工作办法，在办法中就明确了原则上采取书面审查为主的原则。比如，2011 年，浙江省以政府令形式颁布《浙江省信访事项复查复核办法》，其中第十九条、第二十条就明确了复查、复核机关原则上采取书面审查办法，遇到需要进一步核实有关情况等情况时会采取调查或要求有关单位和人员说明情况等办案方式。

（三）合法与合理兼顾原则

《信访条例》第三十二条规定了行政机关处理信访事项，应当依照有关法律、法规、规章及其他有关规定。可见处理信访事项的依据就是法律、法规、规章及其他有关规定。这里所述的明确依据应当既包含相关法律、法规、规章，也应当包含政策的范畴。行政机关必须在合法基础上处理信访事项，这是一条刚性标准。那么，办理复查复核案件，也必须遵循合法这一工作原则。行政机关办理信访事项如果没有遵循这一原则，那么其做出的信访事项答复意见就存在违反《信访条例》或相关法律政策规定的问题，有可能在复查复核程序中被上一级行政机关撤销或要求重新做出答复意见，还可能被投诉到监察机关，或被提起行政诉讼。可见，遵循合法性原则是行政机关办理信访事项的前提，否则就要承担一些不利法律后果。

开展复查复核工作不仅要遵循合法性原则，也要坚持合理的原则。信访是联系党、政府与广大人民群众的桥梁以及纽带，是解决群众诉求的法定途径的重要补充。坚持合理性原则就是指在办理复查复核案件时，要在法律政策规定的框架内依法、依政策处理信访事项，但是依法、依政策的同时，也要充分考虑信访群众的个人和家庭具体情况，本着为信访群众解决实际困难、化解矛盾纠纷、维护社会和谐的精神来处理信访事项。

（四）监督与协调并重原则

"通过信访制度，国家与社会、政府与公民实现相互约束，使得公民以信访形式，监督政府、事业单位或者社会组织的公务人员相关职务行为"。① 作为信访制度重要组成部分的复查复核制度也具有监督行政机关的功能。对于行政机关不依法行政或者未充分履行职责的情况，上一级复查或复核机关可能会撤销其信访事项答复意见，或者要求其重新做出答复意见，并可以向其发出工作意见书。这些工作程序以及方式体现了复查复核制度能够对行政机关依法行政实施监督的功能。

从信访群众的角度来看，复查复核机关虽然往往不是解决信访诉求的责任单位，但是在办理复查、复核案件时，可以通过协调的方式，推动下一级行政机关解决信访诉求。上述特点也体现了信访复查复核渠道与行政复议、诉讼、仲裁等法定渠道的一项差别。复查复核机关不像法定渠道中的有权处理的机关那样，具有责令行政机关做出具有实体性内容的行政行为的权力。但是复查复核机关可以协调下级行政机关推动信访请求的解决。信访部门具有协调职权的依据主要是《信访条例》第五条、第六条的内容。"信访三级终结不仅仅是走程序，根本的还在于解决老百姓的实际困难。"②

（五）实体与程序并审原则

复查复核程序中，复查复核机关对下一级行政机关出具的信访答复意见的审查主要是程序性审查，并没有针对群众的实体权利直接做出相应的处理意见的权限。这一点内容也体现了复查复核渠道与行政复议、诉讼等法定渠道存在很大区别。

但是，也不能说复查复核制度不涉及任何实体审查。《信访条例》虽然没有直接规定复查复核的依据、标准以及具体的内容，但是第三十二条规定了信访事项答复意见的主要内容要素。其中主要要素包括事实认定方面要素和法律政策依据方面要素。因此，复查复核工作的主要任务就是对下一级行政

---

① 王浦劬：《以治理民主实现社会民主》，《信访与社会矛盾问题研究》2012 年第 3 期。
② 余小鹰：《对信访三级终结工作的思考》，《江南论坛》2006 年第 10 期。

机关的信访答复意见事实认定是否清楚，法律政策依据是否准确充分等内容进行审查。如果审查的结果是肯定的，那么复查复核机关维持下一级机关的信访答复意见；如果审查的结果是否定的，那么复查复核机关就可能撤销下一级行政机关的信访答复意见，或者要求下一级行政机关重新做出答复意见。而复查复核机关进行上述审查，就不可避免地要审查信访事项涉及的实体内容，否则就无法做出下一级行政机关信访答复意见事实是否清楚，法律政策依据是否充分的判定。

比如，在工作实践中，有村民反映村集体产权制度改革中的集体资产量化不符合政策规定，办理机关乡政府针对村集体资产量化工作情况进行了调查和解释说明，复查机关区政府以及复核机关市政府也要针对这些工作情况进行实体性审查。复查机关和复核机关如果不进行实体性审查，就无法判断镇政府答复意见中的相关事实认定是否属实，也无法判断镇政府答复意见中的解释说明是否符合村集体产权制度改革的相关文件规定。可见，复查复核工作也不可避免地涉及实体性审查。

但是，复查复核机关审查了信访答复意见的实体内容，并不意味着要作出实体认定意见。对于复查复核机关应当以哪些形式做出具体复查复核意见，现行《信访条例》并没有明示。

二、信访事项复查复核制度的运行概况

（一）复查复核内容呈多元化发展趋势

随着社会发展及矛盾纠纷多元化显现，复查复核事项涉及的内容也呈多元发展态势。复查复核事项可能关乎公民个人利益，还可能关系到某个特定群体的利益。复查复核内容越来越广泛，涉及社会生活的方方面面，涵盖了征地、拆迁、住房保障、城市建设、土地确权、村集体产权制度改革等多种事项，有的还涉及举报类的事项，比如深层次矛盾驱动产生的举报行政机关不作为、违法行政问题，举报村干部私自干预村民自治事项问题等。这种多样化、多元化发展态势对复查复核工作人员的法律政策掌握水平、整体业务素质和具体工作能力都提出了越来越高的要求。

（二）复查复核工作规范水平不断提升

从全国范围来看，复查复核制度自设立以来运行的规范化水平不断提升。首先，大部分省、市、县都陆续成立了复查复核工作的办事机构。其次，复查复核制度设立以来，各省市相继制定了地方信访条例和相关配套规范性文件，为复查复核工作程序的不断细化和规范提供了法规、规章层面的依据。再次，各省市通过加强法律政策宣传、开展具体业务培训、加强业务指导力度、规范实践工作程序、规范格式文本等方式，使得复查复核工作人员对复查复核程序的掌握和对相关政策的把握更加准确，专业素质也不断提升，复查复核工作的各个环节不断规范。这些措施有效促进了复查复核工作的规范运行和复查复核制度的功能发挥。

（三）复查复核制度的功能逐步显现

复查复核制度设立以来，从解决群众诉求、保障合法权益、终结信访程序、推进依法行政、促进社会和谐等方面，彰显了不容忽视的重要功能。对于合法诉求，复查复核程序确保用足法律政策尽可能地加以解决，推动了信访事项的解决。对于不合乎现行法律政策但是又包含合理性成分的诉求，复查复核机关按照现行政策认真做好解释说明工作，以争取信访群众的理解，促进案结事了。复查复核程序通过对信访事项的慎重处理，确保了信访诉求解决可能的最大化，保障了信访群众的合法权益，对行政机关的依法行政工作也起到了监督效果，同时在一定程度上还发挥了终结信访程序的功能，对减少重复访、缠访等行为发挥了不可替代功能。

（四）复查复核工作开展情况不均衡

2005年复查复核制度确立以后，各省市开始探索开展复查复核工作。经过10年的实践，各省市的复查复核工作都取得了很大发展。但是，各省市、各区县、各委办局、各乡镇开展该项工作的水平并不均衡。一些省市非常注重通过宣传、考核等手段促进复查复核工作的开展，获得了较好的实践效果。但也有少数单位没有充分认识到复查复核制度的功能，对复查复核工作的重视程度不够，再加之工作人员配备不足等因素，工作开展的规范化水平有待提高，使复查复核制度在运行过程中弱化了应有的功能。

（五）复查复核终结功能发挥不充分

复查复核程序中的复核意见书具有终结信访程序的重要功能。在信访实践中，复查复核制度对于解决诉求、息诉罢访等发挥了重要作用。但是在实践工作中，即使有的行政机关依据《信访条例》和复核意见书给信访群众出具了不再受理告知单，但面对信访群众的不断信访，还要继续做好接待来访工作，继续做好解释说明工作。甚至有的行政机关由于重访、重信的压力可能会再次出具信访答复意见，从而导致已经终结的信访事项可能再次进入复查复核程序，浪费了行政资源，也影响了复查复核制度的权威，这也是复查复核制度终结功能发挥不足的体现。

三、信访事项复查复核制度的运行效果

（一）对信访群众信访权益的双向效应

复查复核制度既保障信访群众合法行使信访权利，又限制信访群众滥用法规赋予的信访权利，引导群众正确行使信访权利，从群众信访权益角度发挥了该项制度的双向效应。

1. 保障信访群众寻求救济监督信访意见的权利。群众主动提出申请复查复核时，才可能致使该程序启动。一般情况下，上一级行政机关必须审查决定是否予以受理，并向信访群众出具书面告知，不得忽视群众的复查复核申请，保障群众依法提出申请信访复查复核的渠道畅通。

2. 从程序上看，复查复核机关必须按照条例依据，针对群众的信访请求内容出具答复意见书。从实体上看，复查复核机关审查下级行政机关的答复意见，要确保事实清楚，依据充分，处理意见合法恰当。对于合法、合理的信访请求，行政机关应当用足法律政策尽力给予解决；对于不合法、不合理的信访请求，也应依据法律政策在意见书中认真细致地进行解释说明，争取信访群众的理解和支持。

3. 引导信访群众正确看待和依法行使其信访权利。复查复核制度一方面保护信访群众的合法信访权益，另一方面也引导信访群众正确行使信访权利，不得滥用信访权利。首先，该项制度规范了群众诉求的提出方式。其次，该

项制度限定了信访群众的表意渠道。再次，该项制度归正了信访群众的权利观念。因此，复查复核制度引导信访群众正确认识信访权利，信访权利不是可以无休止行使的，也不是没有任何限制的，信访权利得到保障的同时也要受到相应约束。

（二）对信访群众信访诉求的终结作用

"任何一个解决争议纠纷的机制都需要有一个定纷止争的最后程序，以避免无休止地处理争议而浪费有限的社会资源。"① 复查复核制度能够推动合法、合理的信访诉求得到解决，也能够定性终结不合法、不合理的诉求，发挥了其对信访诉求的终结作用。

1. 有力推动化解合理诉求。在复查复核程序中，办理机关、复查机关以及复核机关在分别做出三级答复意见时，均要确保客观事实认定清楚，法律政策依据准确，处理意见明确恰当。因此，在三级行政机关对信访事项的审查处理当中，确保了尽可能充分运用法律政策推动群众的合理诉求得到解决。

2. 促进化解历史遗留问题。在复查复核工作中，历史遗留问题涉及政策时间久，牵涉责任部门交叉，解决或化解起来耗时较长，往往需要乡镇、区县、省市级政府共同努力，才能推动历史遗留问题的彻底解决或化解。复查复核制度实施后，通过这个三级审查程序，有利于推动历史遗留问题的解决。

3. 定性终结无理信访事项。随着复查复核制度的日趋完善，基层部门加强了对复查复核程序的宣传和引导，很多信访群众收到有三级政府公章的意见书后，看到三级政府均对其信访事项进行定性和不予支持，便息诉罢访，在一定程度上推动了案结事了。

（三）对政府部门行政工作的监督效能

复查复核制度通过信访群众申请启动行政系统内部监督这种层级监督的方式，在一定程度上发挥了纠正违法或不作为行政行为的功能，增强了行政机关依法行政的意识，提升了行政机关依法行政和处理信访事项的能力，增强了政府的公信力。

---

① 周华荣：《强化复查复核工作依法推进三级终结》，《中共乐山市委党校学报》2012 年第 5 期。

1. 监督预防违法行政。复查复核机关在审查案件中，一旦发现下级机关存在或可能存在影响群众合法权益的行政不作为或违法行政的问题，即通过做出复查复核意见促使行政机关纠正、改进行政行为或采取补救措施，发挥了监督和预防行政机关行政不作为与违法行政的作用。

2. 补救避免工作纰漏。有的行政机关针对信访诉求做出的行政行为合法但答复意见书解释说明不准确，引用政策不严谨，引起群众不满。对于这些工作中的纰漏，经复查复核机关指出和纠正，下级行政机关及时查摆存在问题，提出可行的整改措施，弥补工作疏漏，力求避免类似问题的再次发生。

3. 强化依法行政意识。随着复查复核工作的深入开展，绝大部分行政机关都深刻认识到复查复核制度的监督作用和纠错功能，在处理投诉请求中更加注重行政行为程序合法和实体合法，切实增强了依法行政意识。一些行政机关在办理、复查信访事项阶段，对于程序或处理意见是否符合法律政策等问题，积极向上级机关咨询和请示，强化了依法行政的意识。

4. 提升信访处理能力。各级行政机关在开展复查复核工作中，通过对《信访条例》不断学习，上级单位的业务指导，以及处理信访事项或复查复核事项的实践经验，强化了依法行政的意识，提升了答复意见书说理释疑的水平，增强了运用法律政策办理信访事项的水平以及能力。

（四）对社会安定和谐秩序的优化功能

1. 通过内部监督，发挥对现有法定渠道的补充救济功能。《信访条例》第十四条明确规定了应当通过法定途径解决的事项，除此之外涉及的五类行政机关或人员职务行为的问题，才属于信访渠道解决的范畴。信访复查复核制度正是通过行政机关系统内部的层级监督，实现信访渠道对法定渠道的补充救济功能。

2. 出具书面意见，降低群众对诉求解决过高的心理预期。复查复核制度要求各级行政机关对于群众要求书面答复的情况，必须出具书面答复意见。群众看到各级行政机关出具的加盖了行政公章的书面答复意见，阅读答复意见中的解释说明后，增强了对行政机关的信服度，降低了对其诉求的过高心理预期，有助于推动案结事了。

3. 强化程序规范，减少重复访、多头访和择机访等行为。在《信访条例》指导下，各省市出台的信访条例或者配套规范性文件细化了受理机关、受理范围、受理时限、处理时限、处理程序、不再受理程序等内容。各单位在受理信访事项中也加强沟通，在处理重复访、多头访和择机信访中均严格按照复查复核工作程序，极大地减少和避免了重复访、多头访和择机信访的重复多头受理及负面影响。

4. 详细解释说明，努力消除影响社会安宁的不和谐因素。各级行政机关作出书面答复意见时均力求引用法律政策明确，解释说明细致到位。还有一些行政机关对信访群众尽可能做到书面解释和面对面沟通相结合的工作方式，争取群众理解。通过多做一些解释工作，多争取一点群众的理解，消除群众对有关政策的不理解，对行政机关工作的误解，对有些现象的抱怨，减少影响社会和谐的因素。

信访事项复查复核制度的运行困境

一、已有法律依据不能满足信访事项复查复核制度的运行需求

当前，指导全国范围内开展复查复核工作的法律依据仅有行政法规，即国务院颁布的现行《信访条例》。一些省市出台的地方信访条例对复查复核程序进行了一些细化规定，但也不能全面指导复查复核工作程序中的每个环节。这些与《信访条例》相配套的各省市规范性文件，各自探索工作模式，没有类似于行政复议、行政诉讼制度的统一法律规定，没有在全国范围内形成系统的复查复核工作体系，不利于通过经验交流与借鉴以促进复查复核工作整体发展。现有法律依据不足直接影响和阻碍了复查复核工作的顺利开展和复查复核制度的功能发挥。

（一）复查复核制度的具体程序性规定缺失

复查复核制度作为信访制度的一项重要内容，应当具有从申请、受理、办理、督办到法律责任等一系列程序性规定，才能指导复查复核工作顺利推

进并发挥有效功能。但《信访条例》中并没有这一系列程序性规定或者是规定得不够明确，致使复查复核工作缺少具体的操作依据相关单位只能通过自我探索、逐级请示、靠经验办案来开展工作，难免会出现文书撰写水平不均衡、领导重视程度不平衡、工作标准不一致等方面的问题度。这就使得各省市在缺少一系列明确的可操作性的程序性规定下开展复查复核工作，只能在《信访条例》原则性地指导下，逐渐探索开展复查复核工作，影响了实际工作效果。

（二）复查复核程序能否对接法定渠道不明确

信访群众对于影响到其切身利益的信访答复意见不服，能否针对这些答复意见向复议机关提出行政复议申请或向人民法院提起行政诉讼，《信访条例》并没有作出明确规定。也就是涉及复查复核制度能否与行政复议和行政诉讼渠道对接问题，《信访条例》在这些方面未作明确规定。致使在复查复核工作中，只能按照相关法律规定来做出一个判断，这对复查复核工作人员的工作能力和水平提出了更高要求和挑战。

二、信访事项复查复核制度在运行过程中存在功能错位问题

复查复核制度设立后，一方面，一些信访群众将解决诉求寄希望于复查复核这个三级信访程序，不管其提出的诉求有没有现有的法定解决渠道，也不管是不是信访事项，都一定要穷尽三级程序。另一方面，有些行政机关由于对《信访条例》规定把握不准，或是担心被诉至法院，或是担心被投诉到监察局等方面的原因，没有严格把好这个程序的"入口关"，对所有通过信访方式提出的诉求不作判别或是没有准确判别，从而出具信访答复意见。因此，复查复核制度在运行中存在的这种功能错位问题，不仅影响了作为社会纠纷解决渠道的现有法定渠道的权威和功能，也影响到复查复核制度本身应有功能的发挥和制度的权威。

三、信访事项复查复核工作机构与实践工作需求不匹配

（一）复查复核工作机构职权不能满足实践需求

目前，各省、市、区县政府的复查复核工作机构大部分都是设在政府的信访工作机构。政府的信访工作机构承担复查复核工作，代表政府出具信访复查复核意见，对下一级行政机关信访答复意见或复查意见进行复查复核，但是《信访条例》没有明确赋予信访工作机构实体调查权。因此，在对基层单位答复进行信访复查复核过程中，首先在复查复核工作开展上就存在一定难度，其次相关单位如果不执行复查复核相关意见，复查复核工作机构只有向其提出工作建议或意见的权力，并没有强制落实的权力，这在实践工作中确是一个难题。

（二）复查复核队伍不能充分满足工作需求

在实践中发现，随着公民维权意识的增强，复查复核机构的工作量越来越大，专业化程度也越来越高。但是普遍存在工作人员配备数量不充足、工作人员水平不均衡的问题，影响了复查复核工作的专业化发展。基层单位的人员流动速度较快，岗位轮换较为频繁，加之从基层到复查复核机构人才队伍的系统化培训不足，缺乏类似于行政复议这种法定渠道中的人员资格认证制度，还有的相关领导和一些具体工作人员对复查复核的重视程度不够，这些因素致使复查复核人员专业化水平呈现参差不齐的特点。而复查复核工作又具有法律政策专业化水平较高、文字表达需清晰严谨的特点，这就容易产生复查复核工作程序化、各单位工作差异较大、制度作用发挥不到位等问题，在很大程度上制约了复查复核工作的科学化、精细化和专业化发展。

四、开展信访事项复查复核工作没有充分整合相关资源

《信访条例》第十三条明确了政府信访工作机构在处理群众诉求的过程中，应当组织一些领域的社团、某些法律援助机构、相关领域的专业人员、社会志愿工作者共同参与到信访工作中来。的确，信访是一项能够密切党、政府与广大人民群众良好关系的工作。做好信访工作不仅需要信访部门的努

力，也非常需要社会各界人士参与到信访工作中来，发挥他们的专业作用，以一个中立者的角度来与信访群众进行沟通，更容易得到理解和促进案结事了。

复查复核工作更是一项法律政策性很强的信访工作，涉及的事项越来越呈多元化，复查复核工作人员需要掌握方方面面的法律政策，从占地征地到房屋拆迁，从物业管理到村民自治，从住房保障到城市建设，关注政策越来越精细。同时，有些复查复核事项是历史遗留问题，还需要对当时的社会背景、法律政策实施的变化过程以及相关制度的沿革等情况有一个清晰的认识。此外，复查复核工作人员还要具备很好的与人沟通能力，以做好对信访群众的沟通和解释工作。这些都要求复查复核工作人员有较高的法律政策水平和专业化水准，但复查复核工作人员很难做到掌握法律政策无死角，对各个时期、各个领域的法律政策及社会背景情况全面把握。因此，对于一些特殊疑难的信访事项，需要法律工作者、心理咨询师、社会工作者、行业专家等专业人士参与到复查复核工作中来，充分发挥其专业水平和能力。

五、复查复核工作没有充分发挥对政策完善的推动作用

复查复核工作是政策性很强的工作，出具复查复核意见的重要依据就是法律和政策，复查复核工作机构最有先决条件发现公共政策方面存在的需要完善之处。因为有的信访群众会针对自己的信访请求，提出具体的政策依据，而且复查复核机关在办案过程中也在不断查找、研究和适用相关政策。通过对政策的分析以及对信访请求的梳理和分析，很可能就发现了有些政策存在的一些需要完善之处。

但是，目前由于工作人员配备普遍不足以及受传统工作观念影响等因素，大部分复查复核工作机构还处于将主要精力放在办理具体的复查复核事项上的状态。即使有些省市已经意识到并开始努力发挥对政策完善的促进作用，也还处于初期阶段，复查复核制度对公共政策完善的推动作用还没有充分显现，距离实现有效推动公共政策完善的愿景还需要更多的关注和努力。

信访事项复查复核制度的完善

一、信访事项复查复核制度完善的必要性分析

（一）制度设计层面的功能要求

目前，复查复核制度明确的法律规范仅有《信访条例》这部行政法规，其在法律架构体系中层级不是太高。而且其中仅有两条直接涉及复查复核制度的相关内容。仅有的两条规定作为复查复核制度设计的法律依据，没有对该项制度应有的内容作出明确和全面的规定，显然不能满足发挥其应有功能的需求。

（二）制度运行面临的困境要求

从复查复核制度运行状况来看，该项制度在运行过程中遭遇了一些现实困境，阻碍了制度的运行效果和实现该项制度功能最大化。在复查复核制度运行过程中，经过了复查复核程序的信访事项本应处于终结的状态，但信访实践中终而不结、案结事不了的情况也确实存在，复查复核制度对程序终结的功能发挥不足。另外，由于传统工作理念的影响，复查复核工作机构更多重视对复查复核事项本身的处理，而对于通过复查复核工作促进政策完善的推动作用重视不够，使得复查复核制度应有功能没有充分显现。复查复核制度在运行层面的这些现实困境的解决，在很大程度上也依赖于复查复核制度的进一步完善，以制度完善促功能发挥。因此，复查复核制度在运行过程中面临的各种困境也迫切要求复查复核制度必须进一步完善。

二、信访事项复查复核制度完善的可行性分析

（一）现有法律规定为复查复核制度完善提供了法律依据

我国《宪法》第二十七条第二款规定了国家机关和工作人员要保持同群众密切联系，第四十一条规定了公民对于国家机关和工作人员的批评权、建议权以及申诉、控告、检举权。信访渠道是密切党、政府与广大人民群众关

系，公民行使上述系列权利的一条正当途径。国务院《信访条例》第三十四条、第三十五条设定了复查复核制度，复查复核程序作为信访渠道的一个重要内容，也体现了上述功能。完善复查复核制度能够推动上述功能更好地实现。

（二）依法治国要求为复查复核制度完善提供了政治保障

党的十八届四中全会通过的《中共中央关于全面推进依法治国若干重大问题的决定》明确提出要把信访纳入法治化轨道，为实现信访法治化发展提出了明确的方向和要求。信访也是法律框架体系内的一项重要的社会矛盾化解机制。复查复核制度又是信访制度中最能体现规范化水平和法治化要求的内容，开展复查复核工作必须以法律政策为依据。因此，党和国家对于信访法治化的要求为复查复核制度的完善奠定了政治保障。

（三）公众积极参与为复查复核制度完善提供了社会基础

在复查复核工作实践中，越来越多的信访群众申请复查复核，直至信访程序的终结。"设立信访终结机制，可以保障公民依法有序地参与政治、表达意愿，保证公民在良好的秩序下进行信访活动。"[1] 在复查复核程序中，有些合法合理的请求得到了彻底解决，公民合法权益得到了维护和保障；有些不合法不合理的请求，信访群众在复查、复核意见书中得到了清楚细致的解释说明，对涉及其自身利益的政策以及有关事实得到了明明白白的认识。因此，公众的积极参与体现了复查复核制度存在的现实意义，是复查复核制度应进一步完善的社会基础。

（四）复查复核实践为复查复核制度完善提供了实践支撑

10 年复查复核工作实践，彰显了其在保障公民权益、监督依法行政、促进社会和谐等方面发挥的重要功能。但与此同时，复查复核制度在运行过程中也体现了一些问题和面临的困境，比如功能错位问题。而这些问题和困境正是阻碍复查复核制度功能发挥的关键性因素。因此，要使复查复核制度更好地发挥其应有的制度功能，就必须对复查复核制度不断加以完善。复查复

---

[1]　潘玉珍：《关于信访终结机制的思考》，吉林大学 2005 年硕士学位论文。

核制度在运行过程中发挥的作用、面临的问题和困境也恰恰是复查复核制度完善的实践支撑。

三、相关制度对信访事项复查复核制度完善的启示

（一）行政复议、行政诉讼制度对复查复核制度的启示

复查复核程序与行政复议、行政诉讼渠道都具有避免和纠正违法的行政行为，维护公民合法效益，监督行政机关依法办事的功能，都是社会矛盾化解机制体系内的重要机制。行政复议与诉讼渠道已经形成了较为完备的制度体系，对同属于社会矛盾纠纷解决机制的信访复查复核制度的完善具有一定的借鉴作用和启示。

1. 法律依据完善是制度功能有效发挥的前提

行政复议和行政诉讼都具有一系列明确法律依据。《中华人民共和国行政复议法》、《中华人民共和国行政复议法实施条例》、《中华人民共和国行政诉讼法》等法律依据为行政复议和行政诉讼工作实践提供了具体依据，确保了这两项制度有效运行。而复查复核渠道与行政复议和行政诉讼同属于我国社会矛盾纠纷解决机制，复查复核工作开展的法律依据主要是《信访条例》这部行政法规，显然不能满足有效发挥制度功能的现实需求，应当进一步完善复查复核制度的法律依据。

2. 法律地位明确是制度权威能够显现的保障

现行法律针对行政复议和行政诉讼法律地位已有明确定性。一般情况下，行政复议没有最终的法律效力，如果遇到公民对行政复议决定书不服的情况，还能通过另一条法定渠道即行政诉讼渠道寻求解决。只有在法律明示行政复议决定为终局裁决的情况下，行政复议决定才具有最终法律效力。行政诉讼制度与行政复议制度不同，未经上诉并满足法定时限等条件的行政诉讼裁判文书以及终审裁判文书具有最终的法律效力，当事人都应当遵守和执行。而复查复核制度处于何种法律地位，群众对信访答复意见书不满，是否能就答复意见书申请行政复议或提出行政诉讼，现行《信访条例》并没有给出明确的定性。由此，在实践工作中，就产生了相关单位不重视复查复核程序、以

信访答复意见书承载具体行政行为内容、复查复核制度终结程序功能不到位等问题，影响到复查复核制度应具有的权威以及功能发挥。

3. 受案范围清晰是制度运行能够有序的基础

《中华人民共和国行政复议法》第六条、《中华人民共和国行政诉讼法》第十一条都以列举的形式明确规定了行政复议、行政诉讼的受案范围，使相关当事人和复议机关、诉讼机关能够比较清晰地掌握受案范围。《信访条例》没有列举复查复核事项的受理范围，只能依据信访事项的受理范围来确定复查复核受案范围。

（二）议会监察专员、公民申诉制度对复查复核制度的启示

信访制度是我国社会主义事业发展过程中一项具有中国特色的制度设计。其他国家没有信访制度，但却有与之相似的相关非诉讼的矛盾化解机制。

比如起源于瑞典后被芬兰、丹麦、英国、澳大利亚等国普遍吸纳的议会监察专员制度以及德国公民申诉制度成为了上述国家对行政权力监察的有效方式。这些制度与我国信访制度相似，都是诉讼制度之外的纠纷解决制度，在救济公民权益、监督行政权力、化解社会矛盾等方面发挥了重要作用，都取得了良好效果，并且有比较丰富的立法经验，这些宝贵资源都可供复查复核制度加以借鉴。

1. 应当进一步加强信访的法治化建设

无论是议会监察专员还是公民申诉制度，都具有比较清晰的法律层面依据。瑞典《议会监察专员指令法》对议会监察专员的选拔、职权、责任、案件处理等方面都作出了详细规定。德国基本法清楚规定公民申诉的权利等内容。这些法律依据为议会监察专员制度、公民申诉制度的合法有序运转和功能发挥奠定了坚实的法律基础。而我国复查复核的法律依据只有这一部属性为行政法规的《信访条例》。这部行政法规相对于法律来说不仅位阶较低，而且关于复查复核制度的规定不全面，不能有效指导实践工作的每一个环节。因此，完善复查复核制度应当首先把进一步推进信访法治建设作为前提。

2. 应当进一步强化信访程序终结功能

德国公民申诉制度注重对没有新证据而重复申诉的约束，这种程序性控

制防止了申诉权的滥用，提高了申诉制度的运行效率。我国的复查复核制度具有的信访程序终结功能也与公民申诉制度中的程序控制类似。实践中，有些信访群众收到了复核意见，再向相关机关信访，相关机关再次出具信访答复意见书。这种做法与复查复核制度的精神相违背。应当进一步完善复查复核制度的终结性规定，强化复查复核制度的程序终结功能，有关机关在信访工作中也要严格遵守复查复核制度要求，才能真正有效提升复查复核制度的运行效率及效果。

3. 应当进一步加强复查复核队伍建设

议会监察专员制度对解决社会矛盾发挥了重要功能，这与议会监察专员具有较高的个人和专业素质密不可分。我国的复查复核工作也是一项法律政策和信访专业性都很强的工作，从复查复核工作实践来看，有必要建立科学的复查复核人员选拔、任用制度，强化和创新复查复核人员培训、管理、考核制度。只有不断加强复查复核队伍建设，才能适应实践要求。

4. 应当赋予复查复核机构实体调查权

瑞典的《政府组织法》中明确提到了议会监察专员具有调查权，这项重要权力对监察活动能够顺利开展至关重要。我国的复查复核制度不同于其他信访制度，复查复核机构对于答复意见审查涉及实体性审查，即信访答复意见事实是否清楚，法律、政策依据是否充分准确，证据材料是否属实。复查复核机构享有实体调查权，才能顺利开展工作。《信访条例》并未明确规定复查复核工作机构在从事复查复核工作中，针对有关事实等情况享有实体调查权，这就可能产生实务工作开展过程中的调查存在不顺畅的问题。因此，应当赋予复查复核机构一项实体调查的权力。

四、信访事项复查复核制度的完善对策

（一）加快推进信访的法治化进程

从 10 年复查复核工作实践来看，制定信访法和配套法规及规范性文件非常紧迫和重要。现行《信访条例》涉及复查复核制度的内容不多，对工作指导力度有待加强。各省市也没有全部出台地方信访条例或复查复核工作办法。

而复查复核制度运行实践证实其在化解社会矛盾，促进社会和谐等方面又发挥了重要功能。因此，有必要适时修订《信访条例》或适时制定统一的信访法，对复查复核制度进行进一步规范和强化，以促进复查复核制度功能的更大发挥。

1. 进一步明确复查复核制度定位

从复查复核工作实践来看，复查复核制度在运行过程中存在功能错位和信访答复意见书效力不明等问题。这些问题产生的一个很重要原因，就是《信访条例》对于复查复核制度的性质和定位有待进一步明晰。要从信访制度本身及我国社会矛盾纠纷解决机制体系着眼，对复查复核制度的性质和定位进一步加以明确。明确复查复核制度性质和定位大致包含以下内容：应当进一步明确复查复核制度在解决社会矛盾纠纷中的定位，明示复查复核制度与诉讼、仲裁、行政复议等法定渠道关系，明晰信访答复意见书能否被复议和诉讼。

2. 进一步细化复查复核工作程序

目前，《信访条例》关于复查复核程序规定只有两条，对于复查复核工作实践领域的指导力度还不够。复查复核制度是整个信访制度体系内其中一项内容，信访法律法规应当增加对于复查复核程序的指导性规定。比如，对于复查复核工作的机构设置、受理范围、相关时限、复查复核意见书的内容和形式、复查复核机构的实体调查权，以及信访群众未在法定时限内申请复查复核如何终结信访程序等内容，应当细化和明确。对于复查复核程序的具体相关规定，可以授权各省市制定相应的实施办法，以配套文件的形式细化复查复核程序性规定，以此实现对复查复核程序的规范和指导。

（二）推动复查复核工作理念转变

受传统信访工作理念影响，当前大多数复查复核工作机构还是把最主要的工作精力放在信访群众申请复查复核的事项上，注重个案的处理与化解，对复查复核案件中体现出的一些具有代表性的公共政策不完善问题关注度不足。复查复核工作的开展必须依靠法律政策，因此对发现公共政策不完善问题具有天然的优势。复查复核工作机构及其工作人员首先应当转变工作理念，由被动办案向主动研究转变，由关注个案到关注有代表性的案件转变。要在办理好个案的基础上，注重发现有代表性、苗头性的公共政策性问题并开展调查研究，积极向政府及有关部门建言献策，发挥复查复核制度对完善公共政策的促进功能。

（三）加强复查复核工作机构建设

当前，各级政府开展复查复核工作的具体办事机构主要设在信访机构，开展复查复核工作涉及对有关事实的实体调查，常常需要相关行政机关的配合和支持，办理复查复核事项的效果如何，在很大程度上取决于相关责任单位领导和工作人员的重视程度和专业化水平。因此，在赋予复查复核工作机构实体调查权的同时，应当建立复查复核工作机构或信访机构与人事、组织部门的沟通和交流机制，赋予复查复核工作机构或信访机构对于行政机关工作人员的任职建议权。

（四）创新和强化资格认证等制度

复查复核制度功能发挥得如何，与复查复核工作开展得成功与否是密切相关的。复查复核工作开展的规范化、科学化、专业化水平，工作人员的素质和水平又是非常关键的因素。首先，在选人用人方面，要吸收选任受过法学等专业教育或者有着丰富法律工作实践经验的高素质人才，选任具有较高复查复核工作专业水平的人员担任领导职务，促进复查复核工作的规范化开展。其次，要建立复查复核领域人员资格认证制度。复查复核工作是一项专业性很强的工作，复查复核工作人员既要非常熟悉复查复核制度和其他信访制度内容，又应当具有较高的法律素养，能够熟悉和运用各个领域的法律政策。最后，加强对复查复核工作人员的组织领导以及培训。要加大人力支持，不断充实办案力量，提升人员素质，提升复查复核工作的整体实力。

（五）进一步拓宽和整合相关资源

为更好地开展复查复核工作，并实现复查复核工作的科学发展，应当进一步整合可利用的相关资源，发挥各类资源优势。

1. 利用法律资源，建立法律政策的数据资源库

法律政策是复查复核工作顺利开展的必要工具，办理每一件复查复核事

项都离不开法律政策的衡量，而方方面面的法律政策体系又庞大、复杂、零散。因此，复查复核机构应当建立法律政策数据资源库，对法律政策分类进行管理，并定期进行更新、整理和维护，以便于办理复查复核事项时随时查询使用。

2. 运用机构资源，加强与有关部门的沟通交流

复查复核程序虽然仅是诉讼、复议等法定渠道的补充渠道。但是，要想准确把握复查复核受案范围，就必须先准确把握法定渠道的受理范围，复查复核工作人员即使业务水平已经较高，但也难免会遇到复杂疑难的事项，在判别其是否能够通过法定渠道解决方面是一个不可回避的难题。因此，复查复核机构应当加强与行政复议机关、人民法院等部门的交流，建立定期与不定期的案件会商制度，以随时就把握不准的有关事项能否通过法定渠道解决的情况，与行政复议部门和人民法院进行交流，从而准确地判别其是否为信访事项。

3. 整合人才资源，吸纳专业人士推动工作开展

《信访条例》第十三条规定信访机构开展信访工作应当组织相关专业人员参与，而且复查复核工作本身又是一项专业性较强的工作，需要专业人士参与。

在实际工作中，可以聘请相关律师以及规划、建设、国土等方面的行业专家等精英人才，成立专家委员会，对于复杂疑难的复查复核事项进行专家"会审"，"会审"后的专家意见作为办案参考，确保复查复核意见合法、科学。而且，"律师所扮演的第三方中立角色为信访群众和有关政府部门提供了一个解决矛盾、化解矛盾的平台，此种身份也决定了律师在信访案件的正理过程中可以发挥沟通者和协调者的作用"。[①] 此外，还可以聘请社会工作者、心理咨询师、社会志愿者等参与复查复核工作，运用社会工作理论与实务技巧、心理学知识等专业素养，以中立者的角度对信访群众做一些解释说明性的工作，增强信访群众对复查复核意见的理解度，以更好地促进案结事了。

---

① 安丽娜：《用法治新思维推动信访工作法治化》，《信访与社会矛盾问题研究》2014 年第 1 期。

信访视角下的公众参与和公共政策制定

刘　洋

摘　要： 公众参与是公共政策制定过程的重要步骤，是公民知情权、参与权、建议权和批评权等宪法权利的重要保障，也是促进公共政策决策科学化、民主化的重要体现。党的十八届四中全会明确要求要把"公众参与"作为重大行政决策的法定程序。信访作为我国特色的本土化制度设计，是公众参与的重要方式和途径。目前，从信访角度审视和考察公众参与和公共政策制定的研究性文章少之又少。本文正是基于信访实践，结合社会学学科的研究领域，对公众通过信访参与公共政策制定进行分析研究。

主要概念界定

一、信访的概念与功能定位

（一）信访的概念

信访有广义、狭义之分。广义的信访是指公民、法人或其他组织向各级党委、政府、人大、司法机关等单位以各种方式反映情况，提出批评、建议以及维护自身权益的请求的活动。广义的信访既包括行政信访，也包括人大信访、涉法涉诉信访等。狭义的信访是指国务院《信访条例》规定的信访："公民、法人或者其他组织采用书信、电子邮件、传真、电话、走访等形式，向各级人民政府、县级以上人民政府工作部门反映情况，提出建议、意见或者投诉请求，依法由有关行政机关处理的活动。"这样一种制度安排，对民众来说，既可以用作一种政治参与机制，也可以用作一种利益表达机制。如果用作"政治参与机制"，就意味着民众可以通过信访这条渠道表达自己对公共事务的意见或建议，投诉或检举有损于公共利益的倾向及行为，不管这些倾向和行为是来自国家，还是来自社会内部；如果被用作"利益表达机制"，则意味着民众可以利用信访这条渠道表达个人的利益诉求，以挽回已经遭受的损失、预防可能发生的损失，或实现更多更大的利益。毫无疑问，这两种用途之间存在着质的差别：作为一种政治参与机制，信访渠道是为公共利益服务的，而作为一种利益表达机制，则是为个人利益服务的。[1] 从信访的词义可以看出，信访是民主社会公民与公共权力之间的一种双向互动过程：一方面是公民、法人或其他组织用写信、走访或其他形式，向各级党政机关及其领导同志表达自己的愿望、请求；另一方面是各级党政机关在其职权范围内依法处理群众意见建议或投诉请求，维护群众利益。[2] 但在信访实践中，信访主要是指与政府、政策、官员有关的诉求或事项。实践中信访与领导决策、公共政策具有千丝万缕的联系，但理论上和法律上则更多强调其公众参与的功能。如何充分利用信访制度完善公众参与与公共政策的对接，将是信访制度改革创新的重点之一。经过六十多年的发展，信访制度在政治和社会发展过程中逐步嬗变，在公共利益和个人利益之间此消彼长，在私权利与公权力之间双向互动，已经成为我国政治制度体系的重要组成部分，也是国家治理体系中的重要内容。

（二）信访的功能定位

信访功能地位是指根据信访制度的本质属性确定信访在我国国家治理体系中处于何种地位、居于何种位置、发挥何种功用。目前在理论层面，我国对信访的定位研究还存在很多问题，甚至可以说是一个长久忽视的问题。信访本体论（信访是什么）研究、信访认识论（信访为什么）研究等方面的理

---

① 参见张宗林：《中国信访史研究》，中国民主法制出版社 2012 年版，第 155 页。
② 参见刘二伟：《社会矛盾指数研究》，中国民主法制出版社 2013 年版，第 29 页。

论研究成果偏少，在如何定位信访制度功能的研究中，存在着不同的视角和观点。而在实践中，信访功能定位主要是围绕党和国家的工作重心的变化而不断变化。

认真梳理学术界相关观点，大致可分为四种：一是把信访作为一种矛盾化解机制，以解决纠纷、权利救济和保障为主。这种观点主要是基于信访实践。实践中，信访的确作为一种矛盾化解机制，就维护公民、法人或者其他组织的合法权益方面发挥了重要作用，这种权利救济的定位在国务院《信访条例》中也被确认。然而，此观点也受到很多挑战。① 二是把信访作为一种社会动员机制，以有序参与、沟通协调为主。"深入考察中国当代信访史可以发现，其实国家关于信访工作一直并存着两种微妙但有重大差别的理念：第一种，基本取向追求社会稳定，国家信访工作因此而被定位为一种矛盾化解机制，其功能是及时发现和处置社会矛盾；第二种，基本取向是追求社会变革，国家信访工作因此而被定位为一种社会动员机制，其功能是通过信访渠道扩大民众的政治参与……"② 这是信访制度设计的初衷，信访是我国民主政治制度的特有形式之一，是一项具有中国特色的民主政治制度，是连接公众参与和领导决策的重要制度设计。而随着现代行政理念的深入，领导决策的载体主要是通过各种公共政策。三是把信访作为一种人民监督机制，以权力监督为主。"信访既是行政信访的功能实现载体，也是行政监督的运行机制，它具有鲜明的行政监督的基本属性"③。监督功能主要表现在监督领导干部的违法

---

① 有人认为信访的权利救济功能是因为司法救济不完善导致的，一旦司法救济渠道畅通并且公平公正，信访的权利救济功能就值得商榷；有人认为信访救济过于追求个案的实质正义而忽视法治的程序正义，与法治国家相违背；也有人认为，信访的权利救济功能关键在信访立法，将信访救济纳入法治化轨道；支持此观点的学者也提出一些建设性的建议，比如应星教授指出："在信访救济未来的制度创新中，应该发挥信访救济的独特优势，集中矫正其不讲程序、缺乏规范、充满恣意的根本弊端，将信访救济规范和改造为行政诉讼救济与行政复议救济的过滤机制、补充机制和疑难处理机制"。还有张宗林教授建议信访承担起"引导民主、补充法治"的功能。

② 参见张宗林：《中国信访史研究》，中国民主法制出版社 2012 年版，第 154 页。

③ 参见王浦劬等：《以治理民主实现社会民生——对于行政信访的再审视》，北京大学出版社 2012 年版，第 287 页。

违纪行为、监督相关工作人员的行政行为、监督公共政策的制定和执行。① 四是把信访的各种功能按照"主辅结合"的方式构建"大信访"，即大背景、大格局、多功能。② 此观点综合了上述三种观点的优势和不足，采用了主辅方式进行排列重组。

在信访实践中，信访工作是党和政府的一项重要工作，在不同的历史时期扮演着不同的角色，发挥了重要作用。通过系统梳理，主要包括以下几个方面：一是把信访作为"党和政府密切联系人民群众的桥梁和纽带"。建党初期，面对强大的敌对势力，中国共产党就积极鼓励人民用来信、来访等形式向党表达各种意见。新中国成立以后，人民群众通过来信来访，积极投身到社会主义建设事业中，向党和政府反映情况，对社会主义建设提出意见和建议，"密切联系群众"的信访定位进一步确立和彰显，有力地推动了社会主义的建设。二是把信访定位于"保持各级人民政府同人民群众的密切联系，保护信访人的合法权益，维护信访秩序"。党的十一届三中全会后，随着我国改革开放的不断推进以及社会主义民主法制建设的深入，信访工作的职能定位在相关法规、规章和相关政策陆续出台的前提下得到了进一步明确和拓展，信访工作逐步纳入到了法律体系当中，这主要包括国务院《信访条例》、地方性法规。国务院《信访条例》第一条明确规定："为了保持各级人民政府同人民群众的密切联系，保护信访人的合法权益，维护信访秩序，制定本条例。""保持"、"保护"、"维护"的信访定位在《信访条例》中得到肯定。三是信访工作是党和政府的重要工作，是构建社会主义和谐社会的基础性工作，是党的群众工作的重要组成部分。2007 年，中共中央、国务院颁发《关于进一步加强新时期信访工作的意见》（以下简称《意见》）。《意见》开宗明义把信访工作定位为：信访工作是党和政府的一项重要工作，是构建社会主义和谐社会的基

---

① 参见张宗林等：《信访工作的新思维与新理念》，《信访与社会矛盾问题研究》2013 年第 5 期。

② "所谓大背景，是指将信访纳入到民主政治建设的大背景中加以考量。……所谓大格局，是指要准确定位立法、行政、司法等机关和部门的信访功能……所谓多功能，是指行政信访制度应该具有多重功能，包括作为政治参与的渠道，起到动员群众……化解矛盾……引导群众情绪、建立法治秩序……推进政府变革、改善社会管理……的作用。"

础性工作，是党的群众工作的重要组成部分。①

不管是信访理论还是实践，信访都是具有多种重要属性的制度设计，既有政治层面的考量，也有法律层面的设计。因此，思考信访的功能定位，应该把信访放在整个国家治理体系中谋划，要充分发挥其他制度不能代替的作用。"行政信访的政治参与、权力监督功能既符合信访条例的法定要求，也为现实的公共治理所需要。扩大公民政治参与渠道，提高公民参政议政能力，促进公民有序政治参与，是我国民主政治建设的一个发展方向。在公民权利意识日趋高涨、民主主张日趋强烈的背景下，国家和政府必须建立和完善包括人民代表大会制度、基层民主自治制度、政协制度和信访制度在内的、多元而富有弹性的社会政治制度，方可有效分流并吸纳这些意识和主张，维护社会秩序和稳定。"② 遗憾的是，现行《信访条例》只强调了相关建议的职能，缺少有关如何促进公共政策制定的有效机制，这是以后需要进一步完善的。

二、公众参与的概念和方式

（一）公众参与的概念

公众参与是政府在实施行政行为的过程中吸纳包括行政相对人在内的普通公众参与行政行为形成过程的一种方式或者机制。它体现了人民主权的现代行政理念，已经成为现代行政的一项基本原则。"公众"一词内涵和外延非常广泛，在不同的语境下，公众的含义也不尽相同。本文所探讨的"公众"是指那些因公共议题而具有共同的利益或者因共同关注该公共议题而形成的

---

① 这个定位主要有三层含义：一是信访工作作为党和政府全部工作的重要组成部分，各级党委政府必须从政治的全局的高度，充分认识做好新时期信访工作的重要性，认真履行做好信访工作的政治责任。二是信访工作作为构建社会主义和谐社会的基础性工作，必须坚持党和政府的统一领导，把信访工作放在党和国家工作全局中去谋划、去部署。三是信访工作作为党的群众工作的重要组成部分，必须充分发挥信访工作是党和政府联系群众的桥梁、倾听群众呼声的窗口、体察群众疾苦的重要途径等作用，要在正确处理人民内部矛盾、维护社会和谐稳定，加强党风廉政建设和反腐败斗争中发挥重要作用。

② 参见王浦劬等：《以治理的民主实现社会民生——对于行政信访的审核》，北京大学出版社2012年版，第220页。

社会大众或者群体。一般情况下，"公众"应包括三个部分：（1）利益相关的个人或组织。这些个人和组织一般在公共议题所在的区域内；（2）利益相关的个人或组织选出的代表。涉及公共议题的项目实施涉及的群体很多，利益诉求和心理状态不可能完全一致，如果直接参与公共事务的谈判和公共政策的制定过程，势必会造成混乱和低效，法律或者相关法规一般会要求选出代表，这些代表能够提供相关信息及作为所代表团体的利益发言人；（3）关注公共议题的团体。这些团体一般是对公共议题感兴趣或者具有某种专业知识的国家或国际的非政府组织、大学、研究所、培训机构等。

学界对公众参与探讨得较多，不同学者也给出了不同的定义，俞可平认为："公民参与，通常又称为公共参与、公众参与，就是公民试图影响公共政策和公共生活的一切活动。"而且公民参与的主体是拥有参与需求的公民，这种公民既包括作为个体的公民，也包括由个体公民组成的各种民间组织。[①] 贾西津认为，公众参与"指公民通过各种途径影响政府及其决策的过程，包括选举中的投票参与，以及公共政策参与等"。[②] 江必新认为，公众参与指的是行政主体之外的个人和组织对行政过程产生影响的一系列行为的总和。[③] 王锡锌教授认为：在行政立法和决策过程中，政府相关主体通过允许、鼓励利害关系人和一般社会公众，就立法和决策所涉及的与利益相关或者涉及公共利益的重大问题，以提供信息、表达意见、发表评论、阐述利益诉求等方式参与立法和决策过程，并进而提升行政立法和决策公正性、正当性和合理性的一系列制度和机制。[④] 不管是何种定义，公众参与都包括三个主要要素，即参与的主体、参与的对象以及参与的方式。按照参与对象不同，公众参与可以分为立法层面的公众参与，公共决策层面的公众参与和公共治理层面的公众参与。公众参与不是一种政治参与，选举不属于公众参与。同时，信访实践中，无序信访、街头运动、极端行为等等由于缺少政府与公众的双向互动，

---

① 参见俞可平：《公民参与的几个理论问题》，《学习时报》2006 年第 12 期。

② 参见贾西津：《中国公众参与——案例与模式》，社会科学文献出版社 2008 年版，第 3 页。

③ 参见李国强：《现代公共行政中的公众参与》，经济管理出版社 2004 年版，第 5 页。

④ 参见王锡锌：《行政过程中公众参与的制度实践》，中国法制出版社 2008 年版，第 2 页。

也不属于公众参与。① 随着改革开放的逐步推进和法治意识的进一步提高，公众参与也体现出参与主体多元化，参与动机维权化、参与意识明确化的新特征，在信访实践中表现得尤为明显，在我国也越来越受政策制定者的重视，逐渐成为公共政策制定的重要方式。本文主要探讨公共决策层面的公众参与。

（二）公众参与的方式

美国学者约翰·克莱顿·托马斯教授指出，公众参与的最终实现，需要依赖具体而设计精良的公民参与途径或手段。他分了四个层次：以获取信息为目标的公众参与；以增进政策接受性为目标的公众参与；官民互动的公民参与；公众参与的高级形式（包括申诉专员和行动中心、共同生产、志愿主义、决策中制度化的公民角色、保护公共利益的结构等）。② 这里需要特别指出的，西方发达国家普遍采用的申诉专员制度，根据约翰·克莱顿·托马斯教授的观点，属于公众参与的高级形式。申诉专员制度和中国信访制度较为类似，但在公众参与的处理上还有很大差别。也有学者把公众参与的途径按照制度内和制度外来划分。制度内途径是政府创建和主导的公民参与途径，有严格的程序和内容限制，主要包括代表议案、信访方式、咨询方式、公示方式、听证方式和司法审判方式。制度外途径主要是社会主导、公民个体或群体自发形成的参与途径。

梳理当前我国公众参与的方式，主要包括：一是人民代表大会和政治协商制度。这两项制度是我国的主要政治制度，是我国公民政治参与的基本制度。本文不讨论这两项制度的选举问题，但这种直接民主和间接民主相结合的方式方便有效，能在最大范围内聚集民意，在实践中，公众参与影响公共政策有很多案例是通过人大代表和政协委员依据这两项制度提出的，甚至有的人大常委会专门就公共政策制定问题质询相关政府部门。二是信访制度。我国古代就

---

① 俞可平、贾西津都认为公众参与应该包括选举和街头运动，更多是从西方公众参与理论为研究背景和出发点。本文主要基于公共决策层面的公众参与，强调政府与公众的双向互动，同时本文认为把街头运动和选举纳入进来，在实践中缺少实质意义。

② 参见［美］约翰·克莱顿·托马斯：《公共决策中的公民参与》，孙伯瑛等译，中国人民大学出版社 2010 年版，第 56 页。

存在类似信访制度的直诉制度，中国民众在心理上很容易接受这种方式，这和中国的政治文化传统和体制有紧密的关联。信访具有范围广、渠道畅通、方式多样、受理容易、程序简单、没有严格时效限制的优点。越来越多的公民，特别是涉及公共利益与个人利益相冲突时，选择采用信访的方式表达自己的意见、建议和诉求，从而达到社会矛盾化解和提高政府依法行政的水平和效率的目的。三是听证制度。听证制度也是现代法治国家为公民提供利益表达的一个重要途径。行政机关在作出影响行政相对人合法权益的决定之前，由行政机关告知决定理由和听证权利，行政相对人陈述意见、提供证据以及行政机关听取意见、采纳证据并作出相应决定。听证制度相比于人民代表大会制度、信访制度，更多倾向于技术层面，很多法律法规都对听证制度有所规定。四是基层自治制度。基层自治制度主要包括村民自治和社区自治，村民自治有相应的法律进行规范，目前有关社区自治的相关法律法规还有待完善。基层自治是人民群众直接参与管理国家事务和社会事务的一种形式，自我教育、自我管理、自我服务。随着"单位人"向"社会人"的转变，基层治理和公民的切身利益又息息相关，公民往往更积极主动的参与管理村庄或者社区事务。

三、公共政策

（一）公共政策的概念

行政管理活动包括多重功能，"管理的过程就是决策的过程"。可见，制定公共政策是政府最重要的功能和治理工具。国内外对公共政策的研究文献较多，但由于政治文化环境不同，研究视角也会有差异，各国学者对公共政策内涵的认识也不尽相同。国外关于公共政策内涵的代表性观点，主要包括：伍德罗·威尔逊认为：公共政策是由政治家即具有立法权者制定的而由行政人员执行的法律和法规。政策科学的创立者哈罗德·拉斯维尔和亚伯拉罕·卡普兰认为：公共政策是"一种含有目标、价值与策略的大型计划"；托马斯·戴伊认为："凡是政府决定做或不做某件事的行为就是公共政策"；戴维·伊斯顿认为：公共政策是"对全社会的价值做有权威的分配"。从上述定义可以看出，西方学者主要关注公共政策的工具属性和价值属性，这也是西方研究公共政策的核心。

国内学者中最具代表性的是台湾中兴大学张世贤教授，他认为，"公共政策乃政府为解决公共问题，达成公共目标，经由政治过程，所产生的策略"。① 目前，大陆多数学者认为：公共政策是公共权力机关经由政治过程所选择和制定的为解决公共问题、达成公共目标、以实现公共利益的方案。

（二）公共政策制定

公共政策的制定是为了解决某个公共问题而提出的一揽子可行性方案或者计划，在政策分析的基础上，进一步论证和审查各种备选方案，最终形成正式政策的过程。公共政策制定主要包括制定的原则、制定的模式、制定的程序等。制定原则，比如可行性原则、一贯性原则、系统性原则等等，同时结合实践，也有一些新的原则，比如要树立经济发展与社会发展相协调的均衡理念；公共政策制定不能成为社会矛盾的策源点；等等。② 制定模式，主要包括传统理性模式、有限理性模式、渐进决策模式等等。③ 制定程序，主要包括政策目标的确定、备选方案的设计、备选方案的筛选比对、方案的确定和合法化。

信访、公众参与和公共政策制定的相互关系与运行机制

一、公众参与对公共政策制定的作用

公众参与公共政策制定是现代政府治理的重要标志，对于促进决策科学化、民主化具有十分重要的意义和作用。主要体现在：一是确保公共政策的

---

① 他从三个不同角度对公共政策进行了界定：一是以目标取向来界定，公共政策是为达到公共目标所采取的策略；二是以问题取向来界定，公共政策是政府解决公共问题的决策；三是以过程取向来界定，公共政策是政治过程的产出。

② 相关原则参考了北京市信访矛盾分析研究中心有关公共政策研究的"思考与建议"（内部资料）。

③ 传统理性模式是指决策者采取科学实证的分析技术和严格的逻辑程序，对确定的公共问题做出最优解决方案和政策决定的思维模式。这是一种理想状态模式。有限理性模式认为完全理性在现实中是不存在的，在决策时决定一种标准，用来说明什么是相对令人满意的方案或者说令人满意的最低限度的方案。渐进决策模式是指决策者要根据环境的变化，通过不断地学习、实验、反馈和调整，不断调适政策。

公共利益价值导向。既然公共政策是对全社会价值所做的权威性分配，那么其制定就要有一些基本原则，但在实践中公共政策制定过程总是存在背离公共利益的动机和冲动；在缺乏有效监督的情况下，公共政策制定者也有可能进行权力寻租，以公共政策背离公共利益的代价换取个人私利的满足。一些政府部门和垄断行业更愿意实现本部门、本行业的利益最大化而不是追求公共利益。目前存在的"部门立法"就是典型。公众参与可以通过权力监督使得政府重视公民权利，并通过博弈制衡实现对公共利益偏离的治理，保证公共政策的公共利益价值导向。二是促进公共政策的科学性。公共政策的科学性首先要坚持目标导向性，必须以解决公共政策问题，维护或增进公共利益为目标，公众参与能够让公共利益的边界更加清晰明了；其次是社会的接受程度。公共政策出台后，在实施过程中没有遇到社会的普遍反对和抵制，而且还得到社会较为广泛的支持和认同；最后是政策的产出效益。政府的管理活动是有成本的，如果公共政策能以尽可能小的成本投入获得最大的收益产出，就是科学性的公共政策。当然，效益产出不仅要考虑经济效果，还要考虑政治效果和社会效果。三是优化公共政策体系。公共政策体系是一个国家或者地区不同层次、不同方面的所有政策形成的结构和系统，具有整体性、相关性、层次性和有序开放性的特征。政府采用政策工具治理，不仅仅是单个公共政策，很多是政策组合，有些政策损害部分群体利益，需要损益补偿性政策配套，特别是经济发展和社会发展，更需要政策体系来促进。

二、信访对公共政策制定的作用

随着我国改革开放的逐步推进，在信访实践中出现了新情况、新问题，对传统依靠"一事一议，个案解决"的信访工作模式产生了巨大冲击。主要表现在：一是信访越来越与经济发展的速度和模式相关；二是信访越来越和公共政策的制定和执行相关；三是信访越来越与环境保护相关；四是信访越来越与国家的社会保障体制相关。[①] 不管是经济发展方式，还是社会保障、环

---

① 参见张宗林等：《信访工作的新思维与新理念》，《信访与社会矛盾问题研究》2013 年第 5 期。

境保护等，"社会矛盾越来越体现出结构性、群体性的特征，也越来越与领导决策、公共政策紧密相关"①，很多信访问题越来越和公共政策的民主性、科学性、系统性有关。由此可见，信访与公共政策越来越相关，信访对公共政策制定具有重要的作用。在公共政策的价值目标上，公共政策的合法性和合理性并非总是一致的，两者之间的内在张力，常常形成政策合法性与合理性相悖的困境。信访的灵活变通的特点有助于调适公共政策的内在矛盾，促使公共政策实施起来更柔和平滑；在公共政策内容上，通过信访渠道反映的利益诉求会影响公共政策的内容，比如垃圾处理问题、客运专线规划问题、拆迁涉及民族宗教问题等等。在公共政策制定程序上，信访中的公众参与可以提高公共政策的民主程度，信访事项的办理过程有助于优化公共政策的制定，比如信访中建议征集、联席会议机制等等。

三、三者之间的运行机制

（一）三者之间的相互关系

在西方研究公众参与的学者眼中，公众参与作为公共政策制定的一个程序，或者说重要步骤。而在我国，公众直接参与公共政策制定往往是政府直接主导的公共政策制定，如果政府在年度规划里要做成某件事，而某件事又必须要求公众参与，政府往往会主动设计各种公众参与的途径和方式。这种公众参与的方式由于和信访不存在直接的关系，因此不是本文探讨的重点。这里就涉及有些公共政策普遍受益或者为了公共利益普遍受损，这种公共政策制定过程中，政府比较乐意公众参与。而有些公共决策，涉及公共利益和个人利益的平衡，为了公共利益，某些特定群体必然会受相应损失，政策出台必然会引起激烈反应，这样的公共政策制定，政府并没有真正促使公众参与的诚意和冲动，即便有相应的公众参与渠道，也必然无法得到圆满的解决，因此包括信访在内的参与途径才真正开始发挥作用。从信访的视角来审

---

① 参见张宗林等：《创新工作思路 转变工作模式 努力推进首都信访工作实现"三个转变"》，《人民信访》（内部资料）2011 年第 6 期。

视和考察公众参与和公共政策制定之间的关系时，可以通过相关图形表示（如图1、图2所示），主要存在着两种关系。第一种关系是公共政策制定过程中，公众既直接参与了公共政策制定，又通过信访渠道反映了自己的利益诉求或者相关建议。这种情况大多出现在公众直接参与公共政策制定没有获得预期的答复或者解决方案，又试图通过信访渠道加以解决，信访对于可能影响社会稳定，危害社会秩序的信访事项会通过特定渠道汇报该区域主管领导，通过这种方式影响领导决策。第二种关系是公共政策制定或者实施过程中，公众通过所掌握的信息通过信访渠道来信来访来电，或者要求公开相关信息，或者要求改变相关决策内容，或者提出相关建议。本文第三部分论述的案例，由于该案例公共政策制定过程采取的是渐进决策模式，准确地说，应该是这两种关系的混合形式。

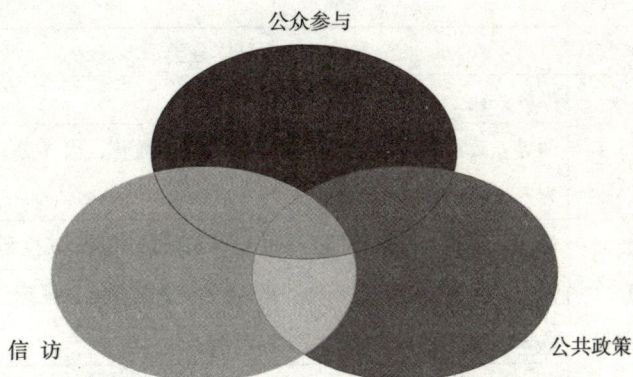

图1　三者之间相互关系图之一

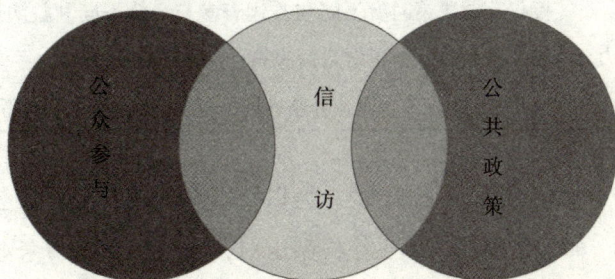

图2　三者之间相互关系图之二

（二）公众参与和信访之间的运行机制

美国学者约翰·克莱顿·托马斯教授把申诉专员和行动中心作为公众参与的高级形式。西方发达国家以及我国香港特别行政区的申诉专员制度和我国内陆地区的信访制度比较接近，但在相关制度设计方面还有比较大的区别。申诉专员是监督政府运作的一个机构，主要针对政府公职人员行为，更类似于国内的监察局，有实质性的调查权。信访制度更多强调公众参与的属性，信访作为党和政府密切联系人民群众的桥梁和纽带，既是政府的制度也是政党的功能。同时，信访在服务决策方面具有申诉专员所没有的功能。因此，公众通过信访参与公共政策制定属于什么层次和水平的参与主要还是要看信访内部的运行机制。

美国学者 Arnstein 在《市民参与的阶梯》一文中，根据参与程度对公众参与做了相应的分类（见下表）：

参与程度	具体分类
没有参与或者假参与	操纵：让公众接受政策
	训导：政策制定后，通过对公众的宣传教育，引导公众的态度和行为，从而使其接受政策
表面参与或者象征性参与	告知：政府向公众提供关于政府计划信息并告知其权利责任
	咨询：在制定政策过程中，政府听取公众意见，征询公众对政策的意见和想法，制定政策时予以考虑
	让步：政府对公众提出的某些要求做局部让步，有小范围互动
深度参与或者市民权力	合作：政府与公众之间建立起合作的互动性联系
	授权：做决策时有不同利益代表参与，使不同利益团体的利益能得到反映，公众可以对最后决策产生重要影响
	公共控制：所有决策由公众进行，全面控制，公众利益得到全面实现

通过对公众参与不同层次的分类，可以清晰有效地看出公众参与对公共政策的影响程度。而信访部门内部工作机制也对公众的来信来访来电根据不同标准进行分类。如果仅仅是个人诉求，不涉及群体利益，则更多地通过转办相关职能部门解决处理，如果反映的问题较为严重，即便是个人利益诉求，也会通

过摘报、专报等公文上报主管领导，并采取交办或者要求提供处理结果。对于公众反映的普遍性问题或者群体性问题，信访部门会根据不同性质进行摘报或者进行研究后上报主管领导，把公众的意见、想法或者诉求准确无误地传达给决策者，决策者根据不同的考量，进行不同形式的批复，比如要求召开相关部门会议，要求转发相关研究报告，要求做好维稳或者思想疏导工作，等等。就信访实践而言，公众通过信访反映问题一般是通过来信，初次来信解决不了，就多次重复来信或者向不同层级以及相关职能部门写信，如果仍然得不到回应或者答复，就会演变为上访，甚至缠访闹访，甚至进京访或者去重点区域试图制造影响，如果来信来访得到回复但不满意，可以进行复查复，核等等。一般来讲，信访部门会对联名信、集体访较为重视，主要涉及人数多，一旦处理不好，有可能危及社会公共秩序，而联名信、集体访往往与公共决策有关。按照上述公众参与的层次，公民信访更多是被动式的反映诉求，通过信访工作过滤筛选机制，把被动式的公众参与转化为主动性的服务决策，类似于象征性参与中的"咨询"，如果能够对决策有所调整，可以产生"让步"、"合作"或者"授权"的可能，信访实践中，也出现过很多类似的案例。至于"公共控制"，是一种理想状态。

（三）信访与公共政策之间的运行机制

公共政策涉及对社会价值的分配和调整，必然会带来社会风险，而信访正处于社会风险和公共政策之间。可见，信访是降低社会风险，促进科学决策、民主决策的一种制度安排。当然，信访制度并非唯一的制度设置。图3是公共政策与社会风险之间的关系图。

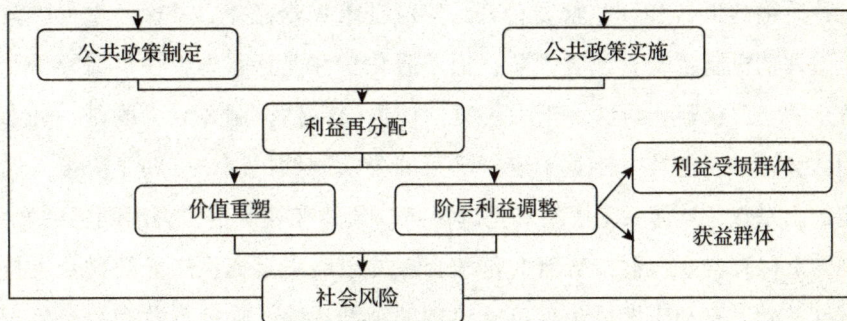

图3　公共政策与社会风险关系图

信访在化解社会矛盾、降低社会风险和促进科学、民主决策方面形成了一套自身的工作机制，正是通过这种机制，信访才有效地参与决策、服务决策。主要包括以下几个方面：

1. 信访矛盾分析研判机制

信访实践中，信访部门汇集了大量数据资料，这些数据资料是一个区域社会矛盾和社会问题的直接体现。"以数字反映规律，以规律促进科学决策"，在大数据时代，如果不对数以亿计的数据进行分析研究，很难对社会矛盾和社会问题有深刻的认识。特别是在我国处于全面深化改革的大背景下，任何一项公共政策的出台，都需要深入分析各种利益关系和行为取向，准确把握可能产生的社会风险以及社会矛盾的根源。在信访矛盾的分析研判方面，北京市信访矛盾分析研究中心是一个典型样本。2009 年 11 月 25 日，北京市信访矛盾分析研究中心成立，是全国首个利用信访资源研究社会矛盾和社会问题的专门机构。成立伊始，便充分利用自身掌握的大量一手数据和资料，对信访渠道反映出的社会问题和矛盾进行分析，查找原因，总结规律，开展了一系列信访矛盾与公共政策方面的研究，为党和政府科学决策提供了有力的依据。

2. 信访风险评估机制

既然信访越来越和公共政策的制定与执行相关，对重大决策开展信访风险评估，可以预防化解矛盾，把信访风险降到最低限度。实践中，各地信访部门也都相应建立了信访风险评估机制。首先，凡属涉及广大群众切身利益的各种政策的出台和调整都要公开、广泛征求民众意见。其次，重大决策信访风险评估机制要着重预测预防，把矛盾化解在萌芽状态，在事前维护和保障群众的合法权益。再次，重大决策信访风险评估机制要成为既是一种参与式的社会评估，也是一种对于政府决策的公众制约机制，有助于决策者明确决策的出发点，从源头上了解和把握民意、预防和控制信访突出问题的发生，从制度上保障群众权益，从而为科学合理的政府决策提供广泛的群众支持和可行性基础，有利于提早预见可能出现的社会风险，降低行政和社会管理成本。重大决策信访风险评估机制无疑可以提高公共政策的信度和效度，增强政府对于公共政策的执行力。

3. 联席会议工作机制

2005 年国务院《信访条例》第五条指出："县级以上人民政府应该建立统一领导、部门协调、统筹兼顾、标本兼治、各负其责、齐抓共管的信访工作格局，通过联席会议、建立排查调处机制、建立信访督查工作制度等方式，及时化解矛盾和纠纷。"联席会议、排查调处、信访督查等都是信访化解社会矛盾的工作机制，联席会议制度在改进和完善公共政策制定、执行等方面作用明显。联席会议针对农村土地征用问题、城镇拆迁安置问题、国有企业改制问题、部分企业军转干部问题、涉法涉诉问题等突出信访问题，成立了专项工作小组，了解、掌握信访突出问题及群体性事件的情况和动态，针对信访突出问题及群体性事件提出对策建议等。联席会议对于解决长期积累的矛盾，涉及政策性的矛盾起到了一定的作用，但也存在"特事特办"的弊端。

4. 人民建议征集机制

公众参与政策制定是衡量现代社会民主化程度和水平的一项重要指标。随着我国改革开放的深化和市场经济的发展，社会利益关系不断调整分化，不同的利益群体为更好地保护和实现自己的利益，必然会要求更多地参与政策过程，这就要求公共政策体制能够满足日益复杂和变化了的这种政策参与需求。人民建议征集正是在这一背景下针对政府每年要为公众做的重点实事开展的公众参与活动，是切实保障公民的知情权、参与权、表达权、监督权，引导群众对党和政府的工作献计献策，切实改进国家机关工作的一项重要举措。所谓人民建议，是指公民、法人或者其他组织为了社会公共利益，针对社会公共事务，向政府反映的情况，提出的建议或意见。公众参与在建议征集和信访事项中的区别在于，但凡投诉、求决类的问题，不属于建议征集的范畴，也就是说，建议征集中的公众参与不涉及公共利益和个人利益之间的冲突、博弈和让渡。

案例分析：L 垃圾焚烧发电厂①

通过信访可以发现，很多信访事项越来越和环境保护有关。发达国家环境治理的基本经验中很重要的一条就是：政府、企业、公众共同参与，形成全社会推进环境保护的强大合力。可见，多方参与是环境治理的基本经验之一。垃圾处理厂是城市垃圾处理系统的一个环节，是城市生态的一个功能。垃圾处理厂的选址问题已经成为城市发展过程个人利益与公共利益博弈的典型，其中涉及的信访、公众参与和公共政策制定，对于研究城市现代化进程中的国家治理和地方治理具有重要的价值。本文从信访实务部门选取 L 垃圾焚烧发电厂为例，结合本文前两部分相关理论和观点的分析，具体展现信访视角下的公众参与和公共政策制定。

一、信访情况说明：公众如何参与信访

2009 年 3 月 4 日孙某某、丛某等 5241 位群众联名给 B 市政府领导写信，反映他们是 H 区西北部企事业单位的职工和居民，垃圾焚烧发电厂是城市的重污染企业，2007 年国家环保总局曾要求缓建垃圾焚烧发电厂项目，并严格要求："在完成进一步论证和在更大范围征求公众意见之后，该项目建设单位应当将进一步论证过程和征求公众意见的结果，报送市环保局核准；经核准后应当公告，并报国家环保总局备案，未经市环保局核准、公告并报国家环保总局备案，该项目不得开工建设。"但是 H 区政府置众多百姓、专家学者、人大代表、政协委员和环保组织的反对于不顾，再次启动上马垃圾焚烧发电厂项目。对此，来信人提出最强烈的集体抗议，坚决要求垃圾焚烧发电厂停建并另行选址。

来信反映：环保专家指出，垃圾焚烧产生的恶臭、二噁英和重金属造成严重的环境污染。20 世纪 90 年代初，加拿大安大略省通过了焚烧炉使用的禁令；1996 年北美洲五大湖区 52 个焚烧炉结束运作；美国在 60 年代 30% 的家

---

① 根据要求，对涉及地区、人员等相关名称做相应技术处理。

庭垃圾以焚化处理，到了 80 年代已下降到 10%。2000 年日本已停止使用 4600 座垃圾焚烧设施。2000 年年底，第五届国际政府间协商委员会会议达成一致性共识：从长远考虑，废弃物焚化应被其他方式取代。德国、荷兰、比利时等欧洲国家相继颁发《焚烧炉禁建令》。来信中指出，该地区现有三大污染源：一是某集团下属的西六砖瓦厂。该厂矗立着十几个三十余米高的大烟囱，终日冒着黑烟，二氧化硫、一氧化碳等各种有害气体严重超标。该厂使用的垃圾渣土在带泉眼的沼泽湖面填埋，造成了生态环境的严重破坏。二是路桥公司的沥青混凝土厂。该厂终日向大气排放剧毒有害气体，导致地区环境容量严重超标。三是垃圾填埋场。错误的垃圾填埋场选址严重污染了地下水系、地面水系和引水渠，该地区终日臭气熏天，氨气超标 30%，二氧化硫超标 5%，造成了对 B 市生态环境不可逆转的破坏。该地区的疾病发病率和非正常死亡率高于其他地区数倍，连附近的宇航员训练中心也未能逃脱被恶臭熏染的厄运，部队的将军们不得不到填埋场为飞行员的健康讨说法。生活在这样恶劣环境下的老百姓已忍无可忍，不安定因素与日俱增。对于这样一个被众多专家质疑、广大群众反对和有广泛社会影响的项目居然还要上马，群众对此表示强烈的不满和气愤。附近的居民联合呼吁，这样的重污染企业早应该关停。在来信中还引用了一些领导和专家的讲话。如某环保局官员曾坦言："L 地区垃圾焚烧厂的选址是非常不适当的"，"目前我身边的大部分专家对于建设该项目都是持否定态度的。如果真的重新论证，估计很少有专家表示赞同"。中国环境科学研究院某研究员在接受《新京报》采访时称，L 地区垃圾焚烧发电厂最大的问题是选址。在他看来，这种项目非常重要的一点就是远离人群。然而此选址附近将受到污染的区域包括：名胜古迹 7 个、机关院校 14 所、部队和医院 14 所、科研机构 26 所、居民社区 33 个、商业餐饮一条街等。在这一区域内工作和生活的人口粗略估计有数十万人。

二、信访处理过程：信访如何影响公共政策的

（一）第一阶段：联名信的受理与交办

2009 年 3 月 4 日，孙某某和丛某等 5241 人将收件人为市委书记的联名信

邮寄到 B 市信访部门，工作人员登记原信后，按照《信访条例》规定采取了以下措施：一是将此情况电话通知属地区政府信访部门，要求将此情况紧急报告区领导并做好当地居民稳定工作，掌握动态及时反馈；二是联系来信人，进一步了解情况，掌握具体信息；三是经过核实情况后，以信访摘报形式上报给相关市政府领导。3 月 5 日相关市领导批示："请 H 区、市环保局、市政市容委阅，并注意动向，确保稳定工作。"

（二）第二阶段：信访事项的调查与结论

2009 年 3 月 12 日、24 日，H 区和市环保局分别就反映问题给出相关回复。市环保局就关于停建 L 区垃圾焚烧厂并另行选址问题指出，L 垃圾焚烧厂项目是 H 区政府投资建设的垃圾处理项目，2005 年该项目已经市环保局环评审批。2007 年国家环保总局在对该项目行政复议时明确维持了环评批复，同时提出：地方政府需组织专家进一步论证；地方政府、建设单位和有关部门应当在更大范围进行公众参与；建设单位应当将进一步论证过程和征求公众意见的结果报市环保局核准；市环保局核准后应当公布，并报环境保护部备案。近年来，市政府主管副市长多次主持会议，研究 L 垃圾场建设、治理等问题。市政市容委、H 区政府也在筹备专家论证和更大范围公众参与的工作，市环保局将根据情况和复议的要求对论证过程和征求公众意见结果进行核准，并报告市政府和环境保护部。L 垃圾焚烧厂的问题极为复杂，开工与否涉及面广，不是市环保局可以决定的。H 区回复指出，市环保局 1995 年审批 L 垃圾填埋场项目依托的垃圾填埋厂的环评，并明确提出了填埋厂外界 500米左右不应该新建永久性住宅，现有建筑予以搬迁的要求。现 B 市环保局明确提出在完成进一步专家论证和更大范围征求公众意见之后，这个项目的建设单位应该将进一步论证的过程和征求公众意见的结果，报送市环保局核准。环境保护部明确提出 L 垃圾焚烧厂项目经 B 市环保局核准后应该公告，如果未经公告，项目不能开工建设。面对群众恳请将 L 垃圾焚烧厂迁出 L 地区的信访诉求，H 区相关单位正在收集意见、调研论证。

2009 年 6 月，市政市容委回复，一是继续做好 L 填埋场污染控制及周边群众工作，确保 H 区垃圾正常处理，设施安全运行。加大对 L 垃圾填埋场臭气治理的力度。对填埋区表面重新进行覆膜；加大填埋气燃烧量、减少溢出量；增加雨污水分流面积，切实减少垃圾填埋场对周边群众的影响。市政市容委进一步加强督促和监管，确保达标运行。同时由 H 区政府牵头，启动对 L 垃圾填埋场周边 500 米范围内居民和企事业单位实施搬迁工作。二是适时开展 H 区 L 垃圾焚烧厂项目建设论证工作。L 垃圾焚烧厂是《B 市垃圾治理白皮书》和《市"十一五"时期垃圾处理设施建设规划》项目，设计处理能力 1800 吨/日，主要处理 H 区生活垃圾。目前已完成的工作包括：地质灾害评估、建设项目用地预审、环境影响评价报批复、规划选址批复、电力接入上网批复、项目建议书批复、建设项目规划意见书、建设用地规划许可证、项目可行性研究报告等。目前处于初步设计审批阶段。根据市委办公厅、市政府办公厅《关于对涉及群众利益的重大决策进行信访风险评估的意见》的规定，应由 H 区政府牵头，按照规定程序及时开展 L 垃圾焚烧厂项目信访风险评估，同时建立与当地居民沟通对话机制，将潜在的矛盾纠纷化解在前端和源头，预防群体性事件的发生。三是立足长远规划，积极制定落实长效措施。据统计，L 垃圾填埋场剩余寿命还有 5 年，如果 L 焚烧厂 2012 年前未能建成，目前必须提前规划应对措施。为此，H 区政府积极商讨应对措施：做好垃圾焚烧发电项目新选址工作。

2009 年 7 月 9 日，H 区市政市容管理委员会领导与 L 区垃圾焚烧厂周围群众代表公开交流。公众代表向主管官员提出了公众最急切关注的三个问题：(1) 2007 年 6 月 12 日，原国家环保总局（现环境保护部）作出"缓建六里屯焚烧垃圾厂"的决定，在这两年期间，H 区政府针对此项决定都做了哪些事情？(2) 2009 年来关于 L 区垃圾焚烧厂有哪些具体实施计划？(3) H 区政府对于六里屯垃圾焚烧厂的建设的真实确定态度是怎样的？针对上述问题，主管官员进行了答复：①在"缓建"的前提下，主管部门进行了深入论证，并依据《环境影响评价公众参与暂行办法》，进一步征求公众意见。市区政府态度都很慎重，委托专门机构进行论证。由于论证过程复杂、公众对地址选择的意见不断，专家论证方案还未获得上级通过，因此 L 垃圾焚烧发电厂的建设是处于停滞状态。②H 区市政管委的近期工作，主要是落实市委市政府印发的《关于全面推进生活垃圾处理工作的意见》。垃圾工作是一个专项工作，市委市政府作出专项意见，可见政府对垃圾处理的重视。③领导指示要慎重，目前主管部门还未能形成决议意见。①

鉴于当前民众对 L 垃圾焚烧发电厂建设反映强烈，有可能出现在原址暂缓建厂的情况，应做好移址准备。

（三）第三阶段：信访事项的解决

2011 年 1 月 16 日，市委常委、H 区委书记指出备受争议的 L 垃圾焚烧厂项目已确定被"废弃"，同时还重点介绍，H 区将在 D 村建立垃圾焚烧厂，日焚烧处理生活垃圾量预计将达到 2000 吨，计划 2012 年年底建成。D 村选址距 L 地区约 20 公里。

三、信访视角下的公众参与和环境决策

（一）环境问题与公众参与

1969 年美国制定的《国家环境政策法》中正式提出"公众参与"的概念。公众参与的提出能够使得政府机构的相关项目获得公众的充分认可，并在项目实施的过程中尽可能地降低或者杜绝对公众利益的危害，从而实现经济效益、社会效益、环境效益的最大化的协调统一。近代西方国家对于环境影响评价程序中的每个阶段，都体现了公众参与，并具有强力的法律保障，具体表现在两个制度：（1）环境信息公开制度。公众知情权是宪法权利，是参与权的前提，要实现公众的知情权，掌握环境信息的政府机构就必须履行信息公开的义务。信息公开的三个基本原则：一是有效地公开；二是公开的信息已与公众所理解；三是在程序的尽早阶段公开。公众了解相关信息越早，参与阶段就越早，参与的有效性也越大。（2）环境公益诉讼制度。作为现代意义的环境公益诉讼制度实际上是 20 世纪中叶以来环境危机的产物，美国是现代环境公益诉讼制度的典型代表。

公众参与原则也是我国环境法的基本原则之一。公众参与开始在环境影

---

① 内容来自：http：//club. kdnet. net/dispbbs. asp？boardid＝25&id＝2916377。

响评价中推行始于 1993 年，国家计委、国家环保局、财政部和人民银行发布的《关于加强金融组织贷款建设项目环境影响评价管理工作的通知》中要求公众参与环境影响评价，保障利益相关方的权益。2002 年，《环境影响评价法》将公众参与作为重要原则和内容确定下来。2006 年，《环境影响评价公众参与暂行办法》中对公众参与进行了具体规定。不得不承认，与欧美发达国家相比，目前我国环境法上的公众参与还有很多不足，公众参与的范围过于狭窄，公众参与形式过于单一，公众参与的救济方式有待完善，原则性规定较多，实际操作性不强。

通过本案例可以看出，要想实现公众的有效参与，环境信息公开制度和环境公益诉讼制度是基本的法律保障。L 垃圾焚烧发电厂案例中，5241 名公众之所以联名信访，更大程度上是因为缺少实质性的法律救济渠道，同时规划部门、建设单位或者环保部门常常因信息、资料涉及国家或者商业秘密为由拒绝公开，导致公众在受到侵害时才真正参与，这样容易酿成群体性事件。

（二）环境信访与公共政策制定

近年来，我国面临的环境问题已经成为影响公众健康的重大问题，雾霾、水污染等不断加重导致环境风险不断凸显，这和我国的经济结构以及经济发展方式密切相关。由于经济发展导致的环境问题已经大量的通过信访渠道反映出来。环境信访已经成为信访实务工作中信访分类中的重要类别。涉及 PX 项目选址问题、有色金属矿产开发问题、高铁规划路线问题、垃圾处理厂选址问题等等，都会产生大规模集体访，甚至群体性事件，这些项目不仅仅是涉及公共利益与个人利益的博弈问题，更大程度上源于信息不公开和信息不对称。以最为关注的 PX 项目为例，PX 全称为"对二甲苯"，是生产涤纶和塑料的重要原料，是生产生活必不可少的基础原料。由于原料和产品都具有易燃性，PX 的生产工艺存在一定的环境风险，但通过严格管理，能够将风险事故发生的概率降到很低的程度。公众担心主要源于对 PX 本身及生产工艺不熟悉、不了解。如果在没有充分宣传，信息公开力度不够以及未进行科学严格评估环境影响和社会风险的前提下，匆匆上马，势必会造成社会稳定风险。

由于环境问题的复杂性，以及决策主体的观念、思路、条件等主观因素，政府在做环境决策时很容易造成公共利益与个人利益之间的偏差。在评价政府环境决策过程中，有两项基本标准：一是结果上是否有显著的环境损害或者风险、是否平衡利益与实现公正；二是过程上是否体现了参与、诉求、民主等基本人权和尊严。L焚烧发电厂就是各种因素共同造成的。L地区在解放前就存在由砖瓦窑厂取土形成的大坑，比较适合建设垃圾填埋场，1995年，市政府决定在此建设垃圾填埋场，基于当时的经济发展方式和环境保护理念，并没有对周围居住的居民合理诉求进行相应重视，也未进行有效的公众参与。并根据当时环境保护的标准和要求，进行了相应的规划。随着时间的推移，周边已经成为很多居民小区和企事业单位所在地。2005年，H区政府决定在填埋场的基础上新建一座垃圾焚烧发电厂，引起了居民强烈反对。据统计，L垃圾填埋场周围5公里内有常住人口约26万人，并有机关院校，医院和科研机构等数十个，同时与一引水渠相距只有1114米。[①] 这样的决策势必会对如此众多的工作造成损害并带来社会风险，以多次信访以及如此多人数的联名信即可见一斑。市政府以及H区政府在L垃圾焚烧发电厂的处理上，从治理的角度，从涉及主体、过程和结果三个维度，充分考虑多元主体参与、互动对话的过程以及综合考量和平衡多方利益，真正做到诉求、参与和民主，不贸然以公共利益之"大"来剥夺居民利益之"小"，做出了停建的科学决策。

---

① 资料来源于：http：//club. kdnet. net/dispbbs. asp？ boardid = 25&id = 2916377。

重复访问问题研究

——以 B 市信访工作为例

王雨楠

摘　要：重复访是衡量信访形势走向和信访工作质量的标尺，重复访比例的居高不下，表明信访人所反映的问题没有得到合理解决或者合理答复，同时说明信访矛盾积累深，问题化解难度大。大量的重复访，不仅增加了群众的信访成本，也造成了行政资源的浪费，还会对信访秩序和社会秩序带来一系列负面影响。因此，认清重复访、有效化解重复访已经成为现阶段信访工作的一项艰巨任务，同时也对信访工作走出困境起到关键性作用。本文从信访工作实践的角度出发，分析重复访产生的原因，以实际信访案例为支撑，采用理论与实践结合的方式，融入本人从事信访工作以来对信访实践的思考，归纳出重复访群体的典型类型。针对分类、结合 B 市信访工作提出有效化解重复访的对策，为分析和应对重复访问题提供有益参考。

重复访概念的界定

一、重复访概念在信访工作实践中的判定

在《信访条例》、信访工作规章或者相关政策文件中并没有对重复访概念的界定。在实践中，重复访，可以概括为同一信访人就同一信访事项两次以

上向有关部门上访。在 B 市的来访接待工作中，为了便于研究和在办公系统中的数据统计，对于判断重复访具有以下几个条件：即同一信访人、同一信访诉求、涉及同一责任主体、信访行为发生在同一年度内，满足这四个条件，就可以判定其为重复访。本文所研究的重复访的概念，不采纳实践判定中的"四条件"重复访，而是前者概括总结出的重复访。

二、重复信与重复访

重复信，是指信访人就同一信访事项在法定办理时限以外的来信。按照《信访条例》的规定，有权处理的责任单位或部门，应该在 60 日内，将信访人来信中的诉求，依照程序办理结案并答复信访人。但由于责任单位或部门以及工作人员业务不熟练、办理不及时、责任心不强、问题未得到解决等原因造成信访人多次来信反映，就是重复信。凡涉法涉诉或者已经进入诉讼、仲裁、行政复议、复查复核或已经终结等程序，以及要求过高且无政策支持的信访事项不列入重复信统计。

在实践工作中，B 市的办信部门在重复信概念的界定中，将信访人在法定办理时限内就同一信访事项的来信排除在重复信范围，并且，将涉法涉诉、要求过高等来信也一并排除。

因为来访接待与来信办理在工作性质上有所不同，因此在对重复问题的界定上也有所区别。对于重复访，在实践中其实也存在着两种不同的理解，其一是认为信访人只要有过初访后的再次来访就是重复访；其二是依照《信访条例》的规定，信访人就其反映的信访事项在办理后仍来访的是重复访，在办理过程中的不是。与来信办理不同，在来访接待的实际工作中，不管是进入诉讼程序、复查复核程序，还是在办理时限以外的再次来访，信访接待员都要同样接待，同样会造成行政资源的浪费，重复访人员的过激情绪和行为依然会影响信访秩序，群众的再次来访问题也不能因为未将其纳入重复访而得到化解。因此，在研究重复访问题上，不能将重复访与重复信的概念等同，而是要结合来访接待的工作性质，直面群众来访的现实问题，全面分析和概括，针对不同类型的重复来访，有的放矢地提出有效化解的对策。

三、重复信转化为重复访的可能性

对信访人来说，相对于走访，写信无疑是一种便捷度高、成本低、耗费精力小的反映问题的方式。但在实际工作中，由于信访部门和责任单位工作人员业务不熟练、办理信件不及时、责任心不强、初信办理久拖不决等原因，造成信访人多次写信反映问题。重复信问题得不到解决，长此以往，极易使信访人由写信转为走访，而一次走访问题得不到解决便会造成重复访。无形之中就增加了来访与重复访的数量，也增加了来访接待部门的工作压力。

重复访产生的原因

重复访问题产生的原因是复杂且多面的，本文认为主要有以下几个方面：

一、历史原因

就 B 市的重复访问题分析来看，每一年都有相当一部分的重复来访，特别是大规模群体性重复来访涉及一些历史遗留问题。例如返城知青人员等。这类问题的人群相对固定，他们多数人目前的生活状况较差，且年纪都较大，解决问题的心情极为迫切，一经组织，均为大规模集体来访，给来访接待场所造成极大压力。

新中国成立以后一直到"文化大革命"结束，为解决城市人员就业问题，城市里的年轻人当时自愿或被迫从城市下放到农村，多年后他们回到原籍，却一无所有，没有工资，没有医保，生活困难。以 B 市的返城知青群体为例，这一群体固定于每周一到 B 市信访办来访接待场所来访，且每次人数均在百人以上，他们人员基本固定，戴着具有其群体标志性的红色帽子，在来访接待场所高喊口号，要求按照其他省市的政策解决他们在 B 市的户口、医疗、社保等问题。就这一诉求，他们多年来访，但问题至今没有得到解决。

二、政策原因

通过 B 市的来访接待窗口，我们发现现行政策以外的"溢出群体"不在少数。所谓"溢出群体"是指政策法规在调整社会资源配置时，不符合现行政策或政策缺失时缺乏救济途径的群体。[①] 这部分群体不愿意接受这种由于政策原因而使他们不得不承担的不利后果，并力图改变，因此就会选择重复持续上访。在实践中，有很多由于政策制定前后不一致而导致群众重复来访的实例。其中以拆迁、征地、离退休待遇等问题较为典型。一个地区拆迁，先搬走的被拆迁人与后搬走的被拆迁人补偿标准不一致，导致补偿低的被拆迁人认为拆迁不公平，或者产生攀比的心理，以至于拆迁工作过去多年，依然持续上访要求补偿。除此之外，政策制定的缺失，会使一小部分人的权利得不到保障，也缺少权利救济的途径，同样会引发重复访问题。经常会有一些刑满释放人员来窗口反映，在其入狱前有房可住，刑满释放后发现之前的住房已经拆迁，而就拆迁问题其一无所知，更没有得到补偿，导致出狱后无家可归，加之再就业困难，走投无路来向政府寻求帮助。我国现阶段还没有出台专门的、系统的保障刑满释放人员的政策及法律，对于这一特殊群体的住房、就业、社会保障等问题缺乏援助和保障，因此，他们会选择求助于政府，然而在没有政策的支持下，政府也不能为其基本权益提供完全的保障，这就可能引发这一群体的重复上访。

三、信访机构与责任部门的原因

（一）合理诉求不解决

信访人所反映的有理或部分有理的诉求，按照政策规定应该解决或部分解决。但有关责任部门搪塞推托，敷衍塞责，迟迟不予解决，也不给合理解释，势必会造成信访人重复来访。长此以往，信访人心中的怨气会逐渐堆积，心中的委屈情绪会不断放大，容易产生闹访或其他影响信访秩序甚至社会稳定的行为。

（二）回复信访人不及时

《信访条例》规定，县级以上人民政府信访工作机构收到信访事项，应当

---

① 参见北京市信访矛盾分析研究中心编：《信访与社会矛盾问题研究》第 5 辑，中国民主法制出版社 2013 年版，第 31 页。

予以登记，并区分情况，在 15 日内作出处理，有转送、有交办，有关行政机关应当自收到转送、交办的信访事项之日起 15 日内决定是否受理并书面告知信访人，并按要求通报信访工作机构。但有不少信访工作机构和责任部门却未严格按照规定给予信访人回复告知，这也会造成信访人重复来访。

（三）办理信访事项不及时

《信访条例》第三十三条规定："信访事项应当自受理之日起 60 日内办结；情况复杂的，经本行政机关负责人批准，可以适当延长办理期限，但延长期限不得超过 30 日，并告知信访人延期理由。"[①] 然而，在现实中，一些信访工作机构和责任部门工作拖沓、工作方法简单，在收到信访事项后存在不及时办理、推迟办理甚至积压一段时间后集中办理的现象，这同样造成了一些信访人不断重复来访。

四、接待人员的原因

现实工作中，有些来访人情绪较激动，出现辱骂接待人员的情况，而接待人员虽有怨言却不能激化矛盾，就会有不认真对待或不处理该信访人诉求的情况，从而导致信访人重复来访。有些接待人员服务群众的意识不够，长期面对信访人存在厌烦心理，为一时打发信访人离开而随意开口随意承诺，事后又无法兑现，导致信访人一次次来访要求兑现承诺。因此，来访接待人员的工作方式不当或个人情绪处理不当，也会成为造成重复访的原因之一。

五、信访人的原因

（一）信访人受个人观念的影响

部分重复访人员存在着"信访不信法"、"权大于法"的观念，因此，本该通过诉讼或司法途径解决的问题，在接待人员向其说明后仍然坚持上访，究其原因，一是信访人的法制观念匮乏且受传统观念的影响，认为上法院打官司是不光彩的事；二是出于对司法权威的质疑，同时认为司法救济的门槛

---

① 《信访条例》第三十三条。

高，且受到成本、时限等因素的限制，与之相较，信访受理具有广泛性，也无时效的约束，成本更低。

（二）信访人认知上的偏差

信访作为法治的补充，是人民群众在面临问题时，抱着对公平正义的信仰所优先选择的救济渠道。然而在实践中，一些信访人存在着认知上的偏差，他们没有把信访作为自己解决问题的途径，而是想通过反复上访、缠访、闹访来获取利益。部分信访人在没有政策依据的情况下，始终坚持过高的诉求，想为自己谋取更多的利益，涉及群体利益的，一旦组织者鼓动，容易引发大规模集体访，为来访接待工作带来不小的压力。这类群体，还容易演化出串联上访、择机上访等问题。

（三）信访人心理上的问题

在 B 市对信访诉求的分类中，"同事多访"这一项在每天的来访量中都占据着相当大的比重。这些重复访人员可以分为以下几类：一是将上访作为自己的"职业"，这部分人员不吵不闹，但几乎每天都来接待窗口报道；二是诉说欲强，反复倾诉且需要人倾听，说完便离开；三是对接待员产生依赖心理，每次来只要求见同一位接待员，且并无新的诉求。从心理学的角度来讲，一方面是因为信访人存在偏执、强迫型人格，漠视自我与自身解决问题的能力而无限度地相信政府，从而产生依赖的心理；另一方面可能是接待人员在接谈过程中移情过度，使信访人产生反移情，从而产生依赖的心理。

重复访群体的典型类型

从信访实践中不难发现，信访诉求是以群众利益为导向的，利益主导着信访诉求的产生、发展、变化和终止。在重复访的各类信访诉求中，无一不涉及信访人的切身利益，甚至关乎生计，因此他们反复来访。对于重复访这一类群体，应根据其诉求及表现形式，归纳出不同类型，对每一类重复人群的心理加以研究，分析其特点，这样有助于来访接待部门有针对性地采取应对措施，从而有的放矢地化解重复访的难题。

一、平和表达型

这一类型的重复访人员普遍具有一定的文化素养，能够向政府如实反映其所遇到的实际困难，或者提出意见、建议以及投诉。他们的信访诉求是合理的，有政策和法律为依据，是应该得到解决的。正是因为这类重复访人员的诉求是符合现行法律、法规和政策规定的，因此，在初次来访时，他们相信问题是可以解决的，对信访部门以及信访工作人员的期待值也很高，在言行上表现出理智、配合，在接谈中表达平和。而这类人员的诉求如果因为种种原因未得到妥善解决，同样会引发重复来访，但因个人身份、文化素养等因素的影响，在重复来访时这类人员基本还是能够做到理智与平和。但是，若所诉问题长期得不到解决，这类人员态度也会发生转变，由对政府的信任和期待转变为不满，由理智转变为怀疑和愤怒，甚至导致闹访或者极端行为的发生。

针对这一类型的信访人，接待人员应做好政策的解释工作，讲解相关工作程序，为信访人所反映问题的解决做出正确引导，同时将信访人的诉求及时在系统中登记，并转送有权处理的部门，对于重要来访可做交办处理。

二、情感宣泄型

这一类型的重复访人员往往带着怒气而来，情绪较为激烈，对接待人员的解释和劝导充满厌倦，容易反复追究接待人员的某一句话。这类人员的重复来访，已经不是以反映诉求为主，而是把来访作为宣泄的渠道，借反映诉求为名，把对他人、社会和政府的不满向接待人员发泄出来。

这类重复访人员的诉求可以分为两种：一是诉求合理或部分合理，但是一直没有得到解决并且在短期内也难以看到解决的可能，而信访人在反复来访的过程中屡次受挫，精神疲惫、心力交瘁，不满情绪与日俱增，长时间的压抑和愤怒爆发出来只能到信访部门来发泄；二是诉求不合理，但面对社会和生活的压力，自身又无力改变现状，只好将自己的遭遇归罪于政府，因此，为了表示抗议和发泄不满，便很容易与接待人员发生言语上的冲突，甚至产生过激行为，扰乱信访秩序。

　　针对这一类型的信访人，接待人员在讲解政策和工作程序的同时，要更加注意信访人情绪上的变化，耐心、细致地做教育疏导工作。根据情况，接待人员可将信访人交由心理咨询师接待，由心理咨询师通过专业技能引导信访人，疏解其不良情绪，平复其心情。

三、权力至上型

　　这一类重复访人员有着"唯上"、"唯大"、"权大于法"的传统思想。他们不能够客观地认识自己的诉求，不考虑诉求的合理性，不管反映的问题是否在政策、法规的限度内，只一味地信奉权力至上，认为领导的意志高于一切。在 B 市的来访接待窗口，经常可以遇到这样的信访人，他们的问题发生在基层，根据《信访条例》属地管理的原则，他们本应该向基层信访部门提出诉求，但他们却越过基层直接到市一级信访机构、国家信访局上访。这部分信访人认为找基层没用，只有找上级部门、找最大的领导才能解决问题。还有一部分重复访人员，不愿意和接待人员反映诉求，每次来访都要求见领导、见市长，认为接待人员没有足够的权力，只有见了领导，才能解决自己的问题。

　　这类重复访人员的产生，除了对接待人员的答复不满意以外，还因为法治思想观念还不够，盲目认为领导的意志高于法律、政策的规定，只有找领导解决问题才有效。实践中，行政、司法机关不作为、有法不依、执法不严、违法不究的现象是存在的，这也可能造成了群众对各级政府工作部门的不信任，对法律的权威产生质疑。

　　针对这一类信访人，接待人员在接待过程中应严格按照工作程序处理，对于越级上访、涉法涉诉类问题要明确告知信访人不予受理，并在系统中登记时做出标识。对于应该通过仲裁、诉讼等法律途径解决的、已经进入司法程序的、确有法律问题需要咨询的这几类情况，接待人员可以安排律师接待。通过律师的接待，可为信访人讲解法律程序、提供专业的法律意见，有助于信访人通过正确有效的方式解决问题，而不是将时间浪费在反复走访上。

四、无理狡辩型

这类重复访人员的诉求是不合理的，往往是没有政策法规为依据的，但信访人无视政策法规的相关规定，为了要求政府满足个人的私利而反复、持续上访。

这类重复访人员往往具有一定的心理问题或人格障碍。其中，比较常见并且典型的心理问题有：心理失衡、焦虑、强迫等。人格障碍有：偏执性人格障碍、冲动性人格障碍、表演性人格障碍、强迫性人格障碍、依赖性人格障碍。

针对这一类信访人，接待人员通过接谈掌握情况后，可转交心理咨询师接待。心理咨询师通过与信访人沟通后，可以较为快速地判断出信访人心理问题或心理障碍的状态，从而采用专业、正确的方式展开交谈，安抚信访人情绪的同时，可以暂时缓解信访人的不良状态，从而避免过激行为发生在来访接待场所。

五、盲目跟风型

这类重复访人员容易受他人影响，在其他信访人的示范和影响下才逐步加入信访人的行列。在行动中随波逐流，人云亦云，具有一定的盲目性。在上访过程中，一些信访人会相互交流信访经验，有时自己本不打算上访，但经他人劝解、煽动便一次次跟着上访。这部分信访人，对自己的问题和利益缺乏清醒和客观的认识，文化水平普遍不高，对政府权力、政治、法律等常识缺乏了解，不能有条理地发表自己的意见、表达自己的利益和诉求，对于上访，他们表现出的是不主动也不坚定。一般情况下，这类信访人跟着其他信访人一同上访，做过登记简单接谈后便离开，不会缠访、闹访，但在实践的数据统计中，虽然这部分重复访对于重复访问题的分析没有太大意义，但同样占据重复访群体中的一部分比例，工作中同样造成了行政资源的浪费。

针对这一类信访人，接待人员在登记、转送信访诉求后，接谈中更加注重教育疏导和宣传引导，在程序上向信访人明确《信访条例》中规定的不予受理与不再受理的范围，在思想上劝解信访人息诉罢访。

应对和化解重复访的对策

一、建立台账，对重复访进行全面排查和梳理

对于重复访，应在详细登记的基础之上，根据重复访人员诉求的类型和其表现形式，分类建档，加强管理。定期对重复访问题进行全面的排查梳理，做到明了情况、摸清底数。根据排查梳理的结果，及时修订、增减台账的内容，责任到人，将无序的重复访纳入到有序的工作程序中，从而实现动态科学化管理。来访接待部门只有对重复访的情况掌握全面、了解透彻，才能区别情况、突出重点，分门别类且有针对性地制定化解重复访的对策和措施，从而达到有效化解重复访的目的。

二、落实首接责任制，提高初访化解率

国家信访局 2014 年出台了《关于进一步加强初信初访办理工作的办法》（以下简称《办法》），明确了信访机构和有权处理机关在受理和办理工作中的职责，要求各级信访机构及其他行政机关依法按程序规范受理和办理初信初访事项，开展群众监督和满意度评价。该《办法》的制定与实施，突出了为民和依法的宗旨。通过强调首办责任，要求第一时间把初信初访问题及时解决在群众家门口和问题属地，减少群众的来回奔波，降低群众信访成本。只有落实首接责任制，全面提高来访接待质量，严格落实各项信访工作制度，把群众所反映的诉求及时向相关部门汇报，提升初访的化解率，才能有效从源头上预防重复访的产生。

三、严格规范信访秩序，全面推进依法逐级走访制度

所谓依法逐级走访，是指信访人采用走访形式提出信访事项时，应当根据信访事项的性质和管理层级，到依法有权处理的本级机关设立或者指定的

接待场所提出信访事项的行为。按照中央改革信访工作制度的决策部署，国家信访局 2014 年 5 月 1 日公布实施了《国家信访局关于进一步规范信访事项受理办理程序引导来访人依法逐级走访的办法》（国信发〔2014〕4 号）（以下简称《办法》）。该《办法》进一步明确了不予受理和不再受理的信访事项。不予受理的信访事项包括：未经省辖市、省直管县信访部门受理的；在办理规定期限内的；在复查（复核）期限内的；对处理（复查）不服，未到规定的机构申请复查（复核）的；应当通过诉讼、仲裁、行政复议等法定途径解决的。不再受理的信访事项包括：已经省政府复查复核机构复查（复核）、审核认定办结或已经终结备案并录入全国信访信息系统的；对处理（复查）意见不服，且无正当理由超出《信访条例》规定期限未申请复查（复核）的；信访诉求在 2005 年 5 月 1 日前已经办结，且没有新的事实和理由的。这样的规定，使信访事项在受理环节分流，严格规范了信访工作程序，对于重复来访的诉求不再一味受理，而是为其找到更有效的解决途径，该由哪个层级管的事找哪个层级，该由哪个途径解决的去找哪个途径。从而在实践中将重复访作出有效的分离，特别是那些无效的重复访，这样，在提高接待效率的同时也做到了节约行政成本。

依法逐级走访的基本要求实质上是种"双向规范"。一方面，规范信访工作行为。通过提出程序性和可操作性的工作要求，压实属地和相关责任主体的责任，规范受理办理程序，推动及时就地解决问题。另一方面，规范信访人的信访活动。严格规范信访秩序，引导群众依法逐级走访，理性反映诉求。对不依法逐级走访的，明确不予或不再受理；对不到接待场所，而是到办公场所、公共场所缠访闹访，违反《信访条例》六项禁止性行为的，以及对少数以闹求决、以访牟利的违法行为，由公安机关依法处理，切实维护正常的信访秩序和社会秩序。

全面推行依法逐级走访，根本出发点在于依法及时就地解决问题，切实维护群众合法权益。同时为信访部门和有权处理机关指出了一条要求明确、步骤清晰的路径，引导群众变重复上访、多头上访、越级上访为就地反映和解决问题，从而减少群众上访成本。

四、充分发挥"一轴两翼"工作模式在化解重复访中的作用

从近些年群众到 B 市的信访活动来看，其中涉法涉诉、谩骂宣泄、偏执缠访、疑似精神疾病的信访占据信访总量相当大的比重，在重复访中这几种类型同样占比较高。B 市针对这种情况，不断实践探索、总结创新，在来访接待中逐步形成了"一轴两翼"的接访模式。

"一轴"即以来访接待为主轴。对于来访的群众，热情接待、耐心倾听、认真解答始终是来访接待工作最基本、最核心的要求。"两翼"即以律师法律咨询服务和心理咨询师疏导安抚为辅佐。"一轴两翼"工作模式自运作以来取得了良好成效，不能仅将其归纳为一名接访员、一名律师、一名心理咨询师的简单组合，接访员及时准确的判断、咨询对象的选择、专业知识与技术的配合，加上灵活有效的运作机制，才能使三者在来访接待工作中相互补充、相辅相成，从而对化解重复访起到功不可没的作用。

（一）律师咨询对于化解重复访的作用

2007 年 9 月开始，B 市信访办开始引入律师咨询服务，几年来取得了良好的成效。一直以来，涉法涉诉问题的大量来访已然成为信访工作面临的一大难题，律师的适时介入，缓解接待窗口压力的同时，也为这一难题寻得了一个突破口。实践证明，律师参与来访接待的优势在于：中立性、专业性。在重复访中，涉法涉诉问题占据一定的比例，大部分涉及民事、经济、刑事、行政等复杂的法律关系，律师不代表政府，可以从第三方的角度为信访人提供专业的法律意见，帮助信访人梳理案件、知晓法律程序、理解判决原因。大多信访人是弱势群体，有些不具备花钱请律师的条件，有些不满足法律援助的条件，"一轴两翼"中的律师接待正好填补了这一空白，让信访人了解法律知识的同时，使他们回归理性，能够了解涉法涉诉的问题应该到哪去解决、如何解决，有助于实现涉法涉诉问题与信访问题的剥离。实践中，律师对于来访接待工作的介入，也可以起到宣传法制的作用，使部分"权力至上"、"信访不信法"的重复访人员能够采纳律师所给的专业意见，通过司法途径去解决问题，从而达到息诉罢访。

（二）心理咨询师对于化解重复访的作用

心理咨询是一种运用科学的理论方法和专业的技术，帮助社会上有需要的个人或群体的科学。而信访心理咨询工作者本身是会遵循保密、平等、尊重和接纳等原则去帮助信访人。而在重复访的群体中，性格偏执、诉说欲强、精神失常的不在少数，接待这类重复访人员往往要花上很长时间，严重影响接谈效率，此时，心理咨询师的介入就显得尤为重要和必要。B 市信访办安排心理咨询师于每周一、三参与值班，从实际效果来看，B 市近三年接受心理咨询的信访人之中，情绪状态明显有所缓解的占 8.49%，情绪趋于平稳的占 89.62%，可见，心理咨询在来访接待中取得了良好成效。绝大多数重复访人员经过心理咨询师的疏导安抚后，情绪趋于平和，能够听进工作人员的劝阻，预防了缠访、闹访现象的发生，接待场所的信访秩序得到明显好转。

心理咨询适用的重复访人群包括：一是多次来访，经过反复劝说无效或者有亢奋、偏执、抑郁等心理障碍的；二是来访的主要目的不是解决问题，而是倾诉、发泄情绪的。由接谈员通过信访人的表述判断其来访目的，心理咨询师从信访人的言辞、神态中判断其心理状态，在双方沟通达成一致后，心理咨询师以接访工作人员的形式对信访人专门接谈，将心理咨询融于接访之中。这样的方式，让信访人更加容易接受，认为自己的诉求得到了重视，而不是被视为需要心理治疗的人。

一些患有精神障碍的信访人在心理咨询师的帮助下，能够到医院就医，消除了长久以来的困扰，回归到了正常的生活。这便是"一轴两翼"工作模式在信访接待以外的延伸与意义，解开信访人的心结，使其不再上访，同时帮助他们正视自我、正视自我解决问题的能力，最终回归社会。在"一轴两翼"工作模式的基础之上，B 市信访办一直认同并推广社会力量参与信访工作。2013 年 B 市民政局着手摸索"三师一员"信访工作机制，开启了运用新视角、新思维、新理念助力信访工作的创新之路。"三师一员"即律师、心理咨询师、社会工作师和人民调解员，这四者作为 B 市民政接访队伍中的新生力量，各司其职，成效初显。这种工作模式若在全市得到推广，必将成为有效化解重复访的主力军，也会使 B 市在"人文信访、法制信访、和谐信访"

的道路上前进一大步。

五、实行信访信息公开制度，接受群众监督

为进一步规范信访事项办理程序，提高办理质量和效率，接受群众对信访事项处理过程和办理结果的评价，2014 年，国家信访局发布《信访事项办理群众满意度评价工作办法》（以下简称《办法》）。该《办法》以深入推进信访工作制度改革为主线，以实行网上受理信访制度为重点，依托网络信息化技术，逐步实现信访事项办理过程公开、结果透明，可查询、可跟踪、可督办、可评价，打造"阳光信访"，通过把信访工作评判权和监督权交给群众，强化责任倒逼机制，进一步压实主体责任，推动合理合法诉求及时就地解决，切实维护群众合法权益，不断提高信访工作公信力。

B 市结合本市信访工作特点，经过反复研究，也制定了相关工作制度，明确要求对于信访人的诉求要件件有登记、录入要严格且规范，全面推行信访事项程序性公开。信访人来访后，由接待人员在信访信息系统登记，手动选择"公开"，对于留有手机号的初次信访人，系统会自动发送查询码到信访人的手机上，通过该查询码信访人可以登录互联网查询其信访事项的办理状态。

此项工作的开展，无疑使信访制度改革又向前迈进一大步。对于信访工作而言，该《办法》的实施要求信访工作人严格登记、及时转送，从程序上规范了信访工作，并且使信访工作逐步走向公开化、透明化，在做好群众工作的同时接受群众的监督，有规范、有约束、有监督的信访工作在一定程度上实现了"阳光信访"。对于信访人而言，在知情权进一步得到保障的同时，足不出户就可以在互联网上查询到自己反映的诉求在什么时间被转送到了那个部门，原本需要一次次上访并且花上大量时间去等待才能询问到的事情，现在通过简单、便捷的方式就可以实现，为信访人节约了财力和精力，大大减少了信访成本。对于重复访而言，信访程序公开化，使重复访量有所下降。一些重复访人员之所以就同一诉求再次来访，就是想知道其信访诉求的办理情况，因为除了再次来访询问信访人没有其他渠道可以知晓。现在通过信访

程序的公开，这部分信访人无须再次来访，通过互联网查询即可。实践证明，实行信访信息的公开化，不仅使信访工作更加严谨规范、信访人的信访成本降低，同时造成重复访的下降，从而减少了接待场所的压力、行政资源也得到更有效的发挥。

六、完善信访终结制度，促进信访人理性行使信访权

信访终结制度的不完善也是造成重复访量居高不下的原因之一。《信访条例》第三十四条规定："信访人对行政机关作出的信访事项处理意见不服的，可以自收到书面答复之日起 30 日内请求原办理行政机关的上一级行政机关复查。收到复查请求的行政机关应当自收到复查请求之日起 30 日内提出复查意见，并予以书面答复。"第三十五条规定："信访人对复查意见不服的，可以自收到书面答复之日起 30 日内向复查机关的上一级行政机关请求复核。收到复核请求的行政机关应当自收到复核请求之日起 30 日内提出复核意见。""信访人对复核意见不服，仍然以同一事实和理由提出投诉请求的，各级人民政府信访工作机构和其他行政机关不再受理。"可见，《信访条例》明确规定了信访事项的三级终结制度，在严格规范信访程序的同时体现出了对信访人权力的救济。

《信访条例》的规定告知了信访人，信访程序不是无限期拖延的，是可终结的，在信访事项终结后，信访人就同一诉求再提起的，信访部门将不再受理，要求信访人认真对待自己的信访权利和义务。然而在实践中，《信访条例》关于信访程序终结的规定并没有实现信访人息诉罢访的目的，反而为信访人重复访、缠访、闹访的行为提供了滋生的土壤。

部分信访人的诉求已进入复查或复核程序，但他们仍然反复来访，主要诉求围绕在以下几个方面：一是申请复查或复核后，过了期限未收到答复，有的甚至没有收到延期告知单，有的一再收到延期告知单。二是对复核机关的复核意见满意，但相关部门拒不执行。三是对复核意见仍然不满意，但信访事项已经三级终结，投诉无门。这些重复访的产生与当下信访终结制度不完善有着密切的关系：一是《信访条例》规定了行政机关受理、办理复查复

核申请的期限，也规定了信访事项的办理可延期，延长期限不得超过 30 日，但对于延期的次数未作出明确规定。部分行政机关受理、办理久拖不决，或无限延期的行为，造成信访人不满，因而反复来访询问与投诉。二是信访复核意见为行政机关给信访人出具的最终答复意见，但此意见不同于法院判决，不具有强制力，因此，实践中复核意见执行不了的现象比比皆是，但信访事项已经终结，无奈之下信访人只好再次上访。三是信访事项经过复核后便表明该信访事项已经终结，如果信访人仍不满意也会造成重复访。部分信访人不管信访程序是否终结，仍然反复来访，但就同一诉求的来访，信访部门按照规定已经不再受理。信访人便将矛盾指向政府、指向接待人员，因而反复来访，甚至出现扰乱信访秩序的行为。

信访终结制度的不完善导致很多信访事项"终而不结"，从而产生大量重复访。因此，完善信访终结制度，促进信访人理智使用信访权十分必要。首先，应充分发挥基层信访部分的作用，坚持源头防范，压实基层责任。基层部门在处理初访时，办理及时、质量高，做到按期答复，是决定信访事项能否自然终结的关键。其次，共建协调统一的联动机制。信访终结制度涉及多个部门，沟通不畅、步调不一致都会阻碍制度发挥作用。如信访答复意见出具后，相关部门不执行，给信访人造成了困扰，也不利于政府公信力的建立。因此，建立统一的联动机制，最大限度地掌握信访人信访诉求的状态，充分发挥协调作用，形成快捷高效的办理机制，对信访人的合理诉求要努力予以解决，对有明确处理结论的重复访要共同做好解释工作，对基本事实清楚、处理措施正确的信访问题要及时作结论。再次，建立与制度相适应的听证程序。信访人的合理诉求解决到位、实际困难妥善解决是信访终结制度的前提，要达到此目标就要有相应的程序做保障。建立公开透明的听证程序和专家论证程序，通过举办听证会，从心理需求上来讲，可以使信访人的感情得到一定宣泄。对于重大疑难信访问题，通过专家集体研究、共同论证，广泛听取各方面意见，能够促使信访人放弃过高或无理诉求。最后，完善行政责任体系。信访终结制度是以"解决群众合理诉求，维护群众合法权益"为最终目的。信访工作者不能把信访终结制度作为应付群众的手段，不能使走完信访程序的信访问题没有得到解决。因此，要制定主体明确、层级清晰、奖罚分明的责任体系，明确各级办理机构及相关人员的责任，要求各级办理机构和人员坚持依法依规解决问题，做到切实维护信访人的合法权益。同时，加大责任追究力度，对因推诿扯皮或处置不当造成严重后果的，按照规定追究相关人员责任。只有这样，信访终结的目的才得以实现。

七、整合各方力量，充分发挥信访部门的协调作用

信访协调可以说是信访工作的重要工作手段或工作方式，没有积极的协调，信访工作很难见到成效。对于信访人所反映的信访问题，特别是重大疑难信访问题，只有信访部门积极发挥协调作用，信访问题才有得到解决的可能。B 市在劳动争议问题的化解上，采取"六方联动"的工作机制，成效明显，已成为 B 市加强和创新社会管理的典范。2009 年 6 月，针对劳动争议案件大幅攀升的状况，B 市总工会牵头与市人力社保局、司法局建立了劳动争议调解"三方联动"机制，形成了"政府指导，工会牵头，各方联动，重在调解，促进和谐"的工作格局。协调的核心在于调查研究，即针对信访事项中的矛盾作出性质判断和提出对策。对于问题的历史背景和发展趋势、涉及的政策与法律法规、历次信访协调的经验教训、信访事项涉及的范围以及各方的态度都要研究透彻，只有在弄清楚以上情况的基础上，问题才有可能迎刃而解。因此，信访部门在发挥协调作用之前，应从实际出发，坚持原则性与灵活性的同时，做好调查研究工作，然后，按照《信访条例》规定的"属地管理"和"谁主管谁负责"的原则，加强部门之间、地方与部门之间密切协调配合，建立健全联席会制度，加强职能部门和地方协调配合，从而及时研究和协调解决重大疑难信访问题和重复访问题。

近年来，中央政府一系列关于规范信访工作办法的出台，使得信访工作质量大幅度提高，大量社会矛盾得到化解，与此同时，我们也应该正视信访工作中出现的重复访问题。各地信访机构面对新形势和新任务，需要充分认识当前信访形势的严峻性和复杂性，对于重复访这一类难题，在信访实践中应了解问题产生的原因，能够针对重复访人群的不同类型，有的放矢地采取

应对措施。各地信访机构应本着为群众排忧解难、为社会化解矛盾的宗旨，以务实和不断完善的精神去创新信访工作方法，借鉴像 B 市这样有效化解重复访的经验，从源头预防，主动开展工作，从制度下手，落实各方责任，切实把化解重复访问题作为当下信访工作的重要任务之一，攻坚克难，努力推动新时期信访工作实现战略性转变。

涉诉信访问题研究

张兴祝

　　摘　要：涉诉信访是社会政治、经济等诸多因素矛盾的综合反映，是改革与发展的历史产物。涉诉信访量高位态势，既有历史的因素，也有现实的问题，既有客观原因，也有主观原因。涉诉信访一方面保证群众参与司法活动表达自己的意见建议，监督司法活动的公正，维护群众合法权益，宣泄群众情绪、化解社会矛盾，维护社会和谐稳定等方面发挥了重要作用；另一方面，它冲击了司法权威，削弱了司法公信力，使人们"信访不信法"，不利于法治理念的树立和法律信仰的形成。因此，我们应客观看待涉诉信访问题，理清涉诉信访发生的原因，采取适当的方式方法，使涉诉信访达到保护群众合法权益与维护司法权威的统一，推进法治中国建设。

　　2004 年，最高人民法院在长沙召开的信访工作会议上首次把对人民法院处理的诉讼案件不满所引起的信访称之为涉诉信访。良好的涉诉信访工作既能宣传普法，有效发现和化解社会矛盾，还能帮助法院发现自身问题并加以改进，进一步促进法院提高审判质量和效率，促进法官队伍建设，更好地公正司法，维护司法权威。但随着社会经济文化的发展，人民群众的利益纠纷多样化、利益诉求复杂化，缠访、闹访现象频发，会冲击法律权威，损害司法定分止争的功能。

古人云：法败则国乱。① 法治是现代社会中调整社会关系的重要手段，更是社会稳定的基石。法治文明是一个社会现代化的重要标志。2013 年 1 月，习近平同志就做好新形势下政法工作作出重要指示，首次提出建设法治中国的宏伟目标。为加快建设社会主义法治国家，中国共产党第十八届中央委员会第四次全体会议通过了《中共中央关于全面推进依法治国若干重大问题的决定》。依法治国的基本方略要求在社会生活中树立法律的权威，使法律成为人们的信仰，人们能够自觉地学法、尊法、守法、用法。因此，对当前我国的涉诉信访现状进行分析研究，探讨如何在新形势下对涉诉信访进行法律规制，将其纳入法治化轨道，对于维护公民权益及社会正义，树立法律权威，维护社会稳定，构建"法治中国"都具有重要意义。

涉诉信访的内涵

一、信访的含义

信访制度是一项具有中国特色的制度设计，承载着公民政治参与、民意表达、纠纷化解、权利救济以及稳定维护的重要功能。信访制度是信访运行的具体规则，那么什么是信访呢？

信访简单地说就是指群众通过文字材料或直接面谈的方式，向有关机关或领导反映情况、提出要求、表达意愿。据考证，信访行为在我国自古有之，并且源远流长。自尧舜设"进善旌"、"诽谤木"、"敢谏鼓"，古代信访开始萌芽。有关官员根据进言者发出的信号进行接待，可见那一时期就已经有了专门负责纳言和接待来访宾客的官员，形成了早期的信访。② 在随后的中国历史中信访随着时代的发展不断演化。

新中国成立前夕，1949 年 4 月中央书记处政治秘书室成立，该办公室主

---

① 语出《韩非子·难一》。
② 参见李秋学：《中国信访史论》，中国社会科学出版社 2009 年版，第 109 页。

要工作就是为毛泽东和其他中央领导人处理信访问题,角色相当于秘书。① 政治秘书室的成立标志着新中国信访制度的萌芽。新中国成立后,我国非常重视群众的信访问题,1957 年 11 月出台了《国务院关于加强处理人民来信和接待人民来访工作的指示》,1972 年中共中央批转《关于加强信访工作和维护首都治安的报告》。从此,信访便成了一个专有词汇,走进了新中国的发展进步的历程。随着我国信访形势的发展变化,2005 年国务院发布了新《信访条例》,第二条是法律上给信访进行了界定。李慕洁认为:"信访是指社会成员通过书信、电话、电报、访问等形式,向社会组织、管理者反映个人或集体意愿的一种社会政治交流活动。"② 通过比较可以看出,法律上和学理上界定的区别在于信访活动受理的机构上有所不同。笔者认为,学理上界定的可以称为广义的信访,法律上界定的是狭义信访中的一种,可以称为行政信访。

二、涉诉信访的概念及特征

法院作为国家司法机关,不可避免地参与到我国信访发展的历史进程中。1953 年 4 月起,各级法院人民接待室在第二届全国司法工作会议要求下顺利建立,人民接待工作得以强化,人民来信来访被有序处理。最高人民法院在2003 年出台《人民法院规范和完善申诉来访制度的若干规定》,其中规定信访人可以申诉、控告、检举人民法院及其工作人员违法失职行为,不服法院生效判决、裁定、调解的可申请再审,可以对法院工作提出建议、意见等。2004 年 4 月在长沙召开的全国涉诉信访工作会上,最高人民法院首次提出"涉诉信访"的概念,但并没有对其进行明确的界定,只是将法院涉诉信访从其他信访中分离出来。当前学术界对涉诉信访也没有形成共识,学者们定义的涉诉信访是指与某一具体诉讼案件相联系,针对人民法院审判和执行案件的行为或结果,要求人民法院启动司法程序、实施一定诉讼行为的人民群众的来信和来访。③ 虽然,各种界定的内涵和外延不完全相同,但它们有一个共

---

① 参见董边:《毛泽东和他的秘书田家英》,中央文献出版社 1996 年版,第 7—8 页。

② 李慕洁:《应用信访学》,华龄出版社 1991 年版,第 209 页。

③ 参见吴维维:《关于涉诉信访制度改革的思考》,《中共乐山市委党校学报》2014 年第 1 期。

同点，即涉诉信访是信访在法院工作中的体现。结合当前法院信访工作实际，笔者认为，涉诉信访是指与某一具体诉讼案件相联系的公民、法人或者其他组织采用写信、来访、电话、传真、电子邮件等形式，通过人民法院或其他信访渠道反映涉及人民法院所办理案件的情况，提出请求、建议、意见或者投诉，要求人民法院依法处理的活动。涉诉信访具有如下特征：（1）涉诉信访的发起主体是案件的当事人、当事人的近亲属以及与案件有直接利害关系的人，还包括案件的代理人，有时甚至还有信访代理人。（2）涉诉信访的形式包括走访、书信、电话或者电子材料等，目前主要表现为走访形式，通过大力引导，网上信访将成为一种新的重要形式。（3）涉诉信访的内容是各种诉讼案件，包括立案、审判、执行各环节各类案件。（4）涉诉信访的受理主体主要是各级人民法院和党委、人大以及联席会、巡视组等机关或组织。（5）涉诉信访的目的在于建议、要求或促使法院完成某种有利于信访人诉求的行为。

三、涉诉信访与涉法涉诉信访的关系

涉法涉诉信访先期亦称涉法信访，2005年后仍有文献中用涉法信访的提法，如2006年9月，叶建平、陈锋在《行政与法》上发表了题为《法治视野下的涉法信访工作》，《齐齐哈尔日报》2011年7月27日第007版刊登了齐齐哈尔市龙沙区人民检察院胡启民、金效梅的文章《强化涉法信访工作努力构建和谐社会》。实际上涉法涉诉信访也非法律上的专门术语，它是从涉法信访转变而来。2004年2月，中央政法委在全国集中处理涉法上访问题电视电话会议上明确提出了"涉法上访"的概念。2004年8月，中央集中处理信访突出问题及群体性事件联席会议，要求由中央政法委牵头处理涉法涉诉信访问题，提出了"涉法涉诉信访"的概念。2005年2月，中央政法委印发了《涉法涉诉信访案件终结办法》，该办法第二条明确涉法涉诉信访案件的范围，从而界定了涉法涉诉信访的概念。可见，涉法涉诉信访是涉诉信访的上位概念，涉诉信访是涉法涉诉信访的子项。涉法涉诉信访外延大于涉诉信访，也可以说涉诉信访是涉法涉诉信访中一部分。

四、涉诉信访的法律依据

《宪法》第四十一条规定："中华人民共和国公民对于任何国家机关和国家工作人员，有提出批评和建议的权利；对于任何国家机关和国家工作人员的违法失职行为，有向有关国家机关提出申诉、控告或者检举的权利，但是不得捏造或者歪曲事实进行诬告陷害。对于公民的申诉、控告或者检举，有关国家机关必须查清事实，负责处理。任何人不得压制和打击报复"。这是国家在宪法层面保障公民行使涉诉信访的权利，也是涉法涉诉信访存在的宪法依据。《刑事诉讼法》第二百四十一条、《行政诉讼法》第六十二条、《民事诉讼法》第一百九十九条，类似规定了对已经生效的判决、裁定，可以进行申诉或申请再审。这可以说是当前部分涉诉信访的法律依据。有学者认为，我国涉法涉诉信访的法律体系已经比较充分。但也有学者认为，涉法涉诉信访的法律依据严重不足。① 笔者认为涉诉信访有其宪法和基本法上的依据，但目前还没有任何法律直接规定涉诉信访的性质、原则和程序，这对公民涉诉信访权利的保护和涉诉信访工作的开展相对不利。

涉诉信访的现状和产生原因

一、当前涉诉信访的现状

根据最高人民法院工作报告，"2013 年最高人民法院受理案件 11016 件，审结 9716 件，比 2012 年分别上升 3.2% 和 1.6%；地方各级人民法院受理案件 1421.7 万件，审结、执结 1294.7 万件，同比分别上升 7.4% 和 4.4%"，"各级法院共接待群众来访 53.9 万人次，同比下降 10.2%"。② 可计算出每

---

① 参见崔凯、陈娴灵：《涉法涉诉信访改革阻碍因素评析——侧重于诉讼法角度》，《湖北民族学院学报（哲学社会科学版）》2014 年第 3 期。

② 资料来源：新华网，http://news.xinhuanet.com/politics/2014 – 03/17/c_ 119797489.htm，2014 年 12 月 22 日访问。

审、执结 24 件，就有 1 人次信访。"2012 年共接待群众来访 60.1 万人次，比 2007 年下降 75.5%。"①结合 2013 年数据可以计算出每审、执结 20.7 件，就有 1 人次信访。"2011 年，最高人民法院受理案件 11867 件，同比下降 1.8%；审结 10515 件，审限内结案率为 95%。地方各级法院受理案件 1220.4 万件，同比上升 4.4%，审、执结 1147.9 万件。""各级法院共接待群众信访 79 万人（件）次，同比下降 25.9%。"② 可以计算出每审、执结 14.5 件，就有 1 人次信访。

二、涉诉信访产生的原因

涉诉信访是社会政治、经济、文化等诸多因素矛盾冲突的综合反映，是改革与发展在这个历史阶段的产物。涉诉信访量高位态势，既有历史的因素，也有现实的问题，既有客观原因，也有主观原因。对于具体原因，众多专家学者给出了不同的分析解答。笔者拟从涉诉信访的各相关方入手分析涉诉信访产生的原因。首先是与某一具体诉讼案件相联系的涉诉信访人（包括公民、法人或者其他组织）涉诉信访的启动者。其次是引起涉诉信访人不满的人民法院，涉诉信访的导火索。最后更高的权力、权威，可以是机构、机关或者是拥有权力的个人，是涉诉信访的管控者。

（一）涉诉信访人方面的原因

1. 法律意识淡薄，诉讼能力低下

法律意识是社会意识的一种特殊形式，是人们关于法律现象的思想、观点、知识和心理的总称。法律能否发挥作用，能否被严格地执行和积极地遵守，重要的是看它能否为人们所接受和拥护，即取决于公民法律意识。③ 数千年的封建统治，使得我国公众法律意识淡薄。普通群众法律知识匮乏，缺少

① 资料来源：新华网，http：//news. xinhuanet. com/2013lh/2013 - 03/21/c_ 115108571. htm，2014 年 12 月 22 日访问。

② 资料来源：人民法院网，http：//www. court. gov. cn/qwfb/gzbg/201204/t20120413_ 175925htm，2014 年 12 月 22 日访问。

③ 参见赵保胜、许成坤：《制约和谐社会构建的法律问题及对策研究》，《法治论坛》2006 年第 4 期。

对司法程序规则及要求的认识和理解，无法对司法过程及司法结果进行理性的思维和正确评价。虽然我国经过多次普法，但是"对西方法律的移植从整体上构建了当代中国法律知识的框架。对于这样一种与我们所处的传统社会完全'难以理解'的专门知识，除了法学家以及法律从业者有一定的理解和掌握外，一般公众能留下印象的也就只有一些'公平'、'正义'、'法治'等抽象概念"，[①] 一些公民实际诉讼能力不高，难以适应社会发展。一些诉讼当事人都知道通过诉讼途径来维护自身的合法权益，但对于在诉讼中应承担的义务却不明确或是明确却不愿意承担。我国现阶段的一些公民法律意识低下，人们对法律信仰出现危机，所表现出来的形式就是涉诉信访不断增多。正如学者李微所说："如果公民的法律意识不提高，即使法院作再多的事情，涉诉信访的形式还会更加严峻。"[②]

2. "理性人"的收益判断，涉诉信访成本低

在经济学中有"理性人假设"，认为人都是理性的，即"一个决策者在做决策时，在他可做的选择中，总会选择他认为是最好的选择"，[③] 行为时考虑成本与收益。上访会产生收益，如果收益可能大于成本，自然人们便选择上访。涉诉群众能够判断自己的利益所在，懂得选择"正确"的手段以达到利己效用。实践中涉诉信访群众多为中老年人，且妇女居多，他们要么已经退休，要么没有工作，他们信访的机会成本较低，获得收益的可能性较高。实践也证明，"有的信访人在长期的涉诉信访中获得了一定的经济帮助，或补偿、或低保、或困难救助等，这种跑跑腿既能发泄情绪又能得到一定利益的做法，使一些人乐此不疲"。[④] 根据富家桥镇政府财务所整理的《富家桥镇2007年—2012年上访对象唐满云（唐慧）接访费、困难补助及工作经费明细表》，从2007年到2012年的5年间，唐慧一共接受了19万余元救助款。[⑤]

---

① 任强：《法律思想的形成——面对古典的创造》，《政法论坛》2006年第1期。
② 李微：《涉诉信访制度研究》，中南大学2008年博士学位论文，第87页。
③ 林毅夫：《论经济学方法》，北京大学出版社2005年版，第269页。
④ 尤佳：《科尔曼的理性选择理论对涉诉信访存在原因的分析》，《法制与社会》2011年第4期。
⑤ 参见杨迪：《还原唐慧案——"劳教妈妈"的胜诉之路》，《中外文摘》2013年第19期。

3. 从众效应的影响

现实中许多涉诉信访人由于缠访、闹访、越级上访实现了其目的，甚至获得了一些法外利益，导致其他涉诉信访人竞相效仿。在唐慧的女儿"乐乐案"一审结束后，唐慧不满意，继续上访。二审之后，"乐乐案"7名被告人的家人也开始了上访。① 笔者所在法院2011年曾用救助数十万元的方式化解一挂账信访积案，该案因任某的母亲滞留医院占据病房，被法院强制执行，任某就常年信访，后来被挂账要求必须化解。该案化解后，任某的弟弟也开始了信访，而且不久，任某提出新的诉求又继续信访。这种"维稳方法的异化"破坏了社会的是非观、公正观，严重增加了化解社会矛盾的成本，助长了某些民众的机会主义心理。② 也使涉诉信访数量不正常地增加，易形成恶性循环。

（二）涉案法院方面的原因

1. 法律制度不够完善

虽然我国已经基本形成中国特色社会主义法律体系，但是由于经济、社会的快速发展以及法律实践的复杂性，有的部门法中的具体制度的构建也存在不完善之处，我国涉诉信访不断增加，与我国再审制度中存在以下问题是不可分的：再审启动的主体不限、再审启动的理由不限、申请再审次数无限、再审的时间不限。③

2. 司法本身的存在的问题

司法作为纠纷解决机制不是万能的，而且还有着自身的不足。首先，司法评判具有事后性，不能完全重现过去发生的事实。由于存在证据灭失、取证错误、证据的认定分歧、法律理解的偏差等原因，任何国家的司法都不能实现百分之百的真实。法院尽可能去追求实体正义，但在实体正义不能实现的情况下，败诉方极易走上涉诉信访之路。其次，司法救济范围的有限性，试图用审判程序涵盖所有纠纷，一切矛盾由司法解决是不现实的。实际上，

---

① 参见柴慧群、邵克：《唐慧女儿被迫卖淫案调查》，《法律与生活》2013年第8期。
② 参见封丽霞：《应纠正地方维稳工作中的"异化"现象》，《学习时报》2011年3月7日。
③ 参见李微：《涉诉信访制度研究》，中南大学2008年博士学位论文，第75—77页。

法院案件受理范围有严格的法律限制，许多纠纷、矛盾法院都不能受理，如要求缴纳社会保险的劳动争议案件等。再次，执行不能。所谓执行不能，指被执行人进入执行程序后，仅有部分可供执行的财产甚至无可供执行的财产，而且在执行期限内不能恢复执行能力的一种财产能力状态。在司法救助不能保障到位的情况下，执行不能引发了大量的涉诉信访。最后，司法救济的成本较高，既有时间成本又有经济成本。在诉讼中，当事人的诉讼成本包括诉讼费、律师费、车旅费、误工费及机会成本等，还有当事人的时间和精力。①司法的公正来源于程序的公正，而程序需要时间的保证。民事案件诉讼时效普通程序为6个月，简易程序是3个月，但同时也规定一些可以延期的情形使得案件审限最长可以达到一年，同时法律还规定了一些不计算在审理期限的相关情况致使一案审结的时间过长，而当事人经历了程序的复杂和烦琐，在经过了漫长的审理期限后一般都愿意放弃上诉而用上访进行维权。高昂的诉讼成本是部分当事人走上涉诉信访之路的重要原因。

3. 司法主体的行为不当

首先，法官能力、素质导致的行为不当。近年来法院不断招收高校法律专业毕业生，整体上提高了队伍的素质。但仍有部分法官业务水平不高、作风不端正、职业道德偏低，出现了一些法官在事实认定和法律适用上存在疏漏，造成案件存在瑕疵甚至错误。有些法官司法为民意识淡薄，对当事人态度恶劣，或草率办案，做调解工作没有耐心，不能主动释法说理、判后答疑，让当事人产生疑虑，进而怀疑审理结果的公正性，走上信访之路。其次，违法乱纪等恶劣行为。少数司法人员的腐败已经给我国司法系统造成了很大的危害，直接影响到法院的司法权威和公信力。关系案、人情案、金钱案，侵蚀着公平、正义与司法的尊严。此类行为一般直接导致涉诉信访，如果处理不好还可能引发过激行为，负面影响巨大。

（三）涉诉信访管控者方面

涉讼信访人要信访必然找其认为能够管住法官或法院的领导或机关，而

---

① 参见沈燕萍：《论诉讼成本的价值》，《社科纵横》2007年第4期。

不会认为法官、法院只服从法律。法律之外的领导权威的存在削弱了涉诉信访人对法律的信服和敬畏，一旦自己的诉求没有得到满足，便奔向涉诉信访。

1. 法官的管控者

在日常接访中，经常遇到当事人气势汹汹地过来，直接说"我要见你们的院长"。在他们的心目中院长是法院最大的官，自己遇到不公正的事情当然要找最有权力的官。实际上在法院内部有法官、庭长、分管副院长、院长。法官承办具体案件，庭长负责全庭案件的业务指导及相关行政工作，副院长负责主管庭室的业务指导及相关工作，院长负责全面工作。法官不但业务上向庭长负责，行政上也向庭长负责。院内人员的岗位安置、升职晋级，庭长有一定的影响，分管副院长有一定的决定权，院长就更不用说了。因此，当事人对裁判不满意必然会向做出裁判的法官的上级领导寻求救济。从现在的上访情况看，一般的来访由信访部门负责接待，"重访"、"闹访"、"缠访"的当事人基本上都由相关的庭长接待，再处理不了由主管副院长接待。

2. 下级法院的管控者

虽然法律有明确的规定，上下级法院之间是监督与被监督的关系，没有行政上的隶属关系，但实际上老百姓通常认为上级法院领导下级法院。由于上级法院不仅对下级法院院长人选的确定享有较大的影响，对下级法院的装备具有一定的控制权，而且能够通过个案指导决定下级法院的裁判，如案件请示汇报制度。实际上，上下级法院之间是一种"准领导关系"，与上下级行政机关之间的关系虽有较大不同，但并无质的区别。① 当事人对下级裁判结果不满意，便向上级法院信访，有的甚至还在一审审理期间，当事人就到二审法院闹访，希望通过给上级法院施压，迫使下级法院做出对其有利的裁决。

3. 法院的管控者

根据我国宪法，人民通过民主选举产生各级人民代表大会，并对其监督，人民代表大会应对人民负责；人民代表大会产生、监督行政机关、审判机关、

---

① 袁小刚：《涉诉信访成因再探——从外生变量入手的因果关系分析》，《湘潭大学学报》2014年第 38 卷。

检察机关，行政机关、司法机关要对它负责。人大是权力机关，拥有监督"一府两院"的职权，当事人向人大常设办事机构人大常委会信访反映法院问题，应该合情合理。我国是中国共产党领导的社会主义国家，司法工作作为党的事业的重要组成部分，必然受党的领导。各级法院都要接受党委的政治领导和组织领导。诉讼当事人向当地党委及上级党委信访，也是基于对审判机关与权力机关关系的一种认识。法院人员编制、职级待遇、经费由政府掌控，涉诉信访人向政府信访也是理性的选择。"一旦存在能够改变司法终局性的权力，公民就会寻求更高权力者在司法程序之外的救济手段，上访也就不难理解。"[①]

涉诉信访的作用

涉诉信访的存在和发展有它的历史背景和现实原因，在建设社会主义法治国家的历史潮流中，发挥了不可替代的作用。有些学者甚至认为涉诉信访能够给我们社会带来积极的影响，或者认为它的积极影响远远大于消极影响，从而进一步论证信访制度包含涉诉信访制度应当强化和加强。[②]

一、涉诉信访的政治参与作用

政治参与，是公民表达政治意愿、制约政府行为，实现公民政治权利的重要手段，是指一定的政治主体从事政治的活动。通常指普通的公民通过一定的方式去直接或间接地影响政府的决定与政府活动相关的公共生活的政治行为。政治参与让民众表达自己的政治意愿，使政府政策更多的以与自身利益密切相关的民意为基础，保证了政治系统稳定运行。所以，公民广泛参与政治生活，不仅是现代政治民主的重要标志和民主政治的核心体现，而且是保持现代政治体系良性运作的基本条件。我国《宪法》明确规定，中华人民

---

① 李宏勃：《法制现代化进程中的人民信访》，清华大学出版社 2007 年版，第 284 页。

② 参见赵东辉：《访的体制瓶颈亟待突破 让民意顺畅上达》，《瞭望新闻周刊》2003 年第 40 期。

共和国一切权利属于人民，人民以民主的形式参与国家的管理。涉诉信访就是"民众通过信访表达对法律本身利益分配不合理的意见"，① 人民群众通过涉诉信访活动有效维护了个人权益，使群众真切感受到党和政府勇于承认和改正自身不足，是公民有效参与国家政治生活的一种形式，也是人们享有当家作主地位的体现。有学者认为，涉诉信访权的行使，可以给人们充分表达意见和自由的权利，尤其是对审判机关的意见和建议，是政治文明的目的之一，这其中也表现人民在建设政治文明过程中对民主、自由、平等、正义的追求。② 公民涉诉信访权的行使，可以在更大程度上使公民参与到国家的政治进程，也能使国家机器尤其是审判机关能够更好地维护民众的利益，更人性化地对待民众的诉求。

当前，我国正处于社会转型期，社会结构与利益格局均发生了巨大变化，与之相应的法律难免出现不适应性，正如著名法社会学家梅因所说："社会的需要和社会的意见常常是或多或少地走在'法律'前面的。"③ 这时涉诉信访就能够折射出当前最敏感、最迫切需要法律加以调整的社会问题，可以有助于决策者及时了解情况，采取相应的措施，从而实现公民的政治参与。

在我国，人民法院是中国共产党领导下的审判机关，向人民代表大会及其常委会负责并报告工作，从来不是一个单纯的纠纷解决机构，它同样担负着维护国家长治久安的政治任务。因此，人民法院在坚持依法办案的同时，必须综合考虑各种社会因素，妥善解决矛盾纠纷，努力实现法律效果和社会效果的统一。④ 现实中，明确要求法院办案要实现政治效果、法律效果、社会效果的统一。涉诉信访制度通过公民反映情况，表达对司法机关的意见、不满或者希望，使法院及时充分地了解民情民意，以及发现审判工作中存在的问题，对于司法机关进行改进及完善有很重要的作用。

---

① 参见张丽霞：《民事涉诉信访制度研究》，法律出版社 2010 年版，第 135 页。
② 参见常永涛、陈会阳：《社会权利的保障与救济》，《河南广播电视大学学报》2007 年第 4 期。
③ ［英］梅因：《古代法》，沈景一译，商务印书馆 1959 年版，第 15 页。
④ 参见奚晓明：《努力实现法律效果与社会效果的统一》，人民法院网，http://old. chinacourt. org/html/article/200809/23/322508. shtml，2014 年 12 月 1 日访问。

二、涉诉信访的监督作用

英国剑桥大学教授阿克顿勋爵的名言："权力导致腐败,绝对的权力导致绝对的腐败"。法国哲学家孟德斯鸠也曾说过:"一切有权力的人都容易滥用权力,这是一条万古不易的经验。"所以,对于权力一定要加强监督,否则总是会出现腐败,不管这种权力是立法权、行政权还是司法权。而对于司法权的监督尤为重要,正如培根所说,"一次不公正的判决比十次不法的行为为祸尤烈,不法行为弄脏的是水流,而不公的判决将污染水源"。① 在我国,人民代表大会是权力机关,监督"一府两院"是宪法和法律赋予其的重要职权之一。人民代表大会对人民法院的监督,实质上是代表人民行使监督权,体现了我国国家权力主体的人民性,这种监督在人民法院的监督体系中处于最高层次,最具权威性。人民检察院是我国的法律监督机关,依法监督人民法院的审判活动。涉诉信访是公民对法院、法官的一种监督。涉诉信访人常常亲身参与整个诉讼过程,并且这种过程与他们的自身利益密切相关,他们是法院审判质量最直接的体会者,他们对案件审判的公正与否有直接发言权。通过认真研究涉诉信访人的诉求和反映的问题,法院能够发现工作中存在的问题和不足,并及时纠正和改善。在接访的过程中我们发现涉诉信访人反映的问题,有的针对审判权行使的合法性与正当性提出质疑,有的针对审判者工作效率、工作作风、工作态度等投诉或批评,有的针对制度上的漏洞或缺失提出个人建议,这些都促使权力的行使者努力改进,有效提升司法质量和水平。从涉诉信访监督效果上看,一方面表现为对法院工作信任、支持和帮助,另一方面涉诉信访人通过信访的方式将违法、违纪情况向有关部门提出有理有据的控告和检举,为有关机关提供查办案件的线索。"据统计,在全国各级纪检监察机关立案查处的违纪违法案件中,有八成左右是来自群众信访举报提供的线索。"②

---

① 刘冲:《论马克思的人权批判理论》,《社会科学辑刊》2006 年第 1 期。
② 张宇、董鹏祥:《信访工作理论与实务》,中国民主法制出版社 2008 年版,第 10 页。

三、涉诉信访化解矛盾纠纷的作用

在新的历史时期，社会经济结构转型加速，各方面的利益冲突加剧，社会矛盾日益尖锐，涉诉信访有效化解矛盾纠纷作用凸显。

涉诉信访人认为作为解决纠纷的裁判机关未履行职责或不正当履行职责，他们通常一面在法律规定的程序内上诉、申诉，一方面通过信访寻求自己利益诉求的实现。涉诉信访人常常在信访接待时进行宣泄，甚至攻击。在涉诉信访人的情绪和不满得到有效的释放后，对社会的危险性就会减弱，能够暂时缓解冲突。同时法院在处理涉诉信访的过程，通过倾听、询问与信访人进行互动，释法说理、解释说明，能使涉诉信访人正确理解国家的法律法规，了解裁判的程序，理解法官的工作，从而使信访人理性维权，避免矛盾爆发。

法院处理涉诉信访的机关不仅起到一个缓冲带的作用，还发挥主观能动性，主动参与、协调化解部分涉诉信访中反映出来的矛盾、平息冲突。

在法国，设立有专门的调解员制度。在涉及法院诉讼案件方面，如果行政机关拒不执行法院生效判决，当事人可以通过国会议员申诉，由其转交调解专员以调解的方式予以解决。调解专员根据公平合理的原则在法律范围内，不违反法律基本原则，又适当超越现有法律规范的理念进行调解。虽然调解专员享有广泛且独特的权力，但无权干涉诉讼程序的进行和质疑法院判决的既判力。可见法国的调解员制度，能够参与处理涉诉信访，化解社会矛盾。

四、涉诉信访的权利救济作用

有权利就必有救济，救济制度能够保障权利得以实现，如果法律只规定了权利而没有规定救济制度，那么这种权利就是虚假的权利。[①] 当公民、法人或其他组织在自己权益受到不法侵害，请求司法救济后，如果对法院的救济结果或者方式、程序不满意，要求法院对已经生效的司法救济结果予以重新审查，或者对法院的工作作风、态度、工作人员自身的问题等不满意，要求

---

① 参见宋爱琴：《浅议公示制度对信访程序的价值促进》，《法制与社会》2007 年第 7 期。

处理，这就是涉诉信访。涉诉信访人认为自身权益受到不法侵害常常通过各种渠道进行反映，希望通过涉诉信访机构的转办、督办向司法机关施加压力，自己的诉求被司法机关所接受，进而得到补救或赔偿，实现自身权利救济。林喆认为涉诉信访"已成为社会变革时期弥补司法制度不足的一种救济制度，它在社会冲突和纠纷解决中占有重要的一席之地！"① 田文利也认为："在法律所不及或法律不能发挥理想效果的地方，信访起到一种权利救济的补充的功能。"② 信访者也普遍认为，信访是一种便捷、有效而且经济的权利救济方式。涉诉信访的权利救济作用虽然受到专家学者的争议，但没有人否认它具有权利救济的作用。涉诉信访的利益调节和权利救济作用是客观存在的，它是由各种社会因素共同作用的产物。由于权利救济途径的缺失，行政与司法手段无法有效保证公民的权利救济。当公民权利受到损害时，通过涉诉信访引起有关领导和机关的重视和关注而实现其权利。

涉诉信访问题的预防与治理

一、涉诉信访人层面

（一）培养法治理念、树立法律信仰

要想改变我国涉诉信访的现状，首先必须从意识层面着手，树立法治意识，培养群众的法治精神。什么是法治？虽然大家对法治有不同的看法，但已形成基本共识，法治就是制度之治、规则之治，也就是通过人们所认同的制度、规则来约束自己、管理社会、治理国家。古希腊哲学家亚里士多德曾指出："法律能见成效，全靠民众的服从。"③ 法国思想家卢梭也曾言："一切法律之中最重要的法律，既不是刻在大理石上，也不是刻在铜表上，而是铭

---

① 林喆：《信访制度的功能、属性及其发展规律》，《中央党校学报》2009 年第 1 期。

② 田文利：《信访制度改革的理论分析和模式选择》，法律教育网，http://www.chinalawedu.com，2015 年 11 月 10 日访问。

③ ［古希腊］亚里士多德：《政治学》，吴寿彭译，商务印书馆 1965 年版，第 199 页。

刻在公民的内心里。"① 法治和法律必须被信仰，否则将形同虚设。当前，涉诉信访中存在一些有违法治精神的现象和问题，比如信权不信法，信官不信法，小闹小解决、大闹大解决、不闹不解决等，都是对法律缺乏信仰，甚至不信任。人们对于法律信仰的薄弱甚至已经导致涉诉信访影响到了法院的正常工作。因此，要提高公民的法律意识，引导人们树立法治理念，培养人们法律信仰。

要想发挥法律制度应有的作用，就要全社会都把法律作为行为准则，并内化为自己的信仰。做好普法工作，最终目的是提高公民的法律意识，培养对法律至上的认同感和对法律的敬畏和信仰。② 从我国现阶段的情形来看，我国公民的法律意识还有待提高，加强全民的普法工作和理念引导也至关重要。为此，要深入开展法制宣传教育，为人们学习、了解法律创造条件和环境。目前我国正在进行"六五"普法，有关机关应当通过丰富多彩的形式，生动活泼地传播法律知识，提高公民的法律素养，在社会上形成公众懂法、守法、用法的良好局面。同时，培养公民的法律意识和诉讼风险意识，使人们做到以理性的方式维护自己的合法权益，尊重法律和司法权威。

在对待涉诉信访人上，要注重普法宣传教育加大对涉诉信访人的释法说理力度，引导他们依法维权。相对来说，这些人文化层次较低，法律知识不多，在做他们的工作时，要结合对方的情况，详细解释法律的规定和他们自身案件裁决的理由，争取得到他们的理解、认同。许多涉诉信访人在法律知识欠缺的情况下，简单地认为"欠债还钱、杀人偿命"，针对这种情况，在处理涉诉信访时，要让信访人明白在一定的情形下，法律无法做到绝对的欠债还钱、杀人偿命，因为法院裁决结果受法律规定的诉讼时效、证据、是否自首等因素的影响。让涉诉信访人了解到司法的特点，了解法官的工作，进而理解司法、理解法官，增强法律意识。

（二）依法处理闹访，彰显其违法成本

部分涉诉信访人抱着"会哭的孩子有奶吃"的念头长期缠诉、闹访，有

---

① ［法］卢梭：《社会契约论》（第二卷），商务印书馆1980年版，第20页。
② 参见黄雯：《在涉法涉诉信访中抓好普法工作》，《秘书工作》2007年第11期。

的言辞激烈，不仅不听信访部门工作人员的解释劝说，还出言不逊，脏话连篇，有的辱骂、推搡工作人员，有的破坏信访接待人办公设备，更有甚者长期滞留法院办公场所，严重影响法院正常办公秩序。而在对闹访者的处理上，法院多息事宁人，怕激起更严重冲突。有人将目前对闹访、缠访的态度概括为"和风细雨式工作过多，对无理缠访者对策甚少；偏于满足信访人欲求者多，注重保护被信访者权益少；注重依情劝访者多，坚持依法处访者少"，①并没有做到依法处理。而妥协让步并没有带来理想的效果，不但纵容了闹访者，而且"鼓舞"了其他信访人，严重损害司法尊严。所以，法院应建立信访应急处理处置预案。对以过激行为极端违法信访的，应依法及时固定证据，坚决予以惩治，涉嫌违法犯罪的，及时移送公安机关，依照《治安管理处罚法》及《刑法》的有关规定予以制裁。该拘留的拘留，该罚款的罚款，该判刑的判刑，并以适当的方式向社会公布，形成依法信访的舆论导向。

（三）严格落实司法救助制度，避免信访人因信访而获利

司法救助帮助信访人摆脱生活困境，既彰显党和政府对民生的关怀，又有助于实现社会公平正义，促进社会和谐稳定，维护司法的公信和权威。中共中央政法委员会在《关于建立完善国家司法救助制度的意见（试行）》中规定："涉法涉诉信访人，其诉求具有一定合理性，但通过法律途径难以解决，且生活困难，愿意接受国家司法救助后息诉息访的，可参照执行。"② 该意见为救助涉诉信访人提供了依据，但没有明确规定如何执行，为"花钱买平安"提供了便利。由于涉诉信访工作考核结果与本单位的年度考核和领导干部、干警的绩效考核紧密挂钩，对法院的工作造成一定的压力，有些法院每年都要拿出一部分经费化解涉诉信访案件，有些信访案件因此得以解决，有些则为"花钱买平安"息事宁人。以后要按规定，严格司法救助的标准和范围，适当予以帮扶救助，保护信访人的正当利益；坚决防止简单"花钱买平安"使信访人因信访而获利的做法。

---

① 徐建新：《涉诉信访的现状及机制完善探讨》，《法律适用》2005年第5期。

② 资料来源：广州市南沙区人民法院网，http：//www. gzns. gov. cn/nsfy/sszn/flfg/xggzgf/201408/ t20140804_ 131360. htm，2014年12月15日访问。

二、法院层面

（一）提升审判质效，加强源头治理

涉诉信访的产生源于当事人对法院的立案、审判或执行工作的不满。加强法官队伍建设提升法院审判质效，保证案件审理的公正、效率和效果，能够从源头上防止发生涉诉信访案件。

人民法院要积极采取各种有效措施，切实保证实现司法公正。要继续强化一线办案人员质量意识，统一法律理解及适用，进一步规范法官自由裁量权，严格裁判标准，坚决维护司法权威和法制统一。通过评查案件质量、庭审和裁判文书，有效提升庭审和裁判文书质量。要坚定不移深化司法公开，继续加大对敏感复杂案件的公开力度，全面建设审判流程公开、裁判文书公开、执行信息公开三大平台，充分运用电视、网站、报刊、微信、微博、新闻客户端等媒体，加大司法公开和新闻宣传力度，以公开促公正，以透明保廉洁。

人民法院要继续强化审限管理，不断完善审判管理制度和工作机制。法官要在确保案件实体、程序公正的前提下，自觉强化"效率也是公正"意识。强化法官对拖延诉讼行为的其他主体的监督职责。审判业务部门要结合各自实际，进一步强化均衡结案意识，切实实现均衡结案目标。要完善长期未结案件网上办案和通报督办机制，逐步实现科学的审限管理和审判流程管理，保证"正义不会迟到"。

社会主义司法工作就是要以人民意愿为原动力，以人民利益为根本，在具体司法工作中既要实现个案公平正义，又能兼顾人民群众对司法结果公正权威的认同，最大限度地增加社会和谐因素。法律的最初目的是维护社会秩序，其最终目的是维护人民利益。实现党的事业是实现人民利益的手段，建立独立、公正、高效、权威的司法工作机制又是实现党的事业和人民利益的最有力保障。因此，在中国共产党的正确领导下，我国司法工作必定本着宪法法律至上的理念，在具体的司法工作中努力让人民群众在每一个司法案件中都能感受到公平正义，切实实现政治效果、社会效果和法律效果的统一，

更好地服务社会主义建设。

（二）创新工作方法，化解涉诉信访案件

1. 改变理念，完善涉诉信访考核办法

涉诉信访是我国当前公民权利意识觉醒，而法治意识落后产生的社会现象。我们应该以一种宽容的态度去对待这种社会现象，"应该更多地从积极的而不是消极的角度，来强调对民主和人权的道德承担，强调对不同意见的宽容"。① 我们应积极本着以人为本、司法为民的思想积极处理、化解涉诉信访案件，充分保护信访人的合法权益。

信访工作的考核机制曾让被考核者谈"访"色变，有的为达到息访的目的一再退避忍让，在国家法律和政策之外随意采取办法进行处理，如给当事人各种补偿、滥用司法救助等；有的耗费大量人力、物力与财力的围追堵截。钱给得越多，也就越鼓励信访人，围堵力度越大，说明越级访越有效果，所以考核压力越大反而越刺激信访的产生。从这个角度看，涉法涉诉信访问责的结果与初衷背道而驰，既花费基层大量的人力物力，又在围追堵截中给一些利益真正受损的信访者带来痛苦，同时削弱了党和政府的权威与合法性。②

"涉法涉诉信访更是已经成为包括最高人民法院在内的各级人民法院向同级人大所作年度工作报告的重要内容之一，涉法涉诉信访的数量和处理情况，同样也成为各级法院一项重要的业绩考核指标"③。涉诉信访人多因自己的诉求没有得到法院的支持而信访，而法院作为居中的裁决者"一手托两家"不可能同时满足原被告双方的诉求，总有当事人不满意，就连调解结案的都有一些反悔信访的。所以单纯以信访数量和化解进行考核不利于涉诉信访案件的依法解决。有必要客观地对待涉诉信访现象，改变过去的理念思路，建立鼓励从法治建设和社会长远利益角度去考虑，在减少矛盾的同时促进和谐发展的考核机制。

---

① 夏勇：《朝夕问道——政治法律学札》，上海三联书店 2004 年版，第 305 页。
② 参见徐敏宁、陈安国：《信访问责悖论的三维思考》，《中共南京市委党校学报》2009 年第 6 期。
③ 彦英：《涉法涉诉信访之案件成因、制度困局与破解之道》，《法学论坛》2011 年第 1 期。

2. 诉访分离，降低上访的数量，避免由诉转访

诉访分离最初是为了把涉法涉诉信访与普通信访区别开，涉法涉诉的交由政法机关处理。而在法院涉诉信访实际工作之中，也存在"诉"、"访"不分的现象，这不但不利于当事人诉权的保护，而且也不利于司法资源的优化利用，甚至使"诉"转化为"访"，不利于矛盾纠纷的化解。将诉与访分离，使"诉"纳入诉讼程序，并最终解决；让"访"依据其反映的具体问题，交由相关部门解决。通过实现诉访分离，福建各地法院受理群众来信来访同比上年降幅达40%。① 北京高级法院正在完善"分诊台"制度进行诉访分离。如何区分诉与访？李微认为，"就具体案件而言，当事人向有管辖权的法院反映就是诉，向无管辖权法院或主管部门反映的就是访。对涉诉信访中的诉，要坚持以审判方式进行审理，充分保障当事人的程序权利；对涉诉信访中的访，主要依靠教育息诉，辅之以必要的审判手段，综合施治，予以化解"。② 其实诉访分离的标准可以从两个方面确立："一是诉访分离的实质要件，即以信访人的诉求的具体内容为标准，区分为与诉讼相关的请求和与诉讼无关的诉求，前者纳入司法渠道之中，后者纳入信访渠道之中；二是诉访分离的形式要件，即以诉讼程序是否穷尽为标准，诉讼程序没有穷尽的，当事人的诉求应当在司法渠道内解决；诉讼程序已经穷尽的，当事人的诉求应当在信访渠道内解决"③。严格区分"诉"、"访"界限，依法做好"诉"的导入工作。规范"诉"与"访"的分类办理：对于不应由法院处理，属于党委和政府相关部门等处理的，联系有权处理的单位或部门，向信访人做好解释说明工作，将信访材料退回导入机关；对于"诉"，能够进入诉讼程序解决或正在审判执行程序中的，将信访材料转交立案庭或相关审判、执行庭室，指导当事人依法按程序办理；对于"访"，确定责任单位，信访部门协调责任单位依法

① 参见梅贤明：《福建法院探索建立"诉访分离、因案施策、多元疏访"机制》，http://www.fj.xinhuanet.com/nnews/2008-12/20/content_15235032.htm，2008年12月20日访问。

② 李微：《涉诉信访：成因及解决》，中国法制出版社2009年版，第235页。

③ 唐震：《诉访分离机制的正当性建构——基于经验事实和法律规范的双重视角》，《法律适用》2011年第9期。

办理。

3. 依法终结，畅通涉诉信访案件出口

对合理诉求确实解决到位、实际困难确已妥善解决的问题，经过公开听证、公开质证、公开答复，由省级以上政法机关审核后，按有关规定作出终结决定，各级政法机关不再受理、交办、通报，以维护司法裁判的权威性和终局性。建立涉诉信访终结制度具有重要意义：一是有利于重塑司法裁判的权威性和终局性；二是有利于节约信访人的各种资源；三是有利于节约有限的司法资源。[①] 对于"访"类事项，执法过错已查究，法律程序已穷尽，解释教育疏导已到位，信访人仍然反复缠访、闹访，应依据相关规定予以终结。对已经终结的涉诉信访事项，信访人继续缠访、闹访，只采集身份信息，不受理、不登记、不交办。地方党委、政府应积极配合，主动做好相关案件的教育稳控工作，确保涉诉信访案件终结出口顺畅。

4. 借助力量，构建第三方参与化解机制

律师参与涉诉信访案件审查化解工作既能有效缓解法院化解涉诉信访矛盾的压力，又能增加涉诉信访人对涉诉案件的理解，同时提升法院涉诉信访工作的透明度、显示法院追求公平公正的决心，减少和纠正冤假错案，而且可以促进法官和律师职业共同体的构建，具有重要意义。景汉朝指出，将律师引进涉诉信访工作中，参与社会矛盾的化解，有利于维护上访群众的合法权益，有利于提高案件审查质量和司法公信，有利于提升律师的专业素养。[②] 由以律师为主的社会第三方开展涉诉信访案件化解工作具有必要性，律师的专业性能够满足涉诉信访当事人对于法律知识的需求，律师的中立性有利于缓解当事人对立情绪，律师的参与有利于法院提高审判效率。可行性则体现在：涉诉信访案件的现实需求、律师有参与积极性、律师人员数量充足，以及在劳动争议调解方面有可借鉴经验。[③]

---

① 参见崔白洁、虞玲艳：《浅析涉法涉诉信访终结制度的建立及完善——以法院涉法涉诉信访现状为立足点》，《法制与社会》2013年第5期。

② 参见景汉朝：《积极探索律师参与涉诉信访工作途径》，《人民法院报》2013年9月14日。

③ 参见苏文蔚：《第三方参与化解的模式和制度保障》，《人民法院报》2013年9月25日。

三、党委、人大、政府层面

我国《宪法》第 123 条规定："中华人民共和国人民法院是国家的审判机关。"第 126 条规定："人民法院依照法律规定独立行使审判权，不受行政机关、社会团体和个人的干涉"。党的十六大、十七大和十八大都反复强调保障人民法院依法独立公正行使审判权。审判权又称司法权，主要是"在诉讼案件中，对有关当事人之间的权利分配问题作出有约束力的裁决；而这些权利被认为在原则上以为现行的法律所确定"。① 司法追求的核心价值目标是司法公正，因为它是司法的灵魂和生命。早在古罗马时代提出"任何人不得在涉及自己的案件中担任法官"、"必须听取双方当事人的陈述"。② 中国古代司法也有"两造具备，师听五辞"③ 的要求。可见古今中外，都要求裁判者保持独立，以保证裁决结果的公正，更好的发挥司法定分止争的作用。

（一）加强党的领导保障审判独立

在我国党领导人民发展社会主义民主政治，党的领导、人民当家作主、依法治国是有机统一的，人民法院在党的领导下依法独立行使审判权。党通过法律与政策及任免干部来实现领导社会主义各项事业，而人民法院是法律的实施者，因此人民法院依法独立审判本身就是坚持党的领导。党通过自己的执政为独立审判创造条件，进而切实保障宪法和法律的实施，树立司法权威，充分发挥司法的作用。党的领导主要是政治上和组织上的领导以及方针、路线的领导，原则上不干预具体案件审理。董必武曾说，"党是我们国家的领导核心，我们一切工作都是在党的领导下进行的。但党的领导不是每个具体案件都要党委管，如果这样，那还设法院这些机构干什么"。④ 在中央政法工作会议上，习近平总书记指出，要正确处理坚持党的领导和确保司法机关依

---

① ［英］戴维·米勒、韦农·波格丹诺：《布莱克威尔政治学百科全书》（中译本），中国政法大学出版社 1992 年版，第 6 页。

② ［美］伊·A. 马丁：《牛津法律辞典》，上海翻译出版公司 1991 年版，第 328 版。

③ 语出《尚书·吕刑》。

④ 《董必武选集》，人民出版社 1985 年版，第 458—459 页。

法独立公正行使职权的关系。明确要求各级党组织要支持政法系统各单位依照宪法法律独立负责、协调一致开展工作。因此人民法院应自觉接受党的领导，严格依照法律，抵制各种干涉，独立行使审判权。

（二）完善人大监督促进审判独立

我国实行"议行合一"的人民代表大会制度，即人民代表大会是我国的权力机关，行政机关、司法机关由其产生并接受其监督。人大监督司法，目的是为了实现司法公正与司法权威，而这与司法机关本身的目的是一致的，在此意义上说，监督本身就是最大的支持。① 具体来说人大监督司法所提供的支持主要表现在：一是通过对行政干预的监督实现对司法的支持；二是通过对诉访分离的监督实现对司法的支持；三是通过对检法冲突的监督实现对司法的支持；四是通过社会矛盾化解以及大调解机制的建设实现对司法的支持；五是通过经费、人员配置等监督实现对司法的支持；六是通过民意信息的收集实现对司法的支持。② 因此，人民法院应自觉接受人民代表大会及其常务委员会的监督，依法独立行使审判权，做好司法审判工作。

人们对人大监督司法担忧或争议主要在于人大监督个案，某法院院长认为：人大对法院实行个案监督，宪法和法律没有明确规定，法律依据不足；它与我国的权力架构、人大行使权力的方式、审判权特有属性、诉讼规则相矛盾，理论依据不足；实行个案监督弊大于利。③ 有学者认为：人大拥有司法监督权，这是毫无疑问的，但是人大在行使监督权时不能取代检察机关发展成为法律监督机关，人大也不能拥有最后的裁判权，发展成为终审法院。④ 而也有学者认为：国家权力机关对司法权的监督完全可以从个案入手。一概否定人大监督可以涉及具体案件，既不符合人大监督的原理，也不符合监督实际。⑤ 笔者认为人大监督个案有一定的现实必要性，也产生了一些正面的效

---

① 参见汤维建：《论人大监督司法的价值及重点转向》，《政治与法律》2013年第5期。
② 参见汤维建：《人大监督司法之困境及其消解》，《苏州大学学报》2014年第1期。
③ 参见刘顺道：《个案监督不宜实行》，《学术界》2004年第1期。
④ 魏金汉：《人大对法院个案监督制度成因探析》，《福建法学》2002年第1期。
⑤ 张兆松：《强化人大对司法权监督的思考》，《法治研究》2010年第11期。

应，但从法院独立行使审判权的司法机理来看，个案监督方式方法有待规范。因为在客观现实中，监督易于异化为干涉，接受监督常常变成服从指令。人大及其常委会如确需对具体案件实施监督，一是通过提出询问和质询、特定问题调查等进行监督，二是转交人民检察院启动法律监督机制，加强具体案件的监督。这样既能实现人大的有效监督，又能保证法院的独立审判。

（三）化解政府牵制巩固审判独立

虽然我国宪法规定人民法院依法独立行使审判权，不受行政机关的干涉，但是由于法院的人、财、物均受政府管理，独立行使审判权难免不受政府"限制"。现实中，行政干涉司法的事例屡见不鲜。党的十八届三中全会审议通过的《中共中央关于全面深化改革若干重大问题的决定》（以下简称《决定》），提出"推进法治中国建设"，对深化司法体制改革作了全面部署。《决定》中提到"确保依法独立公正行使审判、权检察权"、"推动省以下地方法院、检察院人财物统一管理"、"探索建立与行政区划适当分离的司法管辖制度"，这些举措无疑有利于保证法院能够独立于地方政府，切实依法独立行使审判权。

涉诉信访作为司法领域内的特殊信访，是一种具有中国特色的政治、法律制度，它有着深厚的政治和现实基础，在密切联系群众，维护群众合法权益，监督司法，保障司法的公正性和人民性方面发挥了重要作用。但随着社会经济的不断发展，利益差异的巨大化、利益诉求的多样化不断涌现，同时社会阶层不断分化，利益矛盾不断尖锐，导致矛盾化解难度加大，这是公平正义的最后一道防线——司法不断受到涉诉信访的冲击，严重影响了司法的公信力，进而导致社会运行成本高昂，危及社会的和谐稳定和国家的长治久安。涉诉信访不断受到质疑，改革涉诉信访工作机制的呼声不断增高。

本文从涉诉信访人、法院、法院的管控者三个层面分析了涉诉信访产生的原因，综合起来就是我们的法治建设落后，全社会没有树立起法律信仰，依法行事与法治要求的规则之治相差太远。当前我国正在推进"法治中国建设"，为我们解决涉诉信访问题，提供了机遇。源头上，所有社会活动的参与者特别是各类各级国家机关带头树立法治理念、弘扬法治精神，敬重法律权威，依法行使权利并承担义务，避免涉诉信访的发生。治理上，把涉诉信访纳入法治轨道。转变观念，建立健全科学合理的考评指标体系，一方面纠正执法差错，维护司法公正，保障群众合法权益；另一方面畅通信访渠道保护合法信访，惩处违法闹访，努力实现维护群众合法权益与司法权威的统一。相信随着法治中国建设的不断成功，涉诉信访问题自然随之解决。

信访系统政务微博发展对策研究

罗　军

摘　要： 迅猛发展的互联网渗透到生活的方方面面，将我们带入了快餐式阅读的时代。微博作为快餐式阅读的最佳载体，更好地满足了人从感官到心理对媒介的需求，成为公众获取信息的重要媒介。政府通过传统媒介引导舆论的方式受到极大挑战，于是政务微博加入问政行列。信访承担着化解社会矛盾、维护政治和社会稳定的重任，在网络信息高度发达的今天，信访部门也迫切需要积极应用包括微博在内的新媒体，加强与信访人及社会的沟通互动，为信访工作和国家繁荣稳定服务。

政务微博概述

一、政务微博的概念及内涵

（一）微博的概念及传播特点

微博，即微博客（Micro Blog）的简称，是一个基于用户关系的信息分享、传播以及获取平台，用户可以通过 WEB、WAP 以及各种客户端组件个人社区，以 140 字左右的文字更新信息，并实现即时分享。①

微博成为一种大众传播媒介，形成了颠覆传统的传播现象。根据拉斯韦

---

① 资料来源：百度百科，微博，http://baike.baidu.com/subview/1567099/11036874.htm。

尔的理论，传播现象都包括"5W"，① 即传播者（Who）、受众（To Whom）、内容（What）、渠道（What Channel）和效果（What Effect）。从传播者和受众来看，微博的博主和受众可以是任何人，每个人都有麦克风，每个人都是听众，具有大众性和多元性；从传播内容来看，微博的内容包罗万象，有思想观点、学术探讨，也有家长里短、心灵感悟，还有事实描述、利益诉求，等等，具有多样性和亲民性；从传播渠道来看，既可以从同一传播者将信息传递给大众，也可以是同一受众接收到来自不同传播者的信息，同时，接收到信息的受众还可以通过转发、评论等方式成为新的传播者，将信息逐级传递开来，具有发散性和通畅性；从传播的效果来看，每位微博主都有自己的粉丝，形成了具有一定共同特点的圈子，微博发布的信息会引起受众的共鸣，并通过二级、三级圈子迅速传达给更多的受众，具有快速性和有效性。

从以上分析可以看出，微博改变了过去传统媒体掌握绝对话语权的局面，政府的舆论引导工作面临新的挑战，促成了政务微博网络问政的兴起。

（二）政务微博的概念及传播特点

所谓政务微博，主要指代表政府机构和官员的、因公共事务而设的微博。用于收集意见、倾听民意、发布信息、服务大众的官方网络互动平台。其目的主要在于通过与公众的良性互动，搭建一个社会化参政、议政、问政的网络交流模式与平台。② 广义上的政务微博包括政府部门开通的官方微博账户，政府官员开通并认证的个人微博账户，官方媒体开通的微博账户等。本文讨论的政务微博仅限于政府部门开通的官方微博账户，力行"织博为民"，主要是实现政府在社会管理创新、政府信息公开、新闻舆论引导、倾听民众呼声、树立政府形象、群众政治参与等方面的功能。

同样，套用拉斯韦尔的"5W"传播理论，政务微博的传播者为政府部门，受众为全体公民，内容为政府想要传达给公民或必须传达给公民的信息，传播渠道为点对面，单向传播和双向互动并存，以单向传播为主，传播效果

---

① 5W模型由哈罗德·D. 拉斯韦尔（Lasswell, Harlod D.）1948年于《传播在社会中的结构与功能》（The Structure and Function of Communication in Society）一文中提出。

② 资料来源：百度百科，政务微博，http：//baike. baidu. com/view/5725316. htm。

为及时向社会发布权威声音，达到净化网络舆论环境的目的。因此，政务微博是个人微博和传统媒体的有机结合体，同时具有二者的优点。

二、我国政务微博概述

（一）我国政务微博的发展历程

自 2009 年新浪微博正式上线运行以来，我国政务微博的发展经历了萌芽、迅速崛起和规范化发展三个阶段。

1. 萌芽阶段

2009 年，部分地方政府开通政务微博，主要用于旅游宣传推广等，2009 年年底，云南省政府新闻办开通的"微博云南"在昆明市螺狮湾批发市场的群体性事件中，第一时间发布政府的处置情况，引起网民的极大关注，也让政务微博走进了公众的视野。

2. 迅速崛起阶段

2010 年"两会"，政务微博成为公众瞩目的焦点，进入迅速崛起时期，各地政府部门尤其是公安系统、宣传系统政务微博如雨后春笋般大规模开通。以"平安北京"、"平安肇庆"为代表的各地公安机构微博成为公安机关搜集线索、寻找情报、汇集民意、发布案件的网络传声筒。直到今天，公安微博仍然是最大的政府机构微博门类。以"北京发布"、"南京发布"等为代表的各地宣传系统微博由各地宣传部、新闻办运营，与已有的新闻发言人制度有机结合，成为各地展示政府形象，发布官方声音，汇集市民诉求的重要平台。除了各地方政府，国家部委的政务微博也不无亮点，如外交部官方微博"外交小灵通"凭借对外交外事新闻的及时播报以及对各国文化风俗图文并茂的介绍，受到了网民的普遍欢迎，成为我国首个粉丝量突破百万的国家部委级微博。《人民日报》称"外交小灵通"使外交开启了"微时代"。

3. 规范化发展阶段

2011 年年底，"北京微博发布厅"在新浪微博开通，北京市各区县和政府多个部门的政府机构微博整合成一个管理严谨、系统严密的微博政务机构，开启了政务微博规范化发展的新阶段。现在，各地政务微博有固定部门、固定编制、固定经费保障，成为政府部门的一项常规工作。

（二）我国政务微博发展现状

2010年以来，我国政务微博的发展呈现井喷式发展态势，微博成为社会管理模式的新尝试，政府机构以及部分政府官员都相继开通微博。政府通过微博新媒体平台为公众提供服务，既可扩大服务范围和服务对象，也拓展了政府服务渠道。

人民网舆情监测室发布的《2014政务微博报告》显示，2014年经过新浪平台认证的政务微博达到130103个，比2013年年底增加近3万个。其中政务机构官方微博94164个，公务人员微博35939个。基层政务微博依旧是政务微博的"生力军"：县处级以下政务微博达到111743个，占全国政务微博总量的85.59%。报告显示，党政宣传、团委、公安系统微博进入政务微博的"第一梯队"，这三个系统的官微数量都已经过万。其中，党政宣传系统微博数量达到29099个，团委系统有19052个微博，公安微博共有17025个。

报告预测，2015年政务微博将成为重要的信息发布源头，政务微博发布厅将持续为人民服务，基层政务微博将保持良性发展态势，同时政务微博将与媒体微博"同频共振"、与网络名人构建对话并谋求"双微联动"，另外政务微博的考评机制也将变得更加成熟。

政务微博的粉丝服务平台依托于私信可实现智能查询、重要信息推送、政务咨询等功能，极大推动了移动电子政务和政府信息化建设发展，目前已经有数千个政务微博开始使用粉丝服务平台。如北京公交集团通过微博为百余位乘客召回遗失物品，其中不乏房产证、高额现金等贵重物品。现在北京公交集团已经将失物招领打造成官微的特色服务，每周都会发布失物招领的信息，其中80%以上的物品都能成功找到失主。乘客还可以通过微博私信通道查询IC卡退卡点、公交线路、驾校班车等特色服务。

三、政务微博的作用

（一）促进政府转变职能提高公信力

在网络舆论的冲击下，部分地方政府部门的不作为、乱作为、不文明执法等现象被网络放大，使得民众对政府的信任感不断降低，政府必须重构公信力。党的十八大以来，中央形成了全面建成小康社会、全面深化改革、全面依法治国、全面从严治党的战略布局，扎实开展反腐败工作和群众路线教育实践活动，不断创新社会治理，建立服务型政府、廉洁型政府、透明型政府的决心深入民心。政务微博作为网络工具，可以成为信息发布的渠道、为民服务的平台、了解民意的方式和官民互动的空间，为政府转变职能提高公信力提供支持。在网络化高度发展的今天，在人人享有话语权的自媒体时代，中国公民意识觉醒，参政议政意识不断增强，政府已经从主动地位的管理者逐步变为被动地位的服务者。政务微博是我国政府向服务型政府转变的一个缩影，为党和政府贯彻群众路线、提升社会治理水平提供了实现路径。作为官民沟通的平台，政务微博拉近了官民距离，真正体现了政府为民执政的理念，成为创新社会治理的重要手段。党的十八大报告明确提出："保障人民知情权、参与权、表达权、监督权，是权力正确运行的重要保证，要让人民监督权力，让权力在阳光下运行。"政务微博的信息发布功能成为实现这一职能的最有效方式，真正使政务信息的发布、咨询、反馈更加快速便捷，提高了政府信息公开的透明度。根据微博内容分析，我国政务微博所公布的信息内容包括以下九个方面：决策部署公告、发展成就展示、政务活动报道、突发事件说明、权威消息公布、服务事项告知、节日祝福问候、意见建议征询、法规政策解释。可见，政务微博在转变政府职能，促进官民沟通，提升为民服务水平等方面发挥了重要作用。

（二）满足民众不断增强的参政意识

随着人们生活水平和文化水平的提高，民众的参政意识也逐渐增强，参与制定国家重大决策的愿望也越发迫切。自改革开放以来，我国民众的公民意识不断增强，民众对独立、自主、理性的自我意识越来越重视，对于民主、平等的社会秩序越来越需要。民众的公民意识对民主社会的构建具有基础性作用，政府必须让公民参与政治，当公民可以发挥自己的政治作用左右社会政策的制定时，便会关心政治和社会发展，增强对政府的信任。通过政治参与，民众还会逐步养成理性思考、协商解决、宽容妥协的精神，促进社会和谐。政务微博的即时性节省了人们表达自我的时间，将人际交流和政治沟通的成本降到了最低，方便政府更好地为社会管理活动服务，赢得民众信任，树立政府良好的网络形象。通过微访谈、微话题、微征集、问题反馈等形式，最大限度地满足了人们发掘信息和进行人际交流的需求，为公众有序参政议政提供新路径。

（三）建立新的舆论传播机制

在信息爆炸时代，信息的分散化、碎片化、多渠道、多向性传播使得人们掌握的信息越来越多，越来越杂。在网络时代，政府对自媒体发出的信息失去"把关"的能力，传统官方媒体跟不上网络时代信息传播速度，过去由官方传统媒体构成的单一媒介平台受到了极大的冲击，舆论主导权被立体化、大众化的草根阶层所分享，出现了二维舆论场，即官方舆论场和民间舆论场。中国人民大学新闻学院教授喻国明认为，微博使得我国政治生态的版图和力量对比发生变化，它为政府议程设置和公共决策等引入新的主体。在传统媒介时代，议程设置的主体是政府机构和官方媒体，政府需要设置舆论议题，可以由传统媒体来发起和传播。但是，近年来传统媒介发起议题的能力逐步减弱，草根和网络发起了很多老百姓关心的社会热点议题。根据人民网、人大舆论研究所的监测，近年来中国老百姓关心的社会热点议题中有34%是由草根、网络加以推动的。网络的聚集效应使得草根阶层拥有了话语权和制造社会热点的能力，从而成为议程设置的新主体。相对于民间舆论场，受传统媒体的严肃性、规范性等限制，官方舆论场出现了信息滞后、没有听众、民众抵触等危机，网民对于传统媒体正面报道的新闻越来越抵触，而对于诸如"人民日报"、"新华视点"、"央视新闻"等以传统媒体为支撑，但语言风格清新的微博却越来越受欢迎，成为粉丝量超千万的"大V"，舆论影响力巨大。政府迫切需要通过政务微博这一新的传播手段，在草根议题最为集中的微博平台通过政务微博发声，来建设和巩固自己的传播力，并使其成为舆论阵地的权威制高点。武汉大学信息管理学院博士生导师沈阳教授曾说，"微政务"能够推动政务机制改良，疏通民意表达渠道，保障群众知情权，实现两个舆论场的统一。

（四）帮助政府提前化解社会风险

当前我国正处于社会转型期，各类社会风险潜伏，稍有不慎便有可能从利益冲突转化为群体性事件，演变为公共危机，对现有社会格局带来极大的影响。此时，政务微博可在风险信息传播阶段起到澄清事实、权威发布、科学解释、分解议题的作用，防止社会风险扩大化。在微博平台，通过意见领袖或关键议题，社会风险会经过具有相同价值观的微博用户进行强化，可能产生放大影响或歪曲事实的网络谣言，从而使普通大众产生恐慌、不信任等负面情绪，这就需要政务微博澄清事实。微博的即时性节省了人们表达自我的时间，将人际交流和政治沟通的成本降到了最低，最大程度上满足了人们发掘信息和进行人际交流的需求。在微博传播中的大部分受众可能并不是利益相关者，但是经过特殊的议题设置，极容易变成利益相关者，让普通民众平时积聚的对生活的不满情绪发泄出来，政务微博可以提前收集整理相关利益诉求，及时回应，阻断这部分人加入到社会风险传播中。意见领袖在微博客平台中掌握话语权，拥有比现实社会更大的社会动员能力，只有当政务微博成为意见领袖的一部分，才有可能在社会风险信号发出时，与其他意见领袖一起设置和分散议题，防止舆论朝着政府不愿意看到的方向发展，提高各级政府和部门应对公共危机的综合能力。

新媒体环境下的信访工作

一、信访工作

（一）信访工作的概念

我们通常所说的信访，是指公民、法人或者其他组织，以来信、走访等形式向国家机关反映情况，表达自身意见，吁请解决某些问题的活动。① 从信访主体看，公民、法人和其他组织都可以享有信访权。从信访对象看，2005年国务院颁布的《信访条例》规定，人民群众信访的对象是各级人民政府，也就是行政信访的范畴，实际在各地方的具体执行过程中，信访的对象不仅包括各级政府，还包括人民代表大会、法院、检察院等国家机关。从信访内容看，主要向国家机关反映某一事实情况，对某人或某事提出意见或建议，对个人的利益诉求吁请解决问题。

信访工作是国家机关受理信访活动的工作。对于信访工作的概念界定，张成良认为，信访工作的含义是我们党和国家各级领导机构和领导者对人民来信和接待人民来访所反映的问题，按照政策和法律作出恰当处分的全部活动。② 中央办公厅和国务院办公厅信访局认为，信访工作是党政机关、人民团体、企事业单位调整和处理信访关系、促进信访矛盾转化的有组织有领导的活动。③ 薄钢认为，信访工作是在中国特有的政治制度下，依法由信访部门负责程序性转送、交办和协调，由主管职能部门具体承办，对信访活动给予回应，对信访人的诉求给予处理，从而解决信访问题、化解社会矛盾、维护政治稳定的活动。④ 学界和信访领导部门从各个角度对信访工作进行了定义，可以看出，信访工作是由党和政府主导，信访部门协调，主管职能部门具体承办的工作，信访部门对信访案件没有实质性决定权，仅负责程序性的受理、交办、转办和协调处理职责。

（二）信访工作的功能和作用

2007 年，中央下发了中共中央、国务院《关于进一步加强新时期信访工作的意见》，明确了新时期信访工作的目标任务，提出以切实维护群众合法权益、及时反映社情民意、着力促进社会和谐为目标，构建统一领导、部门协

---

① 参见薄钢：《信访学概论》，中国民主法制出版社 2012 年版，第 81 页。
② 参见张成良：《信访工作》，高等教育出版社 1988 年版，第 3 页。
③ 参见中共中央办公厅信访局、国务院办公厅信访局编：《信访学概论》，华夏出版社 1991 年版，第 88 页。
④ 参见薄钢：《信访学概论》，中国民主法制出版社 2012 年版，第 153—154 页。

调、统筹兼顾、标本兼治、各负其责、齐抓共管的信访工作新格局，建立畅通有序务实高效的信访工作新秩序，形成与构建社会主义和谐社会目标任务相适应的信访工作新机制，推进信访工作的制度化、规范化和法制化。

结合信访工作实践，信访工作的功能和作用主要有以下几个方面。一是联系群众，群众路线是毛泽东思想活的灵魂的三个基本方面之一，是中国共产党最根本的工作路线，信访工作是与群众联系最紧密的工作之一，是群众与政府沟通最为顺畅的渠道。二是民主监督，我国的国体是人民民主专政，人民拥有广泛的民主权利，其中信访是人民群众行使民主权利的重要手段，群众可以通过信访工作，对各级党政机关工作人员实行自发的、直接的、公开的、有效的民主监督。三是权利救济，权利救济是指在权利人的实体权利遭受侵害的时候，由有关机关或个人在法律所允许的范围内采取一定的补救措施消除侵害，使得权利人获得一定的补偿或者赔偿，以保护权利人的合法权益，除了诉讼，信访是权利救济的主要手段，也是我国民众最为熟悉和最常采用的救济方式。四是调解矛盾，在全面深化改革和全面依法治国的关键时期，社会矛盾化解是协调推进"四个全面"战略布局的重要工作，信访工作可以通过受理信访者的诉求，及时调解人与人、人与组织、人与社会之间的矛盾，更深入地落实党的政策，促进社会和谐。五是反馈民意，社情民意是党和政府进行决策的重要参考，信访作为最便捷和真实地获取社情民意的形式，可以及时对涉及中心工作的有关热点、疑点进行分析整理，提出决策意向，还可以对倾向性、苗头性问题进行预警和追踪，规避社会风险点。

二、信访与政务微博

（一）信访工作新形势需要适应新媒体环境

当前，我国正协调推进"四个全面"战略布局，政治、经济、文化、社会都发生了深刻的变革，社会利益格局和民众思想观念发生了深刻的变化，信访工作面临着新的工作形势。微博的便捷性、实时性和原创性使得民众的意见得到充分的释放和传播，也使得政务微博可以弥补传统信访的种种不足，从而应对信访工作面对的新形势。

1. 信访主体人数剧增

自新中国成立以来，我国的信访制度经过了不断地完善和发展，信访主体也发生了相应的变化，在新中国成立初期，由于单位、公社的限制，社会纠纷化解在基层组织内部，信访量较少；"文革"之后，国家大力拨乱反正，一大批受到政治迫害的知识分子通过信访等手段获得了平反；随着改革开放的不断深入，我国社会矛盾凸显，利益纠纷不断爆发，同时，民众的维权意识、法律意识大大增强，导致有信访需求的民众人数剧增。信访人数的增加给政策法规的普及，行政资源的分配和处理矛盾的效率都带来了极大的挑战，迫切需要一个平台能够为传统信访渠道分流。信访系统政务微博就是这样一个平台。

2. 信访方式多元并存

随着技术的不断进步，民众的信访方式经历了走访、书信访、电话访、网上访等，发展到现在多种方式并存的阶段。在利用网络方面，民众除了正常的网上信访之外，还经常到微博上发表信访诉求，希望得到媒体和社会舆论的关注，从而达到信访目的。微博信息往往真假难辨，哗众取宠，如果得不到权威回应，极有可能在一定范围内造成负面影响，给政府形象带来损害。开通信访系统政务微博后，可以重点收集民众在微博上的信访诉求，引导民众通过正常合理的方式开展信访活动，从而达到维护自身权益的目的。

3. 信访部门职责综合全面

《信访条例》规定的信访工作职责主要是受理、交办、转送、承办、协调、督查信访事项和调查研究信访情况，也就是说，信访部门并不是信访事项的具体处理部门，而是一个中转部门。近几年来，信访部门还承担着统筹协调各方面利益关系，妥善处理社会矛盾的职责。这就要求信访部门在具体工作中具有综合协调和汇集分析信息的职责。微博平台拥有海量信息，是了解民众最真实声音的最便捷渠道。开通信访系统政务微博有利于信访部门收集社情民意，提供决策参考。

（二）政务微博是信访工作新延伸

信访政务微博是信访部门在网络时代下应对网络舆论的工具，在具体工作中对信访活动中信访信息公开、信访信息传播、信访信息资源管理和利用等方面出现的信访困境给予辅助作用。相比传统信访渠道，政务微博拥有自己独特的优势，可以作为传统信访的有益补充，结合政务微博的特点和优势，信访政务微博可以在政策发布、官民沟通、舆论引导、信息收集、树立政府形象、公众有序参与、社会治理创新等方面为信访工作提供支撑和延伸功能。

1. 政策发布的平台

此处所指的政策不仅包括信访相关政策，也包括国家和各地方制定的各项公共政策。近年来，集体访、越级访、异常访等行为越来越普遍和突出，严重干扰了党政机关的正常办公秩序和广大人民群众的生活工作，在社会上造成了不良影响。这一方面是因为基层政府没有妥善解决好矛盾，另一方面也是群众对信访相关政策不够了解的原因。信访政务微博可以广泛宣传信访政策，让群众了解正常访的渠道，合理合法合规地寻求信访解决途径，营造正常有序的信访秩序。此外，国家公共政策的制定也不可避免地触及一部分人的利益，除了传统的新闻报道、政策咨询以外，信访政务微博也可以将群众反映强烈的公共政策进行加工整理，剖析公共政策对于社会进步的意义，对于弱势群体的保护，对于利益受损者的补救措施，让社会对公共政策有一个更加清晰和全面的认识。政策发布是信访政务微博承担的基础功能。

2. 官民沟通的平台

中国独特的政治生态使得民众对官员有一种天然的依赖心理，当民众遇到冤屈或不公平待遇时，第一时间想到的不是去法院，找律师，而是通过信访渠道找到说话算数的领导，让领导出面帮自己讨回公道。人民群众内部大大小小的矛盾成千上万，单靠几位"一把手"是不可能解决所有问题的，群众利益问题得不到解决，便会将不满情绪发泄到政府身上，政府公信力受到挑战。造成这种情况的根本原因就在于，官民沟通渠道不畅。信访政务微博是简单、及时、快捷、开放的通信工具，网民可以畅所欲言，将自己最真实的情感表达出来。信访政务微博管理人员必须认真对待网民反映的问题，逐一安抚情绪，并按照国家法律法规指引信访人通过合法渠道解决问题。可以说，干群沟通是信访政务微博承担的核心功能。

3. 信息收集的平台

群众路线是我党的三大法宝之一，倾听群众声音，收集社情民意，服务公共决策是党和政府在发布重大政策之前必须经过的一道程序。微博是一个拥有海量信息的平台，通过信息和数据抓取技术，可以将民众对有关部门提出的意见，反映的问题，改进的建议等进行收集整理分析，更客观和全面地了解民情民意。在具体实践中，网络传播虚拟性导致的微博信息真实性值得关注，微博信息中不理性、不负责任、极端化、煽动性语言和无理诉求较多，并不能完全反映民意，要注重网络舆论场和现实舆论场的统一，对网上反映强烈的信访问题，通过线下调查的方式进行验证，把网上和网下舆论有机结合起来，取长补短，以达到反映问题的客观和真实。信息收集是信访政务微博的拓展功能。

信访系统政务微博现状

一、信访政务微博发展现状

（一）发展概况

为便于统计分析，本文选取的数据以在新浪微博平台加 V 认证的信访系统政务微博为研究对象，时间节点为 2014 年 12 月 31 日。通过对总数量、注册时间、分布地域、活跃度、粉丝数、发布微博及原创微博数量、转发及评论数等数据的统计分析，窥探信访系统政务微博的整体发展现状。

数量。在新浪微博平台经过加 V 认证的信访系统政务微博总数为 153 个，仅占政务微博总数的 0.18%。与当前公安系统、宣传系统等政务微博主阵地①的注册数量相比，发展相对较慢。这一方面说明各地信访部门对政务微博的重视还不够，很多地方还抱着多一事不如少一事的态度，不愿意注册使用

---

① 据不完全统计，新浪微博以"平安××"、"××公安"为代表的公安系统政务微博达 4000 多个，以"××发布"、"××在线"、"美丽××"等为代表的宣传系统（含各地政府新闻办）政务微博也超过 3000 个。

政务微博工具。另一方面也说明信访系统政务微博发展潜力巨大，有利于下一步大范围、规范化、科学化地推进政务微博工作，形成工作合力，真正为信访工作服务。

注册时间。相对于其他系统政务微博，信访系统的政务微博注册时间相对较晚，是在别的系统的政务微博有了一定经验的基础上逐步发展起来的。搜索新浪微博实名认证的信访系统政务微博发布的第一条微博发现①，2014年注册数量为69个，占45%；2013年注册数量为35个，占23%；2012年及以前注册的微博为42个，占27%。可见，信访系统大部分政务微博都是2013年和2014年注册的。这既是信访系统政务微博滞后性的体现，也在一定程度上具有后发优势，可以充分借鉴其他系统政务微博的先进成功经验，根据新媒体发展的新趋势，更合理地选择信访系统政务微博的运维方式，达到更好的效果。

分布地域。从注册的政务微博分布地域来看，信访系统政务微博存在严重的不均衡。如表1所示，全国共有22个省级行政区至少有1个信访系统政务微博，其中浙江省和河南省最多，分别为25个和21个。全国仅有7个省级行政区拥有信访系统政务微博数量超过10个，仍有除港澳台之外的9个省级行政区拥有信访系统政务微博数量为0。浙江省、广东省佛山市、甘肃省陇南市、内蒙古鄂尔多斯市等地不仅本级信访办（局）注册了官方微博，还发动下属部门集体注册，形成了微博集群，在部分地区形成了政务微博助推信访工作的局面。

---

① 由于新浪微博平台不支持注册时间查询，本统计以发布的第一条信息为依据，有7个信访系统政务微博未发布过信息，不列入统计范围。

表1 各省信访系统政务微博分布情况

序号	省份	数量	序号	省份	数量
1	浙江	25	12	山西	4
2	河南	21	13	四川	4
3	广东	14	14	湖北	4
4	江苏	10	15	天津	2
5	江西	10	16	福建	2
6	陕西	10	17	云南	2
7	新疆	10	18	黑龙江	1
8	甘肃	9	19	辽宁	1
9	内蒙古	8	20	广西	1
10	山东	7	21	海南	1
11	安徽	5	22	宁夏	1

从信访系统政务微博所在地区的行政级别来看，省级为 3 个，地市级为 46 个，区县级为 82 个，街道和乡镇级为 9 个，另外 13 个为各地公安、城管系统内部信访部门的微博。可以看出，信访系统政务微博所在地区的行政级别呈橄榄球式分布，地市和区县最多。这说明地市和区县是接访量最大的两个层级，也有必要建设好政务微博，与工作实现对接。

活跃度。为便于分析，笔者将最近 1 个月发布微博数超过 20 篇的称为活跃微博，将连续半年未更新微博的称为僵尸微博，将保持更新微博但数量不多的称为不活跃微博。通过对所有 153 个信访系统政务微博的统计分析发现，活跃微博为 45 个、不活跃微博为 51 个、僵尸微博为 57 个。僵尸微博的数量占信访系统政务微博总数量的 37%，反映出了部分地区信访部门管理混乱，工作延续性差等问题。从转发量和评论量来看，平均每条微博被转发和评论超过 1 次的信访系统政务微博仅有 8 个，大部分微博为零转发、零评论。转发量和评论量不仅与粉丝的活跃度有关，也与微博内容的可读性和微博运维的互动性有关。因此，要运维好信访系统政务微博，必须从多方面入手，全面打通政务微博与粉丝及普通民众沟通的通道，让信访系统政务微博真正发挥作用。

粉丝数。信访系统政务微博的粉丝数普遍不是很高。通过对新浪微博平台认证通过的信访系统官方政务微博统计发现，粉丝量突破 10 万的有 3 个，分别为"@天津信访"、"@海南信访群众之家"、"@哈尔滨信访"；粉丝量为 1 万—10 万的也有 4 个，分别为"@银川信访督办"、"@郑州信访局"、"@南昌信访发布"、"@鄂尔多斯信访"；粉丝量为 1000—10000 的 29 个；粉丝量为 100—1000 的有 48 个；粉丝量低于 100 的达 69 个。粉丝量反映了政务微博的影响力，粉丝量超过 1 万的 7 个信访系统政务微博除"@哈尔滨信访"已停止运维外，都各具特色，成为信访部门创新社会治理模式，拓宽信访渠道，推进政务公开的抓手和亮点。但是有 45% 的信访系统政务微博粉丝量低于 100，还是值得各级信访部门总结和重视的。这一方面是因为需要通过信访渠道解决问题的民众并不是很多，另一方面也说明信访系统政务微博缺乏活力，难以吸引粉丝关注。

发布数量。截至 2014 年年底，153 个信访系统政务微博共发布 84134 条微博，平均每个政务微博发布微博条数为 550 条。从单个政务微博发布的微博数来看，超过 1000 条的有 24 个，100—1000 条的有 43 个，10—100 条的有 48 个，低于 10 条的 38 个。从原创率来看，共发布原创微博 19769 条，原创率为 23.5%，选取发布微博数前 100 名作为标本，原创率超过 20% 的有 68 个，其中超过 50% 的有 32 个，超过 80% 的有 13 个。由此可见，信访系统政务微博发布的微博数和原创率相对较低，需要运维人员根据信访部门工作职能，科学策划发布内容，回应民众诉求。

（二）内容分析

前文提到，信访系统政务微博共发布微博 84134 条，原创微博 19769 条。为便于分析，我们将微博内容分为转发微博和原创微博两部分。在转发微博部分，信访系统政务微博主要转发内容为国家重要政策发布微博、本地其他政务微博内容、其他信访系统政务微博内容、心灵鸡汤类微博四个方面。而在原创微博部分，主要内容包括本级政府主要工作信息、领导接访预报和情况通报，信访政策小贴士，回应网民关切等内容。分析信访系统政务微博原创内容可以发现，不同政务微博的差别较大，部分微博形成了自己独特的风格。

二、信访系统政务微博存在的问题

政务微博是网络问政时代的新产物，在快速发展的过程中也产生了一系列的问题。目前我国政务微博在思想观念、运营维护、语言文风、机制建设、开博认证等五大方面还面临诸多问题。① 信访系统政务微博相对沉默，各方面工作机制不成熟，也存在着一系列的问题，具体有以下几个方面。

（一）内容平淡，缺乏吸引力

政务微博作为与网民沟通的机制，必须祛除官话套话，将工作语言转化为网络语言，以期更好地被网民所接受。但是在实际工作中，信访系统政务微博发布的内容还存在思想官本位、形式官样化、内容公文化等问题。一大部分信访系统发布的政务微博，或是公文式的信息发布，或是刻板的官样文章，或是枯燥的新闻公告，或是生硬的政府政策，没有真正从网民的习惯和民众要求出发，阅读量和转发量很少。如浙江省金华市信访局官方微博"金华信访"2014年1月开通，一年来仅发布28条微博，粉丝79人，微博内容大部分为转发，包括金华公安、金华热点参考等金华市其他系统政务微博和天津信访等其他信访部门政务微博，基本没有转发评论。

（二）沟通不畅，缺乏互动性

部分政务微博是政府"以我为主"地利用自己的优势地位发布信息，而不是与网民互动。互动是网络传播的最大优势，也是网络媒体传播的生命所在，单一的官方姿态必然会导致网民的反感，政务微博也无法长久发展。政务微博不仅是信息发布平台，还是民众参与政府决策和公共事务的平台，只有充分发挥双向互动的优势，才能收集网友对政府决策和政府工作的意见建议，才能根据问题导向解决实质性的问题。如果微博仅仅发展成为一个单向传播的信息平台，当成报纸、政务网站内容的另一个载体，简单地将政务信

---

① 来源于人民网舆情监测室2011年12月发布的2011年政务微博报告。

息发布出来，就会大大降低政务微博的传播力，丧失政务微博设立的初衷。大量单向传播信息充斥微博，会使网民产生抵触情绪，损害信息传播效果，难以形成政民互动交流沟通的管理服务模式，不利于政务微博的长期发展。以天津市信访办官方微博"天津信访"为例。"天津信访"于2013年5月开通，已发布900条微博，拥有11万粉丝。"天津信访"由最初依靠转发微博逐步增强原创微博，目前设置了政民零距离、舆情信息、天气信息、民生词典、政策解读等特色栏目，吸引了数量可观的粉丝关注，在信访系统政务微博中相对比较成功。但是，"天津信访"与微博粉丝之间缺乏互动性，在政务微博运维过程中，好的内容是吸引粉丝关注的主要手段，良好的互动更是留住粉丝、保持微博活跃度的关键。

（三）定位模糊，体制需规范

在政务微博出现之前，各政府机构的官方政务网站是政府信息化的重要手段。政务网站是传统媒体的延伸，发布的消息内容与传统媒体大同小异，传播形式也是单向传播，只是速度更快而已。政务微博作为一个双向互动的新媒体，在传播形式上有了颠覆性的改变。在现有信访系统的政务微博中，我们发现，一些信访部门并没有认识到这种改变，仍然用政务网站的思维做政务微博，单向地、被动地，自说自话地发布公文和消息，成为精编版的政务网站。部分政务微博管理者非常注重粉丝量，认为粉丝是话语权和舆论主导权的体现，是政务微博影响力的体现，导致一些政务微博通过各种手段刷出"僵尸粉丝"，以向上级领导请功，导致政务微博实际传播效果远远未达到预期效果和工作要求。以郑州市信访局官方微博"郑州信访局"为例，该微博注册于2012年3月，截至2014年年底，累计发布微博400余条，粉丝数26770多。查阅"郑州信访局"发布的微博，注册前期主要为转发媒体和其他政务微博内容，后期主要为发布全国及河南省新闻，大部分都与信访工作无关，更像是郑州当地媒体微博，没有发挥出信访部门政务微博的作用。

（四）更新缓慢，管理松散化

部分信访部门虽然拥有自己实名认证的官微，但信息更新频率缓慢，有的不发表任何信息，有的转发几条上级部门发布的微博，有的转发几条本地的政府公告和地方新闻。这样的微博很难吸引到网友关注，当然也谈不上与网友互动，回应网友的问题。还有部分政务微博未指定专门的部门或专职人员负责，在开通后长期无人更新管理，成为名存实亡的僵尸微博。以哈尔滨市信访局官方微博"哈尔滨信访局"为例，该微博注册于2013年10月，粉丝达11万人。截至2014年年底共发布73条微博，其中大部分为转发中共中央办公厅、国务院办公厅和国家信访局印发的相关政策。受微博140字的限制，这些政策分为50余条微博发布，且集中于2014年5月28日和29日两天，自此之后，该微博没有再进行更新。

三、信访系统政务微博运行效果不佳的原因分析

信息经济学告诉我们，谣言之所以有市场，主要是因为权威信息的缺位。传播学原理告诉我们，当正常的社会传播系统功能减弱时，非常态的传播机制就会变得异常活跃。① 信访政务微博还是一项新兴的政府工作平台，由于信访工作的特殊性，信访部门政务微博的发展也受到了诸多制约，在制度建设、管理方法、运营方式等方面还存在很多问题。分析信访系统政务微博存在问题的原因，主要有以下几个方面。

（一）缺乏现实工作的支撑

信访制度是我国特有的政治制度，经过新中国成立以来60多年的发展，面临着挑战与困境，主要有多部门协调、涉法涉诉、无序上访等问题。群众信访反映的问题涉及改革和发展的各个领域，比如"三农"问题、拆迁问题、劳动保障问题、干部作风问题等等，这就要求多部门协调解决，如果处理不当，矛盾不仅得不到缓解，反而有可能加深甚至激化。由于信访制度和信访工作的复杂性，信访系统政务微博仅通过网络手段进行创新，没有与实际工作进行配合，所能发挥的作用将大打折扣，难以取得实效。微博属于即时信息发布系统，具有"短、平、快"的特点，必须改变传统的信访工作模式和信息发布流程，整合众多相关部门的通力协作，否则难以做到有效、准确、

---

① 参见郭庆光：《传播学概论》，中国人民大学出版社1999年版，第96页。

及时。

（二）缺乏规范的管理制度

目前我国政务微博还处于没有法律法规进行约束和限制的自然发展状态，大部分部门只有自己制定的微博管理办法。信访系统政务微博也存在这一问题，需要统一的规范管理制度进行约束、评价、管理和运维，为公众提供及时有效的、符合信访部门特点的服务。信访部门政务微博的管理制度应包括统一的标识、明确的职责、规范的流程、严格的审核等等。统一的标识有助于民众找到有效反映问题的渠道，构建信访系统政务微博公信力；明确的职责是信访部门对民众的承诺，也能够督促政务微博的运维人员承担责任，更好地为公众服务；规范的流程和严格的审核是为了使政务微博发布信息的内容经得起舆论的考验，避免出现"雷人雷语"等不符合政务微博形象的内容。规范政务微博的管理制度，建立科学的评判机制、采纳机制和沟通机制是政务微博成功的基础。

（三）缺乏科学的管理理念

政务微博是一个新生事物，需要信访部门领导和实际运维人员具有政务微博的意识和管理理念。信访部门政务微博存在的发布不及时、更新数量少、缺乏互动性等问题，暴露了信访部门领导对政务微博不重视，实际运维人员对政务微博传播方式不了解的现状。随着时代的发展，平等协商、共同治理已经成为行政管理的新指向，因此地方政府也必须切实转换思路。微博天然具有的及时性、双向性为转型中的地方政府提供了新的行政治理途径，应该善用微博塑造政府形象。政务微博作为一项新工作，必须像对待其他基础性工作一样重视，不断加大政务微博的影响力，使之真正成为信访部门传递政府声音，解读政府政策，汇集基层民意，解决信访问题的重要渠道。

信访系统政务微博可行性建议

一、其他系统政务微博成功经验借鉴

(一)优秀政务微博主要经验做法

1. "@北京发布"组建微博发布厅

"@北京发布"是北京市政府新闻办公室官方政务微博,旨在及时发布权威的北京政务信息,积极与网友开展互动,回应群众关切。"@北京发布"的新浪微博页面中集合焦点大图、头条新闻、视频窗口三大内容展示模块,实现"图、文、影音"的多媒介整合,使用立体多样的手段宣传城市。2014年全国"两会"期间,"北京发布"直播多次新闻发布会和分组讨论会,全方位、立体化、大密度地报道"两会"信息。围绕民众关心的交通、环保、医疗问题,组织"两会"代表和委员通过微访谈的形式与网民零距离对话交流,收到了网民问题600余个,当场回应100余个。

"北京微博发布厅"是全国开通的首个省级政务微博发布群,整合北京信息资源,共同使用同一发布平台是其最大的特点。以"北京发布"为核心,北京市各区县、委办局共75家单位,107位新闻发言人积极参与,是政务微博应用的一次突破性创新,是城市职能部门发布信息和提供服务功能的聚合,也是提升北京世界城市形象外宣的新阵地。"北京微博发布厅"整合了城市各大政府部门资源,基本涵盖了涉及市民生活的各项最新权威政令,在信息传达、民意沟通、发动动员三方面发挥重要作用。"北京微博发布厅"将中国政务微博的应用水平提升到一个新的高度,意味着民政网络互动渠道和平台进一步升级优化,利于市政府高效地利用微博平台推动政务工作,在中国政务微博应用领域树立起新标杆。

2014年,为更好地开展政府信息公开和舆论引导工作,"北京微博发布厅"加入微信功能,在全国创新打造"双微双矩阵"格局。在微信快速发展起来之后,微博和微信的功能出现了一定的分化,承担了不一样的舆论传播职能。"北京微博微信发布厅"实现了微博微信"双微服务互通"、政府部门和新闻发言人两个微博群"双矩阵"共同发声,形成了多平台、集群化、矩阵式发展的政务新媒体"北京模式"。

2. "@平安北京"解决实际问题

"@平安北京"是北京市公安局官方政务微博,在很多权威机构评比的公安系统政务微博、各省市机关政务微博排名中均名列前茅。截至 2014 年年底,平安北京已发布微博信息 3 万余条,粉丝数超过 907 万。"平安北京"充分发挥政务微博的服务功能、沟通功能、权威发布功能,拉近了政府与民众的距离,成为政务微博成功的典范。充分发挥服务功能,通过设置微话题,对老百姓关心的交通出行、食品安全、衣食住行等信息进行沟通,体现了公安机关由行政化向服务化转变,使点击微博了解消息成为一种习惯。充分发挥沟通功能,充分吸纳网友意见,对于网友反映的实质性问题,做到每问必答,并向局属各单位派发"网友反映问题通报单",再向网友反馈处理结果,使人民警察为民服务在网上落到了实处。充分发挥权威发布功能,针对网络信息不实的问题,利用微博进行辟谣,尤其是在北京地区发生突发事件之后,对网友重点关注的信息进行调查核实,发布权威消息,辟谣不实信息,扩大正面信息的影响力,避免网络谣言的滋生蔓延。张刚认为,平安北京微博的开通,堪称当前政务微博公关策略的有效尝试,其敞开式的信息交流模式,值得借鉴与思考。[①]

3. "@品牌中国梦"开展特色活动

"@品牌中国梦"是国家食品药品监督管理总局在 2014 全国食品安全宣传周期间开通的官方微博,根据"全国食品安全宣传周"的特点,充分发挥下属各级单位和相关支撑部门的政务微博公信力强、传播力广的优势,以"老味道、老故事、老品牌——坚守诚信的力量"为活动主题,吸引了圈子内的关注。

---

① 参见张刚:《政务微博与政府公关策略——以平安北京微博为例》,《青年记者》2013 年第 7 期。

比如微博开展的"漫画猜猜猜"活动，将全国各省市通过漫画的形式展示出来，每天上午发布一个省市的漫画供网民竞猜，下午公布答案，并介绍该省市的老品牌故事，在轻松娱乐的氛围中传递想要传达给网民的信息，受到了一致好评，每一条的转发评论量都达到好几百，甚至上千条。

再如微博开展"老味道 老故事 老品牌——有奖征文"活动，原文如下：时光中熟悉的老味道、老品牌，快来晒晒你与老品牌不得不说的故事吧。参加方式：原创老品牌故事/老图片，加话题#全国食品安全宣传周#，并@品牌中国梦即有机会赢2000元现金奖！奖品：每日5名转发奖（30元话费），每周一名优秀奖（1000元小家电）。该条微博以置顶的方式发布，已吸引近2万人转发，4000人评论，得到了网友的积极回应。究其原因，是微博运营人员抓住了70后、80后网民的怀旧心理，成功地吸引了大批真实粉丝。

此外，微博还从网民的投稿中选取部分精彩内容发布，一方面吸纳了"网络段子手"的智慧，使微博更具有可读性；另一方面也进一步展现了政务微博的亲民特征，拉近了网民与政府的距离，提高了网民的互动热情。

（二）优秀政务微博可供借鉴的经验

从上面几个案例可以看出，运维一个成功的政务微博不仅需要集聚粉丝、保持更新、积极互动，还有一些可供借鉴的成功经验。

1. 突出服务

经过几年的发展，政务微博已经从最初的资讯发布，逐步发展到多元化服务时期。想群众之所想，急群众之所急，解群众之所忧是党的群众路线教育实践活动的基本要求，是党和政府的庄严使命。当前，政务微博在议题设置、舆情引导、参与讨论、危机处理等各个阶段，将了解民意、回应民情、灾害预警、信访投诉、网络办公、网络问政等应用充分整合，更好地服务于广大网友。

2. 明确定位

政务微博不是政府网站，也不是网上办事平台，而是在自媒体时代与网友沟通的工具。不同部门的政务微博，其职能也不尽相同，政务微博是现实工作的延伸，其功能定位必须与单位职能密切相关。各部门政务微博立足本职、各司其职，实现专业化、差异化发展，才能促进政务微博生态系统的健康发展。

3. 亲民态度

政务微博每天沟通的对象是不受现实社会规则约束的网民，切忌用强硬、官方、高高在上的口吻发布信息，而是要主动放下身段，以平等的地位与网民沟通。政务微博的亲民态度主要体现在真诚、平等、通俗、幽默等方面，只有取得了网民的信任和认可，政务微博才能真正发挥作用。

4. 特色活动

线上线下活动是吸引粉丝关注，保持微博活力的重要手段。政务微博的线上线下活动必须独具特色，既能紧密结合工作，反映部门特点，又能迎合网友兴趣，达到寓教于乐的效果。

二、提高信访系统政务微博运营管理水平的可行化建议

政务微博经过四年多的探索与实践，已进入规范发展时期，各级政府部门应用新媒体的意识不断增强，在发布、运营、管理等方面也积累了宝贵经验。政务微博是党和政府体察民情、倾听民声、汇聚民智的重要途径，是广大民众维护权益、表达意愿、参与监督的重要方式。相应地，信访部门也是国家倾听民众声音，公民反映利益诉求的重要渠道。信访部门重点发展政务微博，实现其职能，具有一定的必要性和可操作性。与其他系统政务微博相比，信访系统政务微博具有综合性、问题性、隐患性等特点，在政务微博维护上必须因事制宜，形成具有信访系统特色的政务微博运维对策。

（一）加强与实际工作结合

1. 要明确定位

信访系统政务微博要明确自己的工作定位、内容定位和受众定位。网民登录微博，大部分是为了浏览信息、消遣娱乐，这也是新闻媒体和娱乐明星的粉丝数相对较大的原因所在。部分网民之所以对微博问政热情高涨，最主要的原因是舆论中反映的问题与网民的现实生活有密切的关系。因此，信访系统政务微博在内容建设上要注意避免成为政务网站的缩编版，单纯发布工

作成绩、领导信息、公文文件等工作类信息，没有贴近民众的便民信息；要注意避免单纯转发其他部门或新闻媒体的政务微博，没有自己的独特风格和原创特色；要注意避免冗长啰唆，能够用 140 字或更少文字表述清楚的信息，不以长微博的形式呈现，简洁明了地突出重点要表达的内容，节约网友的阅读时间。

2. 要专业服务

在微博内容上，信访系统政务微博要立足信访专业，以信访工作内容为主，提供信访政策，接访信息等内容，真正为访民服务。比如，部分信访系统政务微博仅转载其他微博，或发布与信访完全无关的内容，偏离了信访政务微博的根本职能，难以得到粉丝的关注。信访系统政务微博可以专门设置几个固定的版块，如信访条例、民生政策、接访动态、上访回应等，发布权威专业信息，塑造信访系统政务微博的品牌形象。由于信访工作的特殊性，部分信访问题不能公开地在微博上反映，信访系统政务微博可以为访民提供微博私信、网站链接、工作邮箱等联系方式，方便网民反映问题，并明确反馈时间表，及时回应。这样，网民遇到与信访相关的问题，便会将信访系统政务微博作为一个了解政策、反映问题的通道。

3. 要提高互动

即时互动是微博相较于传统媒体、政务网站等传播媒介的优势。查询现有信访系统政务微博的评论发现，部分网民会提出各种各样的问题，包括对信访条例的疑惑，对社会不公的抱怨，对官员腐败的举报，对个人利益诉求的表达，等等，但是，大部分信访系统政务微博选择了沉默，并未对此进行回应，久而久之，政务微博也就失去了公信力和吸引力，得不到粉丝的关注。信访系统政务微博要充分利用即时互动功能，放下政府部门的身段，本着为人民服务的执政理念，第一时间回应网友提出的问题，能解决的尽力解决，不能解决的解释原因，真正让民众体验到微博问政的实效。

（二）加强规范化制度建设

1. 认证规范

微博的申请机制是开放式申请，只要不重名，每个人都可以注册自己的微博，个别别有用心或恶作剧的人以政府机构或政府官员的名义注册微博，虽然很难通过实名认证，但是也在一定程度上导致了以假乱真、混淆视听的目的，影响政务微博的权威性。比如在新浪微博里面搜索信访，出现了"河南信访"、"金凤信访"、"巴彦淖尔市信访处"等等未经过实名认证的微博。这些微博发布内容或与信访完全无关，或发泄对社会不满情绪，引发负面传播效果，极易损坏信访部门的公信力。部分一线运维人员缺乏新媒体素养，熟练准确使用政务微博的能力不足，缺少传播经验，难以掌握发言的"口径"，如若出现与事实不符、夸大宣传、雷人雷语等情况，将严重损坏政府形象。因此，必须严格认证程序。

2. 制度规范

为了确保信访系统政务微博安全高效地运营，必须加强制度化建设，严格按规范化流程发布信息，积极参与网友互动，切实落实网友反映的问题。各地可根据实际情况制定出台政务微博的管理办法，明确政务微博的管理机构、发布内容、互动机制、问题落实、限时反馈等，确保政务微博管理的规范化、制度化。同时，各级信访部门还要针对下级信访部门政务微博运营情况开展考评工作，督促信访系统政务微博的可持续发展。

（三）加强新媒体矩阵建设

在信息爆炸的时代，网上五花八门的信息让人应接不暇，各地方、各部门的政务微博必须打破过去争抢舆论主导权的局面，在一定区域、一定行业内形成集群式发展态势。借鉴北京微博发布厅的模式，全国各地的新媒体矩阵建设明显加强。在微博矩阵中，各单位联动发声，互相配合，扩大了信息覆盖面，提高了"网络问政"的效率，增强了信息监管力度，使得政务微博的作用得到了最大化发挥。

在微博矩阵建设中，各地信访部门可以省级或市级信访部门官方微博为核心，各下属地方信访部门为支撑，一方面提高信访部门政务微博的覆盖面，提供组织保证；另一方面配好配齐运营人员队伍，提供人才保证，形成上下联动，整体推进的工作合力。同时，本级信访部门还要与其他相关职能部门紧密合作，以"微博发布厅"、"微博群"等形式整合本区域内的公共服务资源，明确分工，厘清职责，以快捷的方式为网民提供一站式的服务，有针对性地回应网民的诉求。这样，不仅大大提高了政府部门的工作效率，同时也拓宽了网民的办事渠道。

（四）加强与微信融合对接

近几年来，微信快速发展，微信公众号、朋友圈等功能使微信除了社交作用之外，具有一定的媒体传播特性。与微博浅社交、泛传播、弱关系的平台特性不同，微信具有深社交、精传播、强关系的特性，二者在平台属性、传播介质、受众形态等多方面有截然不同的功能，具有相互协作、互为补充的融合对接基础。表2列出了微博与微信的区别。

从表2可见，相对于微博，微信在内容和传播效果上具有一定的优势，可以将微博言之不尽的信息进行深度加工，更准确地传达给读者，微信还可以集成服务平台，将 PC 端的部分电子政务服务功能转移到移动端，使民众办事更方便。微博具有的快速传播、广泛传播的特性又使得其在信息传播和舆论引导方面具有得天独厚的优势。

表2　微博与微信的区别

区别	微博	微信
平台属性	社会化资讯网络、小社交	圈子关系网络、强社交
传播介质	信息	关系
传播范围	大公共媒介	有限公共媒介
内容形态	140字，文字、图片、视频	无字数限制，文字、图片、语音、视频
传播方式	点到面、开放式发散传播	点到点、封闭空间的闭环传递
讨论方式	陌生人参与	熟人参与
信任度	较低	较高
话语权	相对垄断，掌握在"大V"手里	相对分散，各圈子形成多维话语中心
信息质量	低，碎片化	高，信息经过加工
有效性	海量信息，易淹没	有限信息，易传达
可控性	弱，干预成本高	强，干预成本低
使用频率	低，获取信息渠道之一	高，日常沟通工具

　　信访部门可同时开通政务微信，与政务微博、政务网站等相辅相成，更加丰富政务新媒体的功能作用。政务微信一方面可深度分析各类信访案件，为访民合理合法反映利益诉求提供参考；另一方面还可以开通微信信访渠道，访民将要反映的事实通过微信提交给信访部门。政务微博则继续发挥信息发布功能，广泛地宣传与群众利益相关的各项政策法规，使民众利用法律的武器维护自己的权益。在日常工作过程中，二者还可以互相推送，微博预告微信内容，微信解读微博信息，形成工作合力。

基层信访工作研究

——以 B 市 H 区为例

王跃华

摘 要： 信访制度是一项具有中国本土特色的政治制度。自新中国成立以来，信访制度经历了不断的建设和发展。信访制度在中国现阶段发挥着重要的作用，但随着信访量数字的累积和信访处置方式问题的不断曝光，信访工作被置于舆论批评的焦点。信访制度是存是废，引发学者的持续争论。本文选取 B 市 H 区作为基层信访工作的研究对象，分析了 H 区信访工作的类型和存在的问题，提出由于信访功能错位导致了基层信访工作实践中的诸多问题。针对信访功能的重新定位制定了近期和远期的改革措施。近期目标是强化权力监督、政治参与等民主功能，保障权利救济功能，合理分流矛盾缓冲功能；远期目标是构建以人大为主体的信访工作体系，使信访工作回归政治属性。

信访制度概述

一、信访的含义

（一）信访概念的界定

根据 2005 年国务院颁布的《信访条例》的界定，信访是指公民、法人或者其他组织采取书信、电子邮件、传真、电话、走访等形式，向各级人民政府、县级以上人民政府工作部门反映情况，提出建议、意见或者投诉请求，依法由有关行政机关处理的活动。"信访"有五个要素。一是信访的发起人（信访人），即公民、法人或者其他组织；二是信访的受理人，即各级人民政府、县级以上人民政府工作部门。狭义来说信访的受理人是各级信访机构，通过信访机构将信访问题转送给相关承办机关。但从广义上说，信访机构和承办单位都可以作为信访的受理人；三是信访提出的方式，即采取书信、电子邮件、传真、电话、走访等形式；四是信访的内容，反映情况，提出建议、意见或者投诉请求；五是信访是否受理的标准，即"依法"由有关行政机关处理的，这是对信访受理标准的明确限定条件，也是界定信访的关键因素，但条例中对"依法"之"法"的具体所指却没有任何解释。

（二）对信访工作的理解

我们可以从以下四个方面更好地理解信访工作：

1. 信访工作是由信访人主动发起的一种活动

信访人是信访活动的主动方，向信访的受理人，即有关政府部门通过各种形式反映问题、提出建议、意见或者投诉请求。信访受理人是信访工作的被动方，根据信访人的主动活动确定是否受理。

2. 信访工作是"官民"之间的活动

无论是公民、法人或者其他组织，在中国传统意义上都是一种"民"，而各级人民政府、县级以上人民政府工作部门是"官"。此外，除了政府之外，其他设立信访机构的部门，如人大、政协、党派、社会团体、企业事业单位等，也在某种程度上行使着一些公共权力或准公共权力，我们也可以将其视为一种"准政府"的性质。因此按照信访工作的定义，信访主要是"民"向"官"反映诉求的一种活动。

3. 信访工作的范围非常广泛

根据《信访条例》，只要是信访人提出的建议、意见或者投诉请求都可以称为信访，无论是民事纠纷（"民民"之间的纠纷）、行政纠纷（"官民"、"官官"之间的纠纷）都可以纳入信访的范围。而且信访对于时效性、信访人的被侵权情况等都没有明确要求。在信访工作实务中，有一些无奈的说法，例如信访是个筐，什么都往里装，凡事可访、有事必访，开门搞信访等，体现了信访工作的广泛性。

4. 信访工作是一种非诉讼解决问题的途径

在任何国家，甚至法治最发达的国家，也不可能所有的矛盾纠纷都通过诉讼途径解决，各个国家都有非诉讼解决矛盾纠纷的途径。在国外通常称之为"替代性纠纷解决方式"（Alternative Dispute Resolution，ADR）。中国除了信访制度之外，也还有很多非诉讼解决矛盾纠纷的途径，例如人民调解、行政调解、行政复议、仲裁，以及人大代表建议、政协委员提案等。

综上所述，我们可以把信访工作理解为信访人（包括公民、法人或者其他组织）为了解决问题而主动发起的、存在于信访人和信访受理部门之间的、涉案范围非常广泛的，非诉讼解决矛盾纠纷的活动。

（三）相关引申概念

1. 行政信访

在信访工作实践中，经常出现行政信访、司法信访及党委信访等不同说法。由于《信访条例》是国务院制定的行政法规，因此上述《信访条例》第二条对信访的界定，就可以视同为对行政信访的界定。行政信访是信访的一种形式，由于受理信访行为的机关单位不同，区别于党委、人大、司法（包括法院和检察院）的信访活动。

2. 基层信访

基层信访可以理解为由基层政府处理的信访活动。根据《城市居民委员会组织法》、《村民委员会组织法》中相关条文，基层政府应包括乡、民族乡、镇的人民政府，不设区的市、市辖区的人民政府，不设区的市、市辖区人民政府的派出机关。我国信访制度实行分级负责体制，县级以上人民政府均有信访部门。可以将基层信访界定为公民、法人或者其他组织采取书信、电子邮件、传真、电话、走访等形式，向县（区）级及以下的各级党政机关及其所属部门反映情况，提出建议、意见或者投诉请求，依法由有关行政机关处理的活动。根据上述界定，B 市 H 区以及 H 区下属相关单位所处理的信访活动属于基层信访。鉴于当前的信访工作形势，国家信访局一再强调县级信访工作（也就是基层信访工作）是关键，其原因就是基层信访可以直接面对广大人民群众，获得第一手准确信息，是直接联系群众的重要渠道。因此对于基层信访工作的研究至关重要，只有真正将基层的信访工作做好，将各类社会矛盾吸附在当地，解决在基层，信访机制才能发挥其最大的效益。

3. 信访制度

信访制度并没有明确的定义。有的学者认为信访与信访制度等同，例如田文利提出，从实际操作来看，信访制度与信访是等同使用的，即指有关行政信访的相关制度、涉诉信访的相关制度、公安信访的相关制度。[①] 有的学者认为信访应偏向于行政性制度，例如赵威提出，行政主体角度上的"信访制度"是指中国特有的一种政治制度，是建立在中国特有的政治体制和文化传统背景下的，反映执政党基本价值判断和人民利益取向的，由我国党和政府所建立的调整行政主体与人民之间以及相关社会关系的具有正式形式和强制性的规范体系。[②] 但有的学者则提出信访的核心在于其权利救济，应偏向于法律制度，且外延很大。[③] 要理解信访制度，必须将其放在中国的大背景下，运用政治、法律、行政、文化等多元视角去综合解读。我们可以将信访制度理解为一系列法律法规、体制机制和行为规范的总和，这些规范一方面约束信访人的行为，一方面规范信访机构的行为。而且随着信访机构的建立完善和信访行为的多元化，信访制度也在动态的过程中日趋成熟和完善。

4. 信访制度功能

社会学家涂尔干首次提出了社会学意义上的功能概念，即一个社会制度的功能就是这个制度与社会肌体的要求相合拍。在社会学中，功能论或称结构功能论由于注重研究社会运行和发展的平衡协调机制，因此将功能强调为局部（个体）对于整体所发挥的作用。美国社会学家帕森斯提出，任何社会系统都是内部分工与相互依赖的整体，不同部分满足不同的社会需要，都在对整个系统的存在发挥功能，从而达到系统的平衡与稳定。这里的功能主要强调作用和价值。从这个角度而言，信访制度的功能既可以包括信访制度自

---

① 参见田文利：《信访制度的路径选择》，中国人民大学出版社 2005 年版，第 17 页。
② 参见赵威：《信访学》，辽宁大学出版社 2010 年版，第 279 页。
③ 参见中国行政管理学会信访分会编：《信访学概论》，中国方正出版社 2005 年版，第 219 页。

身的能力和作用，也可以包含信访制度对于社会系统的价值。

二、信访制度与国内相关制度的辨析

（一）信访制度与调解

《中共中央关于构建社会主义和谐社会若干重大问题的决定》提出了人民调解、行政调解、司法调解三种不同的调解形式。其中人民调解和行政调解都属于非诉讼外解决矛盾纠纷的途径。人民调解是指在人民调解委员会主持下，以国家法律、法规、规章和社会公德规范为依据，对民间纠纷双方当事人进行调解、劝说，促使他们互相谅解、平等协商，自愿达成协议，消除纷争的活动。行政调解是近几年来的一个新概念，是指国家行政机关根据法律规定，对属于国家行政机关职权管辖范围内的民事纠纷，通过耐心的说服教育，使纠纷的双方当事人互相谅解，在平等协商的基础上达成一致协议，从而合理地、彻底地解决纠纷矛盾。

信访调整的是"官"、"民"双方的矛盾纠纷，政府作为当事一方，或者纠纷涉及政府职责的履行。而调解工作是有独立的第三方，主要针对的是民间纠纷，政府不作为当事一方。但是在信访工作实践中，调解工作和信访工作混淆的问题却经常存在。信访人的各种心态非常耐人寻味——虽然是民事纠纷，但他们往往希望通过信访途径给予政府部门压力，得到更多的重视和倾向，以加重其在调解中获得更多利益的筹码。因此应适用于调解工作的民事纠纷也经常诉诸信访。

（二）信访制度与行政复议

行政复议是指公民、法人或者其他组织对行政机关作出的具体决定不服向原机关或上级机关提起的重新审查程序。新中国成立以来，行政复议曾作为信访工作的一种工作形式，直至 1994 年国务院颁布实施《行政复议条例》，以行政法规的形式正式确立了中国行政复议制度。

行政复议与信访工作有以下不同。一是行政复议与信访反映的主体不同。行政复议制度是一种内部监督机制，是一种上级行政机关对下级行政机关违法的或不当的具体行政行为的纠错机制。而信访则是信访人通过各种形式，向有关部门反映情况，提出建议、意见或者投诉请求的活动。信访人可以是合法权益受到侵害的当事人，也可以为他人的合法权益或者社会公共利益主张权益，要求有关部门予以处理或纠正。二是行政复议与信访受理投诉的范围不同。信访投诉面非常广，无论是对行政机关及其工作人员的批评、建议、检举、揭发，或者控告侵害权益，无论是历史遗留问题，还是现实中正在发生的问题，都可以通过信访形式提出。而行政复议的受案范围是法定的，凡不在"行政复议法"规定受案管辖范围内的复议申请，行政复议机关就可以不予受理。三是行政复议与信访案件受理的主体和程序不一样。信访工作的受理主体是信访机构。行政复议的受理部门直接是行政机关，程序则是按照行政复议法明确规定的程序进行。四是行政复议与信访处理结果的形式及效力不同。对信访部门的处理意见可以逐级请求复查和复核。而行政复议要对具体行政行为做出维持、撤销、变更、责令限期或确认这几种法定的复议结论，复议决定书一经送达即发生法律效力。申请人如对复议决定不服，可以向人民法院提起行政诉讼，如申请人逾期不起诉又不履行行政复议决定的，行政机关可以直接依法强制执行或申请法院强制执行，而信访答复却没有这样的法律效力。

（三）信访制度与仲裁

仲裁是指纠纷当事人在自愿基础上达成协议，将纠纷提交非司法机构的第三者审理，由第三者做出对争议各方均有约束力裁决的一种解决纠纷的制度和方式。仲裁在性质上是兼具契约性、自治性、民间性和准司法性的一种争议解决方式。从某种角度而言，仲裁活动更类似于法院审判活动，只是仲裁的居中第三方是在司法行政部门登记的仲裁委员会，是非司法机构，而法院审判的第三方是司法机构。仲裁裁决具有和法院判决同等的法律效力，根据《仲裁法》、《民事诉讼法》和最高人民法院《关于人民法院执行工作若干问题的规定》的有关规定，仲裁机构做出的仲裁裁决是终局裁决，自做出之日起发生法律效力，与人民法院的生效判决具有同等效力，一方当事人不履行裁决的，另一方当事人可以依法向人民法院申请执行。

在工作实际中，与信访工作最容易混淆的是一些具有政府色彩的仲裁，例如劳动仲裁、人事争议仲裁等。此类的仲裁案件往往涉及劳动局、人事局等政府部门，所以部分当事人为赢得政府的重视，在提请仲裁的同时向有关部门信访，造成了信访与仲裁的叠加。

信访制度功能分析

一、信访制度功能的历史演变

新中国的信访制度随着不同的历史时期经过了一个演变的过程，信访制度的发展及其功能的演变也可以分为三个阶段。

第一阶段：从中华人民共和国成立到 1995 年国务院《信访条例》颁布前的秘书性质阶段。在 1995 年第一部《信访条例》颁布之前，信访制度基本上是以领导的批文来推动的，而信访制度形式也逐渐由领导亲自阅信转变为信访秘书或者秘书机构阅信。在新中国成立前夕，"毛泽东指定他的政治秘书田家英负责处理（群众来信），并每天选送一定数量的群众来信给他亲自阅看"。[①] 此后，毛泽东先后在 1950 年 11 月和 1951 年 5 月作出了两个关于信访制度的批示，全国各地陆续成立了信访机构，但这些机构都是按照毛泽东批示要求，建立的秘书性质的机构。在这个阶段，信访机构只是政府的内设机构，或者更准确地说，是政府办公部门的内设机构，其主要职责就是"上传下达"，没有实质性地处理问题的权力。这个时期信访制度功能根据历史时期不同有所变化，但在"全能型政府"的大背景下，主要体现在维护稳定的社会局面，以及由上至下的统一思想和由下至上的民意表达方面，有的学者称之为安定团结型的信访时期。

第二阶段：从 1995 年《信访条例》颁布到 2005 年新的《信访条例》颁布期间的法制化阶段。1995 年第一部《信访条例》颁布之后，信访制度逐步

---

① 沈栋年：《我为毛主席办家信》，载中国行政管理学会信访分会编：《在光荣的信访岗位上》，中国民主法制出版社 1999 年版。

开始进入法制调整的范围，迈向了法制化的阶段。例如，信访条例作为一种法律依据，已经进一步明确了接访者和上访者的权利和义务，建立了包括信息登记制度、报送通报、处理督办、责任追究等一系列工作制度，并形成了一套完整的信访程序。这个时期信访制度功能逐步突出对权利救济的关注，但主要还是通过制度化的手段规范信访工作，从而推进信访功能的实现。

第三阶段：2005年之后至中共十八大召开信访制度功能转换的法治化阶段。1995年之后，随着信访量的不断增加，信访所涉及的领域、范围和影响也不断扩大，1995年的《信访条例》已经不能应对不断变化着的信访情势。2005年国家颁布了新的《信访条例》。《信访条例》作为一部行政法规，其立法的着眼点在于规范行政机关信访机构的活动，而非从信访人的角度提供一种法律救济手段。① 中共十八大开启了全面依法治国，对于信访制度的法治化推进有着重大作用，党的十八大报告提出，"正确处理人民内部矛盾，建立健全党和政府主导的维护群众权益机制，完善信访制度，完善人民调解、行政调解、司法调解联动的工作体系，畅通和规范群众诉求表达、利益协调、权益保证渠道"。对于涉法涉诉信访、越级信访等敏感问题给予了重点关注。信访制度逐步进入法治化阶段，这既与中国多年来对信访制度实践、探索、研究息息相关，更重要得益于中国整体的法治化进程的不断推进。

二、现阶段信访制度的功能

遵循结构功能主义的思维路径，信访制度功能的理解可以从提高个体适应性、实现系统内部团结合作以及维护社会行动秩序三个方面来考量。这三个方面在信访制度功能中相互交织并共同发挥作用。我们可以总结目前信访制度主要有以下三个重要功能。

（一）缓冲社会矛盾

当前中国各种社会矛盾纷繁复杂，要解决社会矛盾冲突，完善社会利益

---

① 参见林莉红：《论信访的制度定位——从纠纷解决机制系统化角度的思考》，《学习与探索》2006年第1期。

调节机制是治本之道，但它的运作与完善不是一蹴而就的。信访制度在社会系统中，通过几乎完全开放的形式接纳信访人发泄各种不良情绪，预防、缓解各类社会矛盾的发生，一方面通过对个人的疏导提高个体适应性，一方面维护社会共同行为秩序，避免酿成大的冲突，从而维护整个社会系统的正常有序运转。因此，"注重人文关怀和心理疏导"① 的信访工作发挥了非常重要的矛盾缓冲功能。

在信访工作实践中，矛盾缓冲功能体现在心理疏导和秩序疏导两个方面。心理疏导通过缓解信访人心理冲突、化解不满情绪、消除社会心理障碍，来逐步促进和实现信访人的心态成熟和理性回归。这时信访途径更多地成为信访人发泄情绪的"出气筒"，信访机构也成了信访人的心理咨询机构，信访人通过信访行为缓解心理压力。在基层信访实践中，有的信访人把信访机构当成了一个心理诊所，在这里寻求慰藉，甚至产生依赖；有的信访人就是在这里坐一坐，打听消息、了解政策。这时信访工作的心理疏导功能非常明显。社会秩序疏导体现在通过对信访秩序的维护，采取隔离疏散等办法，实现对社会秩序的维护和规范。在很多地区，信访秩序在某种程度上直接决定了社会秩序是否良好。在通常的认识中，群体性事件、极端个人事件都与信访行为相关。

（二）实现权利救济

信访工作作为非诉讼解决问题的途径，其权利救济功能的实现依赖于政府系统内部纠错机制和监督机制，是一种行政性的救济途径，其对于社会系统的作用主要体现在帮助个体获取社会资源。一方面通过信访机构本身履行工作职责来实现权利救济。主要形式包括：一是信访机构的交办权。信访机构可以按照"属地管理、分级负责，谁主管、谁负责"的工作原则，以交办的形式要求行政机关处理信访问题，并在规定的时间内反馈办理报告，答复信访人。二是信访机构的督办权。信访机构可以督促具体行政部门履行职责，

---

① 胡锦涛：《高举中国特色社会主义伟大旗帜　为夺取全面建设小康社会新胜利而奋斗——在中国共产党第十七次全国代表大会上的报告》，《求是》2007 年第 21 期。

并提出工作改进建议，督促信访事项的落实解决。三是信访机构的部分调查权。在信访事项办理规则中，规定了信访机构可以要求保密、回避，并也可以通过采取听证等方式，促进信访问题的有效解决。另一方面通过政府机关内部的规章制度促进信访承办部门的主动工作。

（三）畅通民意渠道

畅通民意渠道功能是信访制度在社会系统中协调各组成部分，实现团结合作的重要表现。民意渠道畅通，一方面实现了对权力的监督，一方面实现了广泛的政治参与。权力监督是对权力主体支配公共价值资源份额的过程、环节进行监视、督促和管理的过程。权力，包括行政权力、司法权力等。我国《宪法》第四十一条规定："中华人民共和国公民对于任何国家机关和国家工作人员，有提出批评和建议的权利；对于任何国家机关和国家工作人员的违法失职行为，有向有关国家机关提出申诉、控告或者检举的权利。"这是法律赋予全体公民的监督权。从目前来看，中国已经基本形成了多种监督制度并存、共同发挥重要作用的监督体系框架。信访，作为一种成本低廉、方便快捷的民意表达途径，对国家机关及其工作人员的权力运行起到重要的监督、制约作用。对于公民而言，信访行为的权利依据是"信访权"，而信访权在宪法中则表现为监督权，我国在实践中保障公民行使监督权最有效的制度之一就是信访制度。① 在国家政治生活中，信访制度首先保障了公民发言权。作为国家各级信访部门，只要是公民来信来访，反映意见建议和投诉，接待信访是必需的义务。在工作实践中，相对于党内、政府内监督等内部监督，外部监督无疑更加有力度，尤其是信访这种低门槛的监督方式，对于促进政府机关依法行政，规范运行公权力，维护公民合法权益将发挥更加重要的作用。根据现行《信访条例》的相关规定，信访对权力监督的主要有以下几个特点。一是监督主体的广泛性，二是受监督范围的广泛性，三是监督实施的互动性，四是监督结果的可见性。政治参与是衡量政治文明进程的一个重要指标。中国信访制度设计的最初目的之一，就是将其作为政治参与的一种制度化渠道。

---

① 参见俞子清：《宪法学》，中国政法大学出版社 2004 年版，第220—221页。

信访制度的本身旨在建立一条"上达"的民意渠道。有学者指出："从全国信访统计数据看，有百分之二十的信访表达的是公民参政议政的意愿，这也表明信访制度一定程度上形成了发展我国民主政治的渠道。"①

B 市 H 区信访工作实践

一、B 市 H 区信访工作现状

（一）基本情况

分析和研究中国信访制度，首先要了解信访制度设计的初衷和目的。通过上文的分析，我们可以深刻地感觉到我国信访制度的范围非常广泛。相对于国内其他的非诉讼解决问题途径和国外的相关制度，我国的信访制度对信访人、投诉事项、实效性等几乎没有任何要求。"开门搞信访"、"信访是送上来的群众工作"、"信访就是让老百姓有说话的地方"，这一系列的论述和定位，就是在告诉我们信访是矛盾纠纷解决途径的"托底"机制。

《信访条例》中也有对信访排除事项的规定，"对已经或者依法应当通过诉讼、仲裁、行政复议等法定途径解决的，不予受理"，在中国信访工作实践中，以上情况被统称为涉法涉诉问题。但非常无奈的是，信访这种低成本、简单的投诉方式，再加上中国千年封建思想的惯性，导致信访还是人们解决问题的主要途径，而各级信访部门出于维护社会稳定等各种原因的需要，在实际中，那些应该诉讼、仲裁、复议，甚至已经诉讼、仲裁、复议的事项还在进行信访的比比皆是。

H 区信访工作在 B 市一直是比较优秀的。即使 H 区连年获得 B 市信访工作先进，但信访总量却一直处于高位运行，越级访、集体访、联名信问题较为突出且涉法涉诉问题占据较高比例。而且，其中很大比例的信访事项要求基层化解。

---

① 卢学英：《信访制度之进退——对信访机构功能定位的思考》，《当代法学》2006 年第 5 期。

为了深入了解 H 区信访工作现状，本文结合 2014 年 9 月至 2015 年 1 月期间对 H 区信访办、区房管局信访办、区计生委信访办、某街道信访办等多名具有多年信访经验的工作人员的访谈记录，分析得出了如下结论：一是鉴于目前各方面的工作压力，H 区各级政府部门对信访工作非常重视，能解决的信访问题全力解决；二是信访工作最大的难题是解决办不了的信访件；三是有些信访问题合法但不合理，也有些既不合法，也不合理，信访人要通过"缠访"、"闹访"来实现特殊利益；四是涉法涉诉的信访量占全区信访总量的 10% 左右，信访部门出于维稳等各方面需要，很少直接答复不予受理，会开展说明解释工作，稳定信访人的情绪。

（二）工作特点和类型

本文对 H 区 2011 年至 2013 年期间大量信访问题中的近 200 件案例进行梳理分析，发现信访人上访反映的问题广泛而复杂，很多事关群众的切身利益。H 区信访工作呈现如下特点：一是 H 区作为 B 市重要区域，社会稳定维护工作压力大，政治敏感度高；二是信访人素质和知识水平差异大，但以知识水平较低的信访人居多；三是信访信息传递迅速，同一类诉求的信访人会很快建立联系；四是重点信访问题的处理情况具有示范效应；五是信访纷繁复杂，但类型较为集中，主要涉及城乡建设问题、劳动社保问题、农村问题、涉法涉诉问题、物业管理问题、组织人事问题、纪检监察问题、文教卫生问题、企业问题等 9 个方面，其中城乡建设问题、劳动保障、农村问题、物业管理问题相对其他问题更为突出，占了信访量总量的 60% 以上。①

从与政府工作的相关性来分析，总体来说可以分为三类。

第一，政府作为当事一方的信访问题，其实是"官"、"民"之间的矛盾纠纷。这类信访问题基本是反映政府的不作为、乱作为或者是侵权行为，其中以不作为情况居多。矛盾纠纷产生于政府与信访人之间，需要通过政府的行为予以改善和调整，例如公共服务设施的修建与维护等问题。还有就是针对政府主持的工作，通过信访的方式与政府进行协商，其中非常典型的就是

---

① 数字来源于 B 区 2011—2013 年工作总结材料。

政府主持的拆迁腾退工作，政府提出一个拆迁金额，当事人觉得不合理，通过信访的形式提出诉求，和政府协商。在此类信访问题中，有一种特殊的信访现象。那就是信访人明知信访诉求完全无理，但要通过信访行为（甚至是极端信访行为）来获取额外的利益。

第二，政府不作为当事一方，但需要政府履行职责（一般情况下是监管职责）的信访问题。这类信访问题非常多，矛盾直接双方不涉及政府机关，但其背后都有政府的身影，涉及政府是否履行职责的问题。例如目前反映非常多的广场舞扰民问题，矛盾纠纷的直接双方是跳广场舞的人和需要安静环境的人，但这背后涉及环保部门的环保监测工作，环保监测结果对处理矛盾纠纷非常重要。还有业主与开发商、物业公司之间的矛盾纠纷，政府机关不是直接矛盾方，但政府各部门的监管行为是否到位、工作职责是否履行到位非常关键。此外还有各类劳动社保问题等。

第三，与政府责任无关、政府作为第三方的信访问题。这类的信访问题也不占少数，矛盾纠纷双方和矛盾纠纷产生的原因基本都不涉及政府行为，但信访人希望通过信访的形式使政府出面，对矛盾纠纷进行调停。例如涉及司法机关履行职责的信访问题、具有法律效力的合同纠纷、企业与职工的福利待遇纠纷甚至于个人纠纷等。这类问题与政府机关的行为基本无关，或是纯粹的民事纠纷，或是涉及司法机关的问题，但在信访工作实践中却经常以信访的形式出现。

以上面的三个信访类型为例，第一、第二类信访问题，信访人希望通过信访途径启动政府机关的内部监督机制，通过政府机关履行职责、纠正错误等来促进矛盾纠纷的处理和解决，这也符合信访机构设立的初衷。但第三种类型的信访问题与政府无关。信访人想通过信访途径使政府部门出面处理矛盾纠纷，从而获得更大的利益。

二、信访工作面临的困境

第一，信访受理范围过于宽泛，基本没有限制和约束。目前 H 区信访受理的范围包含了社会矛盾的各个方面，几乎全部的社会问题、矛盾纠纷，无论是否涉及政府工作，都可以向信访机构反映，致使信访总量巨大、问题不断积压，甚至升级和聚焦 B 市乃至中央部门。虽然 2005 年的《信访条例》对信访受理范围进行了规定（第六条规定了县级以上人民政府信访工作机构的六项职责，第十四条规定了对依法应当通过诉讼、仲裁、行政复议等法定途径解决的投诉请求，信访人应当依照有关法律、行政法规规定的程序向有关机关提出等），但在工作实践中，信访受理依然是无门槛的，各类涉法涉诉问题依然在通过信访途径反映，应该通过仲裁、行政复议等法定途径解决的问题也依然诉诸信访。

第二，重信、重访问题突出。在 H 区信访工作实践中，"罢访息诉"常常就被称为化解，并非都是真正解决。根据 H 区内部数字，彻底解决的信访问题不到 30%。重信、重访占信访总量的 20% 以上，群体访、联名信、极端行为处于上升趋势。

第三，信访工作机构的权力较弱，专业技能不足。从实际工作情况看，H区的信访机构依然是一个信息中转机构，没有摆脱秘书机构的性质，几乎从未行使过调查权、质疑权，信访机构自身很难得到各部门的支持，更多的是借助领导的批示来推动问题的解决。信访问题的最终处理和决定仍然掌握在各行政机关和相关领导的手中。信访部门既不能像法院一样对案件有审判或仲裁权，也不像纪委对违纪干部有调查、处分的权力。因为 H 区信访机构这种无实际权力的状况，H 区信访办将自身职责定位为"接、转、督"。而由于信访量非常大，信访无法逐一追踪、关注信访问题处理情况，"一转了事"，对承办部门没有监督，成为处理信访问题的现状。此外信访部门缺乏专业的手段和理论。尤其是面对一些"无理"信访诉求或者是民事纠纷，需要进行法律咨询、心理疏导等，信访机构这方面的专业技能却仍有待加强。

第四，信访机构设置庞杂，问题处理标准不统一。在 H 区，除了区信访办之外，人大、政协、政法委等都设有信访办，各下属二级单位也都设有信访办。除了信访办外，还设有信访热线（非紧急救助热线），设有专门的区长信箱和各二级单位的主任信箱、镇长信箱等。在信访实践中，一事多头信访的情况非常多，多个部门受理、接转，不仅造成了行政资源的很大浪费，给基层造成了工作负担，而且造成了处理结果的不统一。信访人通过比对会认为政府工作很有弹性，同一个问题在不同的部门有不同的说法，在不同的时间段也说法各异。既降低了政府的权威性和公信力，也会引发信访人采取多种途径多方信访。

第五，个别信访问题的特殊处理引发负面效应。在 H 区信访实践中，依然存在着突破规则解决信访问题的现象。如果信访问题转化为社会稳定问题，无论是群体性事件还是极端个人行为，政府相对会更加重视甚至特殊处理。这使得谙习这一规律的信访人不断将信访行为升级，从而"绑架"政府，来获得自己的利益。

三、信访工作困境的原因分析

从 H 区信访工作功能来看，信访制度对于 H 区而言，不仅仅是矛盾纠纷的解决机制，同时也是一种国民参政议政的民主制度，还是一种公共危机的发现和处理机制。从信访制度最初设计来看，信访制度的首要功能应该是通过权力监督、民主参与而实现的信息汇聚功能；通过政府内部机制实现的权利救济功能应是司法救济途径的补充，属于次要功能；而矛盾缓冲功能应该是信访工作的附属功能。但从 H 区信访实践来看，由于信访功能的错位，造成了一系列的问题。

（一）信访成为缓冲社会矛盾的重要手段

矛盾缓冲功能膨胀的主要原因是各级政府将信访工作作为维护社会稳定的重要途径。从 H 区信访实践来看，矛盾缓冲功能已经成为了政府所期待的信访工作的首要功能。就像 H 区信访办领导所说的，信访是应对和缓解社会矛盾的第一道屏障。维护信访秩序，成为了 H 区各级政府维护社会稳定工作的核心内容。正是这种矛盾缓冲功能的膨胀，使得信访工作实践中出现了很多问题。首先是信访受理的无限制性。这也是上文所提到的，由于信访问题直接关乎稳定问题，因此在信访实践中，只要是群体访或者个人极端行为事件，不论是否属于信访受理的范围，信访部门都必须作为第一道防线出面受理处置。这就导致任何问题，只要是矛盾纠纷问题，都可以成为信访问题。

《信访条例》中关于信访受理范围的规定、关于涉法涉诉问题不予受理的规定，在严峻的维稳工作面前都无法落实。其次是信访处理标准不统一。由于矛盾缓冲功能的膨胀，化解矛盾就成了信访工作的首要任务，这就会在实践中导致信访处理力度与社会稳定的形势相挂钩，也导致了信访人越级上访和在重点时期、重点场所上访，从而通过扩大社会影响来加重问题解决的砝码。再次矛盾缓冲功能的膨胀也导致信访干部的多重任务。信访干部成了"万金油"、"消防员"，奔赴在化解各类矛盾纠纷的战线上。不仅要受理信访诉求，很多情况下还要成为社会工作者、心理辅导师、秩序维护者等等。而且由于在目前的信访实践中各部门未能形成有效的工作联动，信访机构在工作中得不到应有的支持，很多情况下处于孤立无援的境地。

（二）权利救济的实现受到限制

信访工作权利救济功能受限的表现是权利救济类的信访问题得不到有效解决。在 H 区信访实践中，权利救济是信访人希望通过信访途径实现的最根本目的，也是信访人最期待的信访工作功能。但纵观 H 区信访工作现状，真正通过信访途径实现权利救济的比例却并不高，权利救济功能在 H 区信访工作实践中被各种条件所限制。其受限的原因有三个方面：一是受限于信访部门自身权力的有限性，信访部门没有直接的问题调查和处理权，只能通过监督机制来督促信访问题的处理；二是受限于信访问题的繁杂性。对信访问题没有有效的分解和分流，真正的权利救济类的信访问题淹没在大量矛盾纠纷当中，信访办也没有将全部的精力投入到权利救济类的信访问题中去，被各式各项的疏导慰藉、维稳防控以及综合协调等任务所限；三是受限于社会转型期的国家社会经济政治大环境。由于政策、现实条件等原因，一些信访问题在现阶段的确无法得到妥善的解决，例如跨区域的社保待遇问题。当然还有一些寻求特权的信访问题无法解决。

信访工作权利救济功能受限最直接的后果就是大量的权利救济类信访问题无法得到有效解决，重访、重信率高。而且由于正常的权利救济诉求得不到信访部门的重视，迫使信访人通过极端个人行为或者群体性行为来增加信访的影响力。

（三）民意信息得不到重视

信访行为中附带的民意信息得不到应有的重视，无法通过信访行为实现权力监督和参政议政。在 H 区信访实践中，除了直接向纪检监察部门举报的信访问题外，几乎所有的权利救济型信访事项都或多或少涉及政府部门的不作为或者乱作为问题，附带着监督权力运行的内容。在政治参与功能方面，信访部门就像一个信息汇集处，各类信访问题客观上为政府部门提供了大量类型的信息，这其中不仅包括政府各领域决策所需要的信息来源，也包括对政策决策、执行效果情况提供信息反馈。在 H 区信访实践中，信访工作的权力监督、政治参与功能对比制度设计者的初衷却有所弱化。其弱化的原因主要包括信访机构自身权力设置问题，信访部门难以得到相关部门支持问题，信访机构压力大、矛盾纠纷累积问题，以及对信访渠道反馈的信息重视程度不够等。

类信访制度的比较分析：借鉴与启示

一、信访制度存在的必要性

面对中国的政治现实，信访制度是符合中国当前政治体制和基本国情的，在很长的一段时间内还将发挥着非常重要的作用。通过上文的分析可以发现，信访在工作实践中发挥着矛盾缓冲、权利救济、信息沟通等重要功能。除了信访工作的重要功能之外，信访制度的存在还有着其他重要的原因。

第一，信访制度畅通民意信息，实现了民意表达自由性和有效性的最佳结合。表达自由是现代民主制度的重要基石，是公民的一项重要的民主权利。通过信访途径，民众可以最便捷、最简单的直接面对行政机关表达诉求。诚然，公民可以在网络、媒体和公民之间自由地表达诉求，这种方式给予了公民最大的自由度，但是有效性很差。人民代表大会制度等也是面对权力机关的民意表达途径，但相对信访来说，这些途径的门槛要高得多，有效性强，但自由度较差。通过这些途径，民众需要受到很多的限制，符合很多的条件，很多民众的意愿被排斥在这些渠道之外，不得不重新寻求信访途径。

第二，信访制度启动行政机关内部纠错机制，是中国广大民众自然选择的结果。与其说是信访制度引导了民众的选择，不如说是民众的选择催生了信访的发展。除了信访制度本身的便捷性、低门槛性的特点外，民众选择信访还有其自身的原因，一是出于"有困难找政府"传统思想的根深蒂固，觉得"打官司"是一件丢脸的事；二是出于对政府机关的信任和依赖，尤其是对高层级政府和"清官"的向往；三是处于投机和特权心理的主导，希望获得额外重视和破格处理。因此在当前中国行政体制改革刚刚起步，政府仍然强势的大背景下，信访依然是广大民众的自然选择。

第三，信访制度有效缓冲社会矛盾，是中国制度设计催生的产物。通过对 2005 年《信访条例》的分析，本文认为，制度设计者就是要让信访成为一种"托底"机制，让所有被其他途径拒绝的诉求可以转向信访，让所有投诉无门的民众转向信访，给各种诉求一个最后的渠道，从而对社会矛盾进行疏导。如果没有信访，四处碰壁的民众将可能通过更加激烈的方式来反映诉求，必将引发社会的不稳定。

二、发达国家（地区）类信访制度与我国信访制度的比较分析

信访是一种非诉讼解决问题的途径，除了中国之外，世界很多国家都有非诉讼解决矛盾纠纷的途径。

（一）替代性纠纷解决方式（ADR）

20 世纪 60 年代以来欧美逐步发展起来了诉讼外纠纷解决方式，称为 Alternative Dispute Resolution，即替代性纠纷解决方式（简称 ADR）。ADR 的概念源于美国，美国在经历了 20 世纪七八十年代"诉讼爆炸"、积案如山的巨大压力之后，法院清醒地认识到必须寻找其他纠纷解决方式来分担诉讼的压力，实现纠纷的分流。于是将仲裁、调解等非诉讼方式与法院诉讼相结合，增强了法院对案件的宏观调控能力，还创设了"法院附设仲裁"、"调解—诉讼"、"早期的中立评估"、"小型审判"、"和解会议"和"聘请法官"等新

颖多样又各具特色的纠纷解决程序。① ADR 的推行在美国取得了显著效果，美国大量的纠纷通过灵活而相对简便的 ADR 方式得到了快速而有效地解决。ADR 现已被世界上许多国家借鉴。英国在 20 世纪 90 年代中期在其民事司法改革中吸纳了 ADR，鼓励当事人寻求诉讼外纠纷解决方式。通过案件管理制度、诉讼费用制度等促使当事人采取 ADR。

（二）行政苦情制度

行政苦情制度，即行政苦情申诉与处理制度，它在广义上是指行政机关受理国民有关对行政的不满、不服等的苦情申诉，并为谋求对此的解决而采取的必要措施。日本行政苦情制度具有典型性。苦情制度的优势在于：一是专门性，日本的苦情处理设有专门的部门，如行政监察局，处理机构的隶属关系明晰，分工明确，避免出现相互推诿的情况，有效地化解了矛盾。二是主动性，日本行政法对于苦情处理的规定中，多次提到苦情处理部门有主动发现问题以及主动采取措施予以救助的任务和使命。这是我国信访制度需要提高的地方。主动发现问题意味着行政机关能够尽早掌握主动，更有利于对苦情的合理处理，以及能够在一定程度上缓和与行政相对人之间的矛盾。三是规范性，出台了相关的法律来保障行政商谈委员制度的规范性以及保护行政机关的权威性。

（三）申诉专员制度

在欧洲很多国家都通过申诉专员制度或者请愿制度等受理人民对政府的各类投诉。申诉专员作为独立的第三方履行职责对政府及其工作人员是否失职进行调查。申诉专员的含义为"人民的保护者或者代表"，该词语源于瑞典。瑞典被公认为申诉专员制度的创始国，1809 年瑞典宪法就明确规定了"司法申诉专员"职权。申诉专员制度设计的核心问题是他的独立性，一旦申诉专员开始调查活动，议会一概不许介入。但是，申诉专员没有权力撤销行政机关的决定，只能通过调查报告、建议等方式进行间接的监控和矫正，因此可以归结为一种监察活动。随着对行政权力监控逐渐成为世界性问题，申

① 参见范愉：《非诉讼纠纷解决机制研究》，中国人民大学出版社 2000 年版，第 79 页。

诉专员制度被许多国家开始研究并引进。韩国民愿委员会除了受理公民对具体非法失当行政措施的投诉外，还接受对行政制度和政策的投诉。我国台湾地区"行政程序法"对陈情制度作了专门规定，从而使其成为一种法定救济方式，具有行政救济、行政监督、改善行政、指导服务多种功能，① 等等。

　　申诉专员制度和我国的信访制度都是受理投诉的途径，如果将我国的各层级信访机构与申诉专员公署、信访干部与申诉专员进行对比，就会发现二者有很多相似之处。信访机构（信访干部）、申诉专员公署（申诉专员）都不是直接处理和解决问题的行政机关和人员，它们的相同作用是听取投诉人的陈情，然后进行处理。

　　申诉专员制度与信访制度也有很大的区别。我国的信访机构隶属于各级行政机关，信访干部由行政领导任命，与各级行政部门为一个整体。而申诉专员及其组织一般由国会或议会任命，申诉专员不是政府的雇员；我国的信访机构一般不开展独立的调查工作，而申诉专员要启动公开公正的调查处理程序；我国的信访投诉包罗万象，只要是投诉人的意见建议，信访机构一般都要受理。而申诉专员的受理范围仅限于政府在公共行政管理和服务范围内的投诉，以及对政府工作人员行政失当行为的监察。从本质上说，申诉专员的工作程序很像我国人大代表、政协委员提出建议、提案的形式。申诉专员是一个独立的第三方，投诉人需要先向申诉专员陈情，在取得申诉专员的支持和信任后，由申诉专员代替投诉人向行政机关提出投诉，申诉专员的职责既是帮助投诉人解决问题，也是对政府工作进行监督和监察。更相似的是，人大代表、政协委员和申诉专员一样也需要定期进行述职。H 区人大有代表接待日、代表下社区听取意见等制度，从而畅通了代表听取投诉人意见和建议的渠道，政协委员也是如此。人大代表、政协委员也具有监督政府工作和参政议政的权力。与我国庞大的信访量相比，人大代表建议、政协委员提案这种"类申诉专员投诉"的数量非常少。

---

　　① 参见张弦：《日韩台湾地区信访制度对中国信访改革的启示》，《公共治理》2012 年第 5 期。

三、国外类信访制度对我国信访制度的启示

（一）独立的运行模式

国外的类信访制度强调诉讼受理部门独立的运作模式，不论是以组织形式存在的监察申诉机构，还是以个人形式存在的申诉专员制度，均具有较强的独立性，且大部分设置在议会或者是行政机构中，其主要作用体现为对行政行为的外部监督。但众所周知，我国的信访工作机构是隶属于行政系统的，是通过行政机构的内部机构实现行政纠偏和权利救济，这种设立形式的好处在于能够快捷有效地调动行政资源，但由于无法独立运行，信访机构往往迫于稳定的压力，无选择地接待信访事宜，权威无法树立。

（二）法定的工作职权

国外的监察申诉机构和申诉专员都由法律明确设立，并且以法律的形式赋予了其明确的案件调查权、调停权、建议权、报告权等权力，同时法律也明确规定了申诉专员的职责和义务。但在我国的基层信访实践中，信访机构的权力主要是程序化的接、转、督，其主要权力限制于协调、建议权，没有法律的有效支撑。

（三）专业的人员背景

在很多发达国家，申诉专员拥有相对较高的社会地位，他们通常被定义为"具有杰出法律才能和秉性正直的人士"。他们一般都具有司法背景或者是法律专职人员出身，文化程度普遍较高、专业素养深厚、知识广博、为公众的服务意识强，且品行端正，能够获得公民的信赖。因此申诉专员通常是高素质人群的代表。但在我国信访机构中，工作人员有法律背景和专业知识的占少数，在处理事件上较难实现专业性与功能性相联系。

改革基层信访工作的思路与对策

H 区信访工作是基层信访的缩影，信访工作的问题也并不是偶然的，它既是长期沉积问题的暴露，也是依法治国进程中不可避免的。基于 B 市 H 区

信访工作实践的分析总结，本文认为对于 H 区信访工作的改革应采取渐进的改革方式，分为近期改革和远期改革。

一、改革思路

近期改革的思路：强化权力监督、政治参与功能，保障权利救济功能，合理分流矛盾缓冲功能。主要措施包括建立矛盾纠纷综合受理平台，对各类信访投诉问题进行分类，按照信访工作功能不同划分为四个工作模块。对于有实际诉求的，发挥信访工作的权利救济功能，强调从程序和制度上为信访机构赋权，推进信访人权利救济的实现。对于极端个人行为和群体性事件，在剥离权利救济之外，发挥信访工作的矛盾缓冲功能，强化社会工作与信访工作的融合、公安部门的配合和协助。针对涉法涉诉问题和不涉及政府工作的问题，强调行政调解、人民调解以及法律援助的作用，推进各类问题的有效解决。强化权力监督功能和政治参与功能，强调信访部门与纪检监察部门的合署办公，便于问题的转化与处理，建立信访矛盾信息分析中心，对信访诉求中附带的信息进行分析汇总，对国民的参政议政权利给予充分重视和保护。

远期改革的思路：随着法治进程的推进，真正让信访制度回归其原初的政治属性，即回归政治参与、权力监督以及信息汇集功能。弱化权利救济功能，将信访工作纳入人大工作框架，通过人大的权威来监督政府内部纠错机制，保护权利人权益。同时剥离矛盾缓冲功能，人民依法依规反映诉求。

二、改革措施

（一）近期改革措施

1. 建立矛盾纠纷综合受理平台，对矛盾纠纷问题进行分类管理处置。

针对通过各种途径反映的信访问题，综合受理平台要进行先期分类处理。将信访问题按照信访工作功能分为四大类。其建构形式如下图所示。

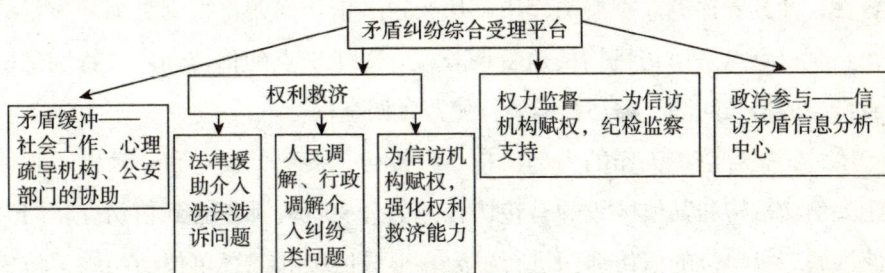

矛盾纠纷综合受理平台建构模式图

第一，对权利救济类的信访问题进行分类。可以分为三类，对于涉及政府责任的权利救济类问题，是信访工作的核心，要快速地转给承办部门，通过行政机关的工作来维护信访人的合法权益，同时实现此类救济问题与权力监督功能的互动。对于不涉及政府责任的民间纠纷，建议引导信访人通过人民调解、行政调解的方式解决。对于涉法涉诉等问题，需要通过法律援助部门提出服务，引导信访人依法解决。

第二，对于已经剥离了权利救济诉求的信访问题，发挥信访工作的矛盾缓冲功能。在这类信访问题中，信访人或者希望通过信访途径发泄情绪，或者希望通过信访途径寻求特权或者希望政府主持公道，就像上文中提到的拒不拆除违法建设的信访人和已签订合法拆迁协议的信访人，需要社会工作、专业心理疏导机构的介入，同时也可以针对矛盾纠纷的性质开展行政调解、人民调解工作，讲清法律法规、平复情绪。

第三，强化权力监督类的信访问题的处理，这类信访问题比较敏感，一般反映的是行政机关或者行政工作人员的失职、渎职行为，这类信访问题的处理要强调为信访机构赋权和与纪检监察部门的合署办公。

第四，建立信访矛盾分析中心，妥善处理政治参与类的信访问题，对人民建议进行系统的综合研究，也可以视情况转至政策研究室、人大、政协等机构研究人民建议。

2. 强化信访工作机构

第一，为信访机构赋权，发挥信访机构的积极作用。当前很多地区的信访机构主要工作就是"接"、"转"。如果能够为信访机构赋权，调动其工作积极性，使其发挥更加重要的作用，那么很多信访问题将得到更加高质量的解决。赋权重点是信访机构的监督调查权。对于重点的信访问题，特别是权利救济型的信访问题，信访机构要行使监督调查权。

第二，整合信访工作的内部机构。将接访、接信、接电和处理电子邮件的主要信访机构和其他区级的有接访任务的分支机构都整合到信访办，同时也将区属二级单位的信访部门进行整合，形成区级和二级单位的两级信访机构。壮大信访办接访人员的队伍，保证每一个信访人、每一个信访问题都可以得到认真对待。

第三，整合信访机构和相关外部机构。信访问题的妥善处理需要各相关部门的支持与合作，只有充分调动各方面的资源，才能使信访问题得到科学、有效的解决。从目前情况来看，有些部门的人员是需要常驻信访机构的，例如司法人员，对法律法规进行说明解释，同时引导信访人诉求法律途径；心理辅导和社会工作人员，对矛盾缓冲型的信访问题进行处理，疏导信访人情绪，防止过激行为和矛盾扩大；纪检监察部门人员，对于权力监督型信访问题非常重要，这类人员应该直接参与接访，进入纪检监察程序；信息分析中心的政策研究人员，一方面向信访人说明解释政府相关政策，同时研究政治参与型的信访问题，对人民建议给予高度重视。

3. 创新信访工作方法

第一，构建信访问题网络平台，实现资源共享。建立信访问题数据库，所有新的来电、来访、来信都要录入数据库，由系统进行重复性比对。对于同一信访问题，如果在区级信访和二级单位信访机构多方投诉，或者通过多个途径进行投诉，明确一个承办部门，避免重复处理，从最大程度维护信访人权益的角度确定一个答复口径。对于信访问题，从接访到办理完成要全部在系统内进行录入，做到信访问题卷宗完整、有始有终。尽可能实现与其他区县信访数据库的对接，可以相互借鉴办理经验，同时对于跨区域的信访问题，便于实现对接和统筹协调。

第二，信访机构对信访答复进行抽查公示。在实际信访工作经常出现信访答复质量差、部分答非所问、部分含糊其词、没有具体的答复意见等问题，信访答复的质量直接决定了信访问题的办理质量。上文提到了要建立信访问题信息系统，每一个信访问题的答复，承办部门都要在系统中录入。信访机构要采取定期和不定期的方式对信访答复进行抽查，初步设定抽查率不能低于总数的 30%。还可以将信访答复以专报的形式报送有关领导并在相关网站上予以公示，以此督促承办部门提高信访答复质量。

第三，定期梳理信访积案。在信访工作中经常会有大量的累案积案长期得不到化解，民众的利益得不到维护，对社会的和谐稳定造成潜在的威胁。我们应该在增强信访机构权力的同时，整合信访机构，明确各机构的职责，加强信访机构之间的联系与协作，综合各机构资源定期解决积压已久的信访案件，切实维护好民众的利益。

4. 健全信访工作机制

第一，建立信访预警机制，强化事前信访评估，防患于未然。信访制度是一种事后的纠错机制，通过信访人的投诉建议对已实施的行政行为进行弥补。如果能将信访工作前置，确保及时发现信访的苗头，把矛盾和问题解决在基层的萌芽状态，尽可能地避免引发信访问题的事件发生。可以研究制定相关的制度，在政府做出重大决策或者重大事项、工程开始之前，由信访机构出具风险评估报告。

第二，健全信访综合协调机制。"信访循环怪圈"形成是由于"谁管理，谁负责"原则与信访问题的综合性之间存在矛盾。上文中出现的不同部门、不同时间就同一上访事件有不同的回复就是部门之间缺乏沟通、不协调造成的。解决这一问题需要政策上的调整，把实际问题与解决问题的思想结合起来，各级党委发挥主导作用，整合社会管理资源，完善信访协调机制，加强政府间的协调，信访处理手段之间的协调。在实际工作中我们要变上访为下访，由领导同志起到积极的带头作用，深入基层深入群众，及时发现问题、解决问题。

第三，发挥调解机制的作用。对于权利救济型的信访问题，引导信访人通过行政复议、仲裁或者诉讼的方式进行解决，同样对于涉及民间纠纷、民事纠纷的信访问题，除了建议司法途径外，也可以引导信访人通过调解的途径解决。信访机构要通过引导和疏导，让更多的不涉及政府工作的民间纠纷通过人民调解的方式解决，既为信访问题找到了出口，也扶持了这些组织的发展。

5. 坚决杜绝突破性解决信访问题

确保依法依规处理信访问题，信访问题的处理要标准一致、准确高效，不能因为信访人闹访、缠访、采取极端方式或者领导的批示等就破例解决信访问题，这只会造成更加不可收拾的工作局面。在信访实践中，可以采取一些具体的工作方式。例如可以吸取西方国家"判例法"的经验，形成信访工作惯例、建立工作标准，对于同一类型的信访问题形成统一的信访处理模式，或者比对以往已处理过的信访案例，以确保信访问题处理的公平、公正。

（二）远期改革措施

在信访实践中，将引导、建议信访人寻求司法权利救济途径逐步演变为对于涉法涉诉问题信访机构将不再受理。在这个过程中，要实现良好的过渡，甚至可以在一段时期内，将仲裁、司法等机构与信访机构合并办公，这样一旦信访人被拒绝受理，可以直接转向其他救济途径，使信访人的合法权益受到最大限度的保护。

信访的远期改革可以逐步构建以人大为主体的信访制度体系。将信访机构从政府系统中剥离出来，纳入人大机构，形成以人大为主体的信访制度体系。一是将信访机构统一到人大，通过人大的监督功能，实现信访的监督功能，并逐步建立起民意表达组织，引导公民有序的政治参与和权力监督。二是如果信访进入人大机构，那么就意味着只有设立人大机构的一级组织才有信访机构。这就意味着很多派出机构和职能部门将不再设立信访机构，这是一个大的调整和变化。在 H 区，将来只有区政府和各镇设有信访机构，而各街道和委办局都将不再设立信访机构。

同时将人大代表作为独立监督调查人，建立类"申诉专员"制度。上文提到的国外"申诉专员"制度在解决社会矛盾中发挥了积极作用。在我国各级人大的信访机构中，普通的信访工作人员还依然履行信访工作职责，被动地接待来信来访，根据规定对部分信访问题履行调查监督权。而各级人大代表，也可以作为特殊的信访工作人员，类似于西方的"申诉专员"，他们具有与代表身份相对应的特殊权力。包括对信访人的信访诉求进行甄别筛选，对于取得代表信任和关注的信访问题由代表独立行使调查权，代表可以以代表建议的方式代替信访人提出诉讼请求，代表也可以建议、要求承办部门答复办理意见，并对承办部门的办理过程进行监督。这样在人大内部逐步建立类"申诉专员"的工作制度，以保障信访问题得到高效切实的解决。

城市社区违章建筑引发信访问题
的社会工作介入研究
——以 H 市 D 区为例

赵慧锋

　　摘　要：社区是人们生活的基本单元，社区管理情况直接影响着社区居民的生活质量。但在一些中心城区，由于社区建成时间较早，管理制度缺失，管理水平低下以及一些历史遗留问题等，造成了社区管理中产生了一系列问题，其中社区违章建筑问题是一项比较突出的问题。经济利益驱动、规划政策简单、行政干预不当、执法监督不力、法律规范欠缺等都导致社区违章建筑愈演愈烈。社区违章建筑破坏了社区的环境，造成社区管理混乱，引发了一系列的矛盾纠纷，对社区居民的公平权益也产生了不良影响，损害社会公平正义、恶化居民生存环境，与此同时，社区违章建筑引发的矛盾纠纷大量涌入信访渠道，成为信访部门受理的一类重要的信访问题。

　　信访问题是社会稳定的"晴雨表"，信访问题是否得到有效化解，不仅关乎社会的和谐稳定，也关系着人民群众的合法权益是否得到保障。当前的信访工作实践表明，信访问题的化解并非是单个信访部门力所能及的，而是需要政府各部门的协调配合，甚至全社会的共同参与。本文尝试从社会工作介入信访问题的角度出发，提出化解城市社区违章建筑引发信访问题的途径。

D 区社区违章建筑引发信访问题现状

一、概况

（一）违章建筑概念界定

现行法律法规没有直接对"违章建筑"作出定义，通过查阅法律条文，可以看出，《中华人民共和国城乡规划法》和《中华人民共和国城市规划法》都规定了"责令停止建设"的情形。其中，《中华人民共和国城乡规划法》第六十四条规定，"未取得建设工程规划许可证或者未按照建设工程规划许可证的规定进行建设的，由县级以上地方人民政府城乡规划主管部门责令停止建设"，《中华人民共和国城市规划法》第四十条规定，"在城市规划区内，未取得建设工程规划许可证件或者违反建设工程规划许可证件的规定进行建设，严重影响城市规划的，由县级以上人民政府城市规划行政主管部门责令停止建设"。

根据目前我国现行法律规定，可以认为，违章建筑是指：规划行政主管部门审查后认为不符合城市规划，且未办理建筑工程规划许可证，或违反建设工程规划许可证规定的建筑，对此类建筑的认定主要根据《城市规划法》和地方政府制定的规章。本文中探讨的城市社区违章建筑，是指建设在社区内的违章建筑，其建设主体是社区居民、物业或房地产商、社区内的单位或其他主体，这类违章建设影响了社区居民的正常生活，损害了社区公共利益。

根据 D 区城管执法部门提供的数据，2014 年城管执法部门登记在册的违章建筑台账超过 8 万处，130 多万平方米，①，主要有简易房、砖混结构、钢架结构、地下室这几种类型，其中大部分违章建筑存在于社区中，影响了社区居民的正常生活，也极易引发各类矛盾纠纷。

---

① 对 D 区城管执法部门工作人员的访谈。

（二）D 区社区违章建筑引发信访问题概况

《信访条例》第二条规定，信访是指公民、法人或者其他组织采用书信、电子邮件、传真、电话、走访等形式，向各级人民政府、县级以上人民政府工作部门反映情况，提出建议、意见或者投诉请求，依法由有关行政机关处理的活动。本文中所指城市社区违章建筑引发的信访问题，是指群众通过上述信访活动，反映的与社区内存在的违章建筑引发的投诉请求、矛盾纠纷等。

本文以 H 市 D 区内区级信访部门受理的以书信、电子邮件、走访形式提出的信访事项为样本，研究城市社区违章建筑引发的信访问题。此类信访问题自 2011 年以来，数量逐渐增加，2013 年达到最高值，2014 年有所下降，但在全年信访总量中所占的比例仍处于较高水平。

二、D 区社区违章建筑引发信访问题类型分析

通过对 D 区群众来信（含电子邮件）、来访所反映的诉求进行分析，可以看出，社区违章建筑引发的信访问题主要集中于以下四个方面。

（一）违章建筑投诉举报

《H 市禁止违法建设若干规定》第六条规定：任何单位和个人都有权举报违法建设行为。《信访条例》也赋予了群众信访的权利。在 D 区信访部门受理的违章建筑引发的信访问题中，举报类是主要部分。虽然居民可以直接向城管部门举报违章建筑，但仍有部分信访群众通过向信访部门来信来访的形式举报违章建筑，信访群众举报的违章建筑主要表现为以下三种形式：

1. 私自重建或改造房屋

由于房屋重建或改造的审批手续比较复杂，一些居民未经规划部门审批便自行施工，并以危房翻建、房屋修缮为由，在施工过程中加建扩建房屋、私挖地下室、改变房屋外立面等。

D 区某街道居民张某于 2012 年 8 月 6 日到区信访办来访，反映其邻居在院内私自修建地下室。D 区信访办将此信访事项转城管部门处理，城管部门按程序开展调查后责令违建当事人停工，但当事人拒不接受谈话调查，并对

城管部门工作人员进行言语威胁，导致拆除工作难以进行。①

D 区为老城区，平房院落较多，据 D 区信访部门统计，2011 年以来共受理群众关于举报平房住户私挖地下室信访事项 44 件，多数反映在房屋翻建过程中向下挖地下室，对住房安全造成影响。根据相关部门的数据统计，截至 2015 年 3 月，D 区内各街道办事处、地区管委会及区规划部门共排查出平房区及居住区地下违章建筑 70 多处，建筑面积达 1 万多平方米。

此外，为增加住房面积，一些居民私自加盖房屋二层或在院落内加建房屋，有些居民在装修改造过程中，在建筑物外墙擅自开门或搭建铁棚等，改变了房屋的外立面。

2. 公共空间私搭乱建

私搭乱建的行为，按照搭建主体区分，可分为社区居民个人私搭乱建、社区企业私搭乱建以及开发商、物业公司私搭乱建三种情况。

2013 年，D 区 A 社区居民联名致信 D 区信访部门，反映开发商将地下室自行车库改造为单间出租，将原本规划的 6 层楼顶开发出第 7 层进行出售，且 7 层住户又加盖违章建筑，对小区居民的正常生活和生命财产安全构成极大威胁。D 区信访部门将此信访事项转城管部门处理。经调查，居民反映的 7 层违法建筑实际用途为设备层，房间内无厨房和卫生间，为出售此房屋，开发商将露台进行了封闭改造，使用钢架砖混结构建成厨房和卫生间后，与购买者签订了房屋出售合同。城管部门立案查处后，拆除了露台上的违章建筑，导致购房人无法正常生活，随后又自行搭建了轻体阳光房，此后，城管部门对新建的违章建筑进行现场调查时，遭到了购房人的拒绝，导致无法开展执法行动。②

社区公共空间私搭乱建的行为中，个人或社区企业私搭乱建主要表现为在露台、空地、绿地、巷道等地私自搭建厨房、厕所、车库、小商铺等；开发商或物业公司的私建行为主要表现为在公共空间搭建简易房屋供出租或者

---

① 根据对 D 区信访办工作人员的访谈记录编写。

② 同上。

出售。本案例中的 A 社区内，既有开发商的违建行为，又有个人的违建行为，足以看出此类信访问题的复杂性。

3. 土地手续未完善类违章建筑

此类违章建筑多由历史原因导致未取得国土、规划部门的审批文件而形成，所举报的违章建筑多为社区内的某一整栋房屋或部分处于规划红线以外的部分房屋，涉及的居民较多且问题难以及时解决，所以此类信访事项多为集体访、联名信，并表现为信访群众反复来信来访反映问题。

D 区 B 小区为回迁小区，2008 年以来，小区居民多次以集体访、联名信形式到信访部门及其他政府部门反映小区违章建筑问题。经查，B 小区为 D 危旧房改造小区，1992 年取得规划审批，1995 年取得土地划拨文件，2001 年进行工程质量验收并为居民办理了入住手续。2002 年，开发单位到 D 区房屋管理行政主管部门申办产权登记时，被要求按照 2002 年 1 月 1 日起施行的《H 市建设工程规划监督若干规定》，先进行规划验收后方可进行产权登记。规划部门审核后，认为该小区竣工时未依法履行责任实现周边规划，存在小区围墙侵占市政道路、建筑遮挡范围内房屋未实施搬迁、将办公用房改为居住等问题，因此依据相关规定无法出具《建设工程规划验收合格通知书》，无法为居民办理产权登记。①

此案例反映的问题属于历史遗留问题，由于新政策的实施严格了房屋建设规划落实工作，导致部分已建成的小区无法进行规划验收，导致整个小区内的房屋均涉嫌违章建筑。这类问题的产生有其特定的历史背景和政策原因，化解难度很大，同时涉及群众的切身利益，群众要求解决问题的愿望也比较迫切，因此重复信访和集体信访的特点十分明显。

（二）违章建筑引发各类纠纷

1. 居民之间的纠纷

违章建筑多发生在公共空间，不可避免地影响到社区居民的正常生活，如遮光、存在安全隐患、影响个人隐私保护等，容易引发违建当事人与其他

---

① 根据对 D 区信访办工作人员的访谈记录编写。

居民之间的纠纷。此外，由于居民存在从众心理、攀比心理和侥幸心理，可能产生的矛盾纠纷多样而复杂。

D 区居民孙某多次到信访部门反映其邻居张某私建违章建筑，经城管部门实地调查，孙某与张某均有建设违章建筑的问题，其中孙某于 2012 年扩占自建房屋，挤占公用通道，在此过程中与邻居张某发生矛盾，随后开始举报邻居私自建设房屋。张某以家庭人口多无法居住，以及小区内违章建筑较为普遍为由，拒绝拆除违章建筑，称其他居民均拆除违建之后再予以拆除。而孙某因与张某之间的矛盾无法调和，持续到信访部门以及有关职能部门上访。①

D 区老旧小区较多，一些小区由于长时间疏于管理，违章建筑随处可见，居民出于攀比从众心理，将自家的违章建筑建得越来越多，占用公共空间越来越大，在此过程中必然会引起其他居民的不满，从而产生矛盾冲突，一旦进入信访渠道，在化解过程中涉及的居民人数较多，相关职能部门只能采取较为谨慎的方法化解，影响了化解的效果。

2. 居民与社区管理部门之间的纠纷

居民修缮或翻建房屋时，应向社区管理部门备案，而实际上仅有部分居民会履行备案手续，或者即使履行了备案手续，也会在实际施工中扩建房屋或者改变房屋结构。社区管理部门并不能全部了解各业主的施工情况，所以对违建行为并不能全部及时制止，一旦某位居民因建造违章建筑遭到物业的制止，居民通常会认为社区管理部门袒护了其他居民的违章建筑，进而与社区管理部门发生纠纷。

D 区居民杨某到 D 区信访办上访，反映小区内违章建筑较多，社区统一拆除过程中，要求其家先拆除，对此不满而与社区发生纠纷，后经街道办事处出面协调后，拆除工作得以进行。②

此案例中的信访人因拆除顺序与社区管理部门发生纠纷，实际上是在质

---

① 根据对 D 区信访办工作人员的访谈记录编写。

② 同上。

疑社区管理的公平性，发生此类纠纷时，居民多选择向社区主管所在街道或上级政府信访部门反映问题。

此外，还存在家庭成员之间的矛盾，如由于未经规划部门审批翻建令原有房屋的信息消失，导致家庭财产分割不能达成一致的问题。如 D 区某家庭内部因房屋分割引发纠纷，在法院驳回原告诉求后，原告针对该处经过翻建的房屋进行多次举报，要求城管部门拆除，成为悬而未决的信访难题。

3. 居民与执法部门之间的纠纷

此类问题中，信访人多为违章建筑所有人，其信访反映的主要问题是对执法部门的工作不满，如认为政府相关执法部门在违建的认定、拆除等工作流程中存在瑕疵，信访人要求保障个人权益或者满足个人其他诉求。

D 区居民宋某多次上访，反映 2009 年城管部门拆除了其位于小区垃圾楼南侧的违章建筑，给予其一定的资金补偿，但宋某对补偿金额不满。2012 年，城管部门拆除了宋某母亲位于社区小卖部前的临时建筑物，在拆除过程中造成了部分物品损坏，要求城管部门给予补偿。①

该案例中的信访人反映的两个问题都是因拆除违章建筑与城管执法部门产生了矛盾纠纷，其主要诉求是为了得到更多的金钱补偿，实际是矛盾纠纷与个人诉求的相互交织，类似信访事项一般化解难度较大。

（三）行政、执法行为不当

居民向城管部门举报违章建筑之后，如果该处违章建筑并未拆除，举报人会通过信访渠道反映城管部门不作为，此类信访事项在目前 D 区受理的因社区违章建筑引发的信访问题中，所占的比重较大。违章建筑治理工作涉及的部门较多以及一些遗留问题，也存在反映其他行政部门行为不当的信访事项。

D 区居民李某，到信访部门走访，反映其家为私房，落实私房政策发还房屋时，仍有 3 平方米的违建房屋，李某称当时曾向房屋管理部门要求不要违建部分，但仍然记载在产权证中，后来更换新证时，虽然违建部分已去除，

---

① 根据对 D 区信访办工作人员的访谈记录编写。

但仍有原始记录，影响其目前的房屋产权交易，认为房屋管理部分的行为存在瑕疵。①

本案例是 D 区信访部门受理的一个较为特殊的个案，信访人反映的是落实私房政策过程中，由于房管部门的工作存在不当，导致违章建筑记录影响其现在的房屋交易行为，可见因违章建筑引发信访问题的涉及范围较广。

（四）利益诉求类信访事项

D 区为中心城区，房屋价格较高，部分违章建设当事人是为了缓解家庭用房困难而加盖房屋，一旦自用违章建筑被拆除，就面临着住房困难、居无住所的问题，此时，居民会以信访方式反映居住困难，请求政府帮助解决其家庭困难。

三、D 区社区违章建筑引发信访问题特点

（一）历史遗留问题化解难

查处违章建筑虽然属于城管执法机关的法定职责，但因各种复杂的历史、社会原因，并不适宜将所有违章建筑全部进行强制拆除。违章建筑的存在有其特定背景，其引发的社会问题是伴随着社会发展和法治进步而逐渐被关注和重视的。20 世纪 70 年代中后期，为解决人口膨胀住房问题，政府默许居民将原有的地震棚改建成住房，在历史上存在一定积极意义。这类自建房因年久失修，存在重大安全隐患，居民重新翻建又不能取得许可，导致新生违章建筑得不到有效遏制。

早在《城市规划法》出台以前，擅自搭建的建筑就已大量存在，那时平房区的人们为了基本生活和居住需要，在院内搭建简易房作为厨房或者储物间，政府不会过多干涉。但《城市规划法》出台之后，据其规定，凡未经规划部门审批的建筑均属违章建筑，那么这些早期搭建的违章建筑也被列入了违章建筑之列。据 D 区城管部门违章建筑台账记载，最早的违章建筑建于 20 世纪 50 年代，这些房屋即使后来被定义为违章建筑，但由于其历史性，难以

---

① 根据对 D 区信访办工作人员的访谈记录编写。

一拆了之。

（二）涉及弱势群体利益

D区为老城区，近年来，随着城区人口不断增长，家庭居住空间出现危机，人均居住面积日显不足。与此同时，伴随城市的发展，土地价格和住房价格迅速上涨，而D区作为中心城区，房价更是居高不下，这就形成了居住需求日益增长与居住成本居高不下之间的矛盾，特别是对于家庭收入不高或生活困难的群体，远远超出了其支付能力。

虽然目前国家、H市逐步建立起了以经济适用房、廉租房等为主要内容的住房保障制度，但由于审批时间长、条件严格、公平性受到质疑等多方面的原因，并没有达到理想的保障效果，住房需求与高房价之间的矛盾在相当长的一段时间内仍会存在，这成为违章建筑层出不求的一大原因。

随着家庭人口的增加，受生活所迫，一些无力购买房屋的居民不得已在主房附近或上部搭建附房，这种情况在D区非常普遍，特别是平房居民院内，大量存在着此类用于家庭成员居住的违章建筑，很多都未纳入房屋产权登记，久而久之，违建成片，实际房屋数量与房本登记严重不符。与此同时，大多数此类违章建筑的拥有者为生活困难的弱势群体，出于对弱势群体的保护，城管执法部门难以一拆了之，即使城管部门通过执法方式进行了表象性拆除，由于刚性住房需求，违章建筑依然会反复出现，成为新生违建，难以彻底解决。

（三）引发社会关注度高

对于大部分违章建筑的所有者来说，城管执法部门对违章建筑的拆除工作，直接造成了他们的经济和物质损失，甚至影响到其正常的生产、生活，因此在执法过程中很容易产生问题和矛盾，而一旦出现问题，就表现为官民之间的冲突，社会的关注程度就会很高。从职权上来说，拆除违章建筑是城市管理部门的法定职责，其拆除工作也是严格执法的一部分，但在实际拆除工作中，群众很容易将冲突的焦点集中在城管执法部门身上，甚至违章建筑被拆除之后产生的居无住所的问题，也会迁怒于城市管理部门，但这类问题本身已经超出了城市管理部门的职权范围。目前，D区群众来信来访反映的问题中，有一些信访当事人就是违建所有者，他们反映拆除过程中产生的冲突和矛盾，以及违建拆除后居无住所的问题也屡屡出现。

（四）涉及群体利益关联度高

H 市的特殊地理优势，以及城市化的推进，使大量流动人员涌入 D 区，这造成房屋租赁行业的走俏。在丰厚的租金利益驱动下，居民不顾政府部门三令五申的警告，铤而走险，搭建违章建筑用于出租获利，而这种行为极易引起邻里之间的模仿，久而久之，房前屋后，几乎每个角落都搭建了违章建筑。

在征地拆迁工作中，为获取更高的补偿费用，居民也会选择加盖房屋，而为使拆迁工作得到快速推进，开发商不惜下重金作为征迁条件，违章建筑可能同样被赋予了优厚的补偿条件，且补偿费用水涨船高，这使得广大被征迁区内的居民争先建设违章建筑。居民普遍存在"从众"心理，如果其他居民搭建的违章建筑没有被拆除，甚至获得了经济利益，那么同一社区，附近的社区搭建违章建筑的行为则会蔚然成风。

与之相对应的，在违章建筑的拆除工作中，居民之间也会相互观望，如果先拆一户而后拆另一户，就会引起居民对拆除工作公平性的质疑，使得化解工作难以单独进行，对综合治理的要求较高。

D 区违章建筑引发信访问题化解现状

一、相关部门工作职责

（一）信访部门工作职责

根据《信访条例》第二十一条规定，县级以上人民政府信访工作机构收到信访事项，应当予以登记，并区分情况，在 15 日内进行处理，其中，对依照法定职责属于本级人民政府或者其工作部门处理决定的信访事项，应当转送有权处理的行政机关；情况重大、紧急的，应当及时提出建议，报请本级人民政府决定。第二十四条规定，涉及两个或者两个以上行政机关的信访事项，由所涉及的行政机关协商受理；受理有争议的，由其共同的上一级行政机关决定受理机关。

（二）职能部门工作职责

根据《H 市城乡规划条例》、《H 市禁止违法建设若干规定》、《H 市严厉打击违法用地违法建设专项行动工作方案》等法规规定，以及 D 区政府工作部署，D 区在治理违章建筑工作中，主要涉及以下几个单位。

1. 区城管委

牵头组织开展专项治理行动，组织、协调、监督各单位落实工作职责，拟定拆违计划、下达拆违工作任务，协调相关部门解决拆违工作中的重点难点问题。

2. 区城管执法局

作为拆违工作的执法主体，负责违章建筑的执法拆除工作。履行执法程序、制定拆除方案、组织拆除工作。对新生违建进行巡查管控，受理群众投诉举报。

3. 区规划分局

负责违章建筑进行快速认定。对经过行政许可的建筑施工现场进行监督检查，防止超出许可范围进行建设。

4. 区国土资源分局

对存在违法违规建设项目用地，不予受理土地审批、土地权属登记申请；负责违法用地查处工作。

5. 各街道办事处和地区

牵头组织开展辖区内违建整治专项行动，制定辖区内拆违工作计划安排，对违建实施分类管理。

二、化解工作现状及面临困境

按照《信访条例》规定，目前 D 区信访部门在接到群众关于违章建筑引发相关问题的信访事项之后，通常会转由规划、城管、属地街道分别处理，限其于 60 天之内，对信访事项的办理情况向群众回复，并上报区信访办。遇到情况复杂的信访事项，会召开由各部门参加的协调会共同研究化解方案，特别重大的，则报请区领导进行批示亲自协调。各部门在接到信访事项后，会分别对违章建筑的情况予以调查，制定工作方案并落实，并在规定的期限内完成答复群众、报送化解情况。在具体工作中，化解工作主要面临着以下几个方面的困境。

（一）化解主体与手段单一

一般情况下，信访部门在此类信访问题的化解中主要起协调作用，相关职能部门是主要责任单位，其中以城管执法部门为主。

作为协调部门，信访工作与各相关化解部门为平级行政关系，并没有上下级隶属关系，在工作中主要以协商解决为主。

作为化解主体，城管执法部门需要处理自收的群众举报、上级管理部门下转的举报、区级信访部门等其他部门转送的举报事项，受理量大且情况复杂。与此同时，城管执法部门所能采取的手段比较单一，主要是由各个执法分队进行调查取证、下发处罚通知、限期拆除等一系列流程化的工作，且工作任务繁重、人手不够等现实的情况，也使得他们没有人力、物力根据每个个案工作的特殊情况分别研究个性化的工作方案。在这个过程中，化解的主体主要是行政执法部门，所依靠的手段以行政、法律为主，缺少其他化解力量的参与。

（二）执法实践受到制约

违章建筑即使顺利经过立案查处、批准强制拆除等多个程序，在具体执行中仍会遭遇很大阻力。一方面，违章建筑建设者不予配合拆除工作，尤其是在居民住房确有困难的情况下，强制拆除容易引发暴力抗法，为避免激化社会矛盾，城管执法部门一般不敢轻易强拆。另一方面，部分违章建筑与住房彼此相连，如果拆除，可能会对原有住房造成危险。此外，拆违执行的费用巨大且无处落实，尤其是私挖地下室形成的违章建筑，填埋的费用甚至会超过建造费用，而城管执法部门并无此项专门经费，导致此类违章建筑迟迟得不到回填。

D 区某社区一户平房住户报请规划审批后进行房屋翻建，但在翻建过程中私自扩建地下室，面积达 542 平方米。后经群众举报，城管部门对此处违建进行立案查处，后经测算，若对该处违章建筑进行填埋，工程预算大约需要 72 万元，巨额资金缺口使得此处违章建筑的回填工作一直未能落实。①

此外，在违章建筑建设初期，在施在建的房屋只具备雏形，制止、拆除难度小，但在执法实践中，由于受法律、法规规定程序的制约，对于在施在建的违章建筑，城管部门能够及时施行的执法手段仅限于批评教育、暂扣建筑工具等，均不能对违法行为起到威慑作用，除此之外无法在短时间内采取有效的强制措施。而违章建筑一旦建成入住，拆除难度极大，且成功拆除的比例极低。

（三）化解效果不明显

拆除一处违章建筑，往往需要规划、城管执法等多个部门合作才能完成，各个部门的工作程序都较为繁杂，需要的时间相应也比较长。以城管执法部门的工作为例，拆除工作需要依照法律程序进行，一般情况下需要经过立案、调查取证、送达行政处罚告知书、送达行政处罚决定书等程序，违章建筑当事人在收到行政处罚决定书后，可以 60 日内向上一级部门申请复议，如对复议结果不满，可向法院申诉，如果经历一审二审，则所需时间更长。其中，如果在送达行政处罚告知书和决定书时，无法找到当事人签收，那么只能采取公告送达的方式，需要张贴 60 日才可视为送达，那么两份文书的送达时间就需要 120 日。因此，在实际工作中，拆除一处违章建筑一般需要数月之久。

违章建筑处理时间越长，治理效率越低，治理工作成效也会相应地越发不明显，以 D 区为例，虽然一直重视拆违工作，但据 D 区城市管理部门统计，截至 2014 年 11 月，D 区共拆除违章建筑 1000 多处，共计 3 万多平方米，仅占全区违建台账的一小部分，治理效果微乎其微。这也会影响对其他违章建设当事人的震慑作用，使群众对治理工作产生不满，出现不信任的心态。这种情况下，群众除了采取反复来信来访的形式反映已经举报的违章建筑长时间得不到拆除之外，也会通过信访渠道反映城管执法部门执法不力。

---

① 根据对 D 区信访办工作人员的访谈记录编写。

三、原因分析

（一）信访工作职能缺位

1. 研究不足

信访部门有"第二研究室"之称。通过信访渠道，可以发现群众普遍关心、反映强烈的重要问题，可以听取群众的意见建议，也可以通过对共性问题的调查研究，发现现行政策中存在的不足，进而提出改进的意见建议，为上级决策提供参考。这就是信访部门拥有的"三项建议权"，即对于信访事项中反映的问题有提出意见建议、改进工作的建议等权限。这些职责为信访部门在公共政策制定等一系列政府决策行为中发挥作用奠定了基础。

但实际工作情况并不乐观。目前，信访部门主要是通过人民建议征集机构，来听取群众的意见建议，但就目前的工作来看，征集意见建议的范围还不够广。此外，基层信访部门普遍缺少专门的研究机构，很难发挥建言献策的作用。也就是说，实际工作中，信访工作存在着职能缺位的问题，其研究建议的功能没有得到充分实现。

究其原因，一是工作压力大无暇顾及。当前我国正处于改革的深水区，各种社会矛盾多发且情况复杂，与此同时群众的法治观念较为薄弱，"信访不信法"的情况并没有得到完全的改变，加上信访成本较低，致使大量社会矛盾纠纷涌入信访渠道，信访部门每年受理的信访总量较多，同时，信访部门被过多地赋予了维稳的职能，这些工作过多地分散了信访部门的精力，导致无暇顾及研究工作。二是工作方法仍有待提高。目前区级及以下信访部门对于信访问题的研究仍以"一事一议"为主，大多数也没有设置专门科室或工作人员从事调查研究工作，虽然每年市、区都有调查研究的任务，但实际上执行得并不到位，一般由办公室工作人员简单完成。"每年在工作安排时也都将调查研究列入工作计划中了，领导也比较重视，但实际工作中确很难执行，因为调研工作放在办公室，而办公室事务性工作繁杂，没有时间静下心来做研究；而且办公室干部接触业务工作本来就少，下基层的机会更少，很难接触到问题的实质，所以每年的信访调研要么只是浅显的问题分析，或者就是比较大而空的内容。"① D 区信访干部表述的情况反映了信访部门研究工作存在严重的缺失。

2. 督办不力

《信访条例》规定，信访部门对于信访事项具有督办的职能，且明确了具体的督办方法，但目前这种督办工作虽然对信访问题具有协调督办的职能，但是这种督办的方法单一，且约束力不足。

目前信访部门对信访事项的督办，以领导批示件、市级交办件为主，一般的信访件督办的力度并不大。以 D 区为例，虽然提出了与监察部门、区政府办、区委办形成联合督办的工作机制，但由于工作职责、工作重点以及人员设置等多个方面的原因，并没有得到贯彻落实。

此外，信访条例对信访事项没有按期办结的情况，并没有具体的惩罚措施，只是提到可对其进行通报批评，但其约束力并不强，所起作用微乎其微，难以起到有效的监督作用。

（二）政府职能转变尚未到位

1. 部门职权分散且衔接不畅

违章建筑的查处工作不是单独一个部门完成的，各相关部门职权分散且目前并未形成齐抓共管的有效机制，工作衔接不畅，影响了治理工作的开展。根据 D 区 2015 年治理违建的工作方案，区级拆违整治行动领导小组成员单位有 34 家，其中规划部门负责对违建的认定；城管执法部门负责履行执法程序，制定并落实拆除方案；房屋管理部门负责对违建房屋进行依法冻结交易；住建部门负责对参与违建的施工公司进行依法查处；国土部门负责违法用地查处工作；安监部门对存在安全隐患的违建进行认定和移交；等等，这些部门的业务工作相对独立且相互之间并无隶属或上下级关系，在需要其他部门配合时只能采取互相协调的方法，约束力不强，容易因相互之间的推诿而延误违章建筑的最佳拆除时机。

一般来说，在 D 区，如果发现社区内存在违章建筑，首先由规划部门对

---

① 根据对 D 区信访办工作人员的访谈记录编写。

属于规划职责内的违建进行立案，向相对人送达《限期拆除通知书》，然后移交城管部门；城管部门仍需根据所移交的材料再次进行调查，完成执法程序；之后具体的拆除工作主要由社区所在街道牵头组织。如果需要通过强制执行的办法拆除，还需要公安局、消防队、交通支队、司法、法制等多个部门的配合才能顺利执行。

为使违建的发现、拆除工作中的各个环节更加流畅，D 区由城管委负责总体统筹，协调各相关部门共同推进拆除工作，并设立了拆除违法建设办公室，但目前情况来看，由于协作关系不深入且缺少有效的责任追究机制，并没有形成治理工作合力，特别是具体到某一个拆除违章建筑的个案时，各部门之间的配合工作仍不够顺畅。

D 区居民常某多次到信访部门反映其邻居以装修房屋为名，擅自变动建筑主体和承重结构，私自拆改承重墙，造成安全隐患问题。为协调解决信访人反映的问题，区信访办召开了由属地街道、房屋管理局、安监局、规划分局等多家部门参加的协调会，研究化解方案。根据各单位对工作职责的梳理，以及根据《D 区街巷胡同环境管理工作细则》的规定，对于违规拆墙打洞的行为，由住建委和房管局进行监督管理，其中，竣工验收合格前由住建委负责监管，竣工验收合格后由房管局负责监管，城管监察局对擅自改变住宅外立面的行为依法予以查处。基于此，住建部门与房屋管理部门之间存在推诿，前者认为工程已竣工，应由房管部门负责管理，而后者则认为其职责主要是对物业公司的监管失职进行处罚，而住建部门没有履行好施工期间的监管责任，应由其根据《建设工程质量管理条例》和《住宅室内装饰装修管理办法》（建设部第 110 号令）规定，对此行为进行查处。①

由此案例看出，由违章建筑引发的建筑安全管理存在多头行政管理的情况，且与物业服务企业、房屋安全鉴定机构等社会管理单位职责交叉，导致可操作性较差，使各单位之间存在相互推诿的空间，极易导致监管不到位而引发问题。

---

① 根据对 D 区信访办工作人员的访谈记录编写。

这种职权交叉的现象也不利于群众反映问题，大部分群众对各个部门的职能并不十分了解，并不能辨识出哪类违建问题具体由哪个行政机关受理，如果群众初次反映问题的受理部门告知其所反映的问题不在职责范围之内，群众就会认为是在推诿塞责。除此之外，对于违章建筑被拆除之后所反映的住房困难问题，目前仍没有得到快速有效的衔接，居民通常面临着拆除之后便会陷入无人管的境地，这对于积极配合拆除工作的违章建筑所有者来说，极易产生不满情绪。

2. 政府披露信息不足

随着公民主人公意识的觉醒和维权意识的增强，意识到违章建筑侵害到了个人利益，比如遮挡阳光、阻挡道路等一系列妨碍生活的情况；此外，随着参与意识的觉醒，不少居民在发现违章建筑时，即使此建筑并没有直接影响到其本人的出行或生活，但本着使城市更美好的愿望，也会对违章建筑进行举报。虽然城市管理部门有受理群众投诉举报的工作职责，但由于治理工作流程不公开，以及信息披露不足，群众会认为自己的举报并没有得到足够的重视，继而采取重复来信来访的方式，或者到不同部门反映同一问题。

原 D 区居民致信 D 区信访办，称其全家现已移民至美国，但在其回国探亲期间，发现 D 区某一胡同内违章建筑情况较为严重，不仅影响出行，也对市容市貌造成了一定影响。信访人称，其人虽在国外，但十分关心 D 区的发展情况，希望政府以及有关部门能够对违章建筑加以重视，使 D 区环境越来越美好。实际上，针对其反映的违章建筑，D 区已采取专项整治的形式进行了集中治理，但由于对此项工作的宣传不足，造成了信息的不对称，引发信访事项。

目前，D 区的违章建筑治理工作情况，在政府部门内部，会以周报的形式进行通报，通报范围为区政府各职能部门，通报内容为 D 区内的各街道辖区内所拆除违建、目前在账需拆除的违建，以及新生违建情况的统计。但此项工作对群众的信息披露却十分不足，目前仅是重点违建拆除之后，会以新闻通稿的形式在新闻媒体公开。这导致辖区居民对违建拆除和治理工作的进展了解得不够，特别是对于已拆除的违建情况并没有及时了解，这也是形成重复信访的原因之一。

3. 施工监管工作存在空白

违章建筑建设相对人一般采取雇佣施工队进行作业的方式建造违章建筑，如果能对施工队加以管制，就可以对违建的蔓延起到明显的遏制作用。但实际工作中，在社区违章建筑施工监管上，仍然存在空白。虽然住建部门对新建、改扩建和装修工程的施工许可和工程质量验收一直进行着严格的审核和监管，但如果建筑面积在 300 平方米以下，或者工程造价在 30 万元以下，建筑公司可免于办理施工许可，而社区内的违章建筑很少有超过这个标准的，也就是说，住建部门对此类建筑实际上是无法实施有效监管的。此外，住建部门仅负责对有建筑施工资质的施工队进行施工监管，而一般社区居民建设违章建筑时，多使用个人包工头进行施工，对此类无建筑施工资质的施工队，住建部门也无法实施有效监管。也就是说，在社区违章建筑施工过程中的监管，存在着空白。

（三）社区治理能力有待提升

1. 社区行政色彩浓重

由于传统"单位制"和"街居制"管理体制的影响，以及政府职能转变不到位，目前城市基层政府仍然过多地承担着行政管理的职能，过多地干涉甚至包揽社区管理事务，对社区治理起着控制和监督的作用，导致社区行政色彩浓重。城市社区居委会行政化倾向严重，其主要任务多数是完城上一级街道政府所下派的工作任务，担负了大量的行政职能，无暇顾及社区居民的自我管理、自我教育、自我服务的本职工作，使得居委会本身的自治性得不到体现，自治的职能也日渐弱化和边缘化。

"社区的工作太杂了，真是下面一条线，上面千根针。特别是经济普查、人口普查、创文创卫的工作，忙起来没日没夜，每年到了重要节日或者是敏感时期，还要上街巡查，日夜值班，这些工作都做不完，哪儿还有精力去做其他事情呢，再说人手也不够，分不开身啊。"①

---

① 对 D 社区工作者的访谈。

在谈及社区居委会是否会组织开展专项的违章建筑治理工作时，D 区某社区一名工作人员提到了工作压力大、人手不够的现状，表示无暇顾及其他的工作。这体现出基层社区疲于应对行政事务性工作，影响了其他职能的发挥，在社区违章建筑引发的信访问题的化解中，并不能很好地发挥作用。

2. 治理主体单一

在目前的城市社区治理体制中，社区居委会发挥着决定性的作用，而其他的治理主体，如社区社会组织的发育迟缓，无法发挥治理作用。由于政府对社区社会组织缺少足够的重视，没有长远的发展规划，且扶持政策、扶持资金不足，目前社区社会组织的数量仍然不多，且大部分以娱乐休闲类的组织为主。

以 D 区为例，虽然在部分社区出现了类似于民间调解协会的社区社会组织，但由于其生成方式、资金资助、人事管理以及组织运转等多个方面仍过多地依赖于政府的扶持，自治能力不足。此外，由于缺乏科学的内部管理制度，这些组织的日常运转随意性较大，各项事务也不够规范，这些因素都直接影响了其在社区治理中所发挥的作用。

此外，作为对社区公共事务具有管理权的业主委员会，在实际上并未能发挥应有作用，目前有很大一部分社区并没有成立业委会，或者形同虚设，使得业主通过业委会进行民主决策、管理和监督的权利无法真正行使，本应作为社区治理主体的业委会并未发挥实际作用。

3. 居民参与不足

作为基层自治组织，社区居民理应成为自治的主体，但实际上，目前城市社区居民在社区治理中的参与度并不高，参与的深度和广度不够，效果也并不明显。这一方面是由于居民的主人翁意识有待提高，自身的积极性、主动性不高；另一方面也是因为参与机制的不健全，社区中并没有形成规范化、制度化的居民参与社区公务事务管理的制度。

"现在社区的活动主要还是一些党员活动，比如义务劳动、捐款捐物，其他的活动也多是健康知识讲座，以及街道派下来的宣传活动，基本上也就是老年人参与比较多。年轻人平时工作忙，没有时间参与，也不愿意跟这些上了岁数的老同志一起参加活动。"①

目前社区内所常见的活动主要是卫生清洁、文体活动、宣传活动等一般性的活动，社区所能提供给居民参与社区各项事务的活动不够深入和广泛，普通居民很少有机会参与到比较重要的社区公共事务中去。对于社区内出现的违章建筑的治理工作，居民的参与主要是举报，向城市管理部门或者信访部门反映社区内存在违章建筑，但后续的治理工作，他们极少参与其中，甚至并不了解。

信访工作强调基层的化解作用，如果违章建筑引发的各类问题在出现之初，就在社区内部得到了及时的化解，将会大大减少矛盾的上行。而目前城市社区的管理水平普遍处于较低水平，没有形成有效的矛盾调解机制和主动监管的工作制度，在这种情况下，大量社区违章建筑引发的信访问题，都会涌入到街道，甚至是区级信访部门，这也是形成化解困境的一个原因。

（四）社会心理因素影响深远

1. 公共空间行为失范

小区空地或者道路附近搭建违章建筑，是比较常见的现象，这是因为居民认为公共空间无人管理，可以随意侵占，久而久之，街巷胡同、居民小区内占用公共空间、绿地花园和道路搭建违章建筑、私设地锁、乱堆物料等问题愈演愈烈。这种由于公共空间行为失范引发的问题，在社区内已经成为普遍现象。

2. 违建拥有者之间存在攀比

由于违章建筑在社区通常是在相互模仿和跟风之中建成的，那么在拆除工作中，违章建筑拥有者也有采取观望的心态，如果要求先拆一户而后拆另一户，就会以执法不公或选择性执法为由，不予拆除或阻碍拆除，这就使得拆除工作难以开展，更难以推动。

3. 法律意识薄弱

部分居民对违章建筑的违法性认识不足，特别是在房屋修缮或翻建的过

---

① 根据对 D 区信社区工作者的访谈记录。

程中改变原有规划进行的变动，大部分居民认为这是个人建设行为，并不涉及到他人的利益，并不认为这种行为是违法行为。此外，如果其他居民搭建违章建筑的行为没有得到及时的纠正，就会在一定程度上强化居民的这种错误认识。

社会工作介入研究

一、必要性分析

（一）社会力量参与矛盾化解是发展趋势

党的十八届三中、四中全会明确提出了社会力量参与矛盾纠纷化解的重要性。提出了建立"政府主导，多方协调，社会参与"的矛盾纠纷化解机制。

国务院《信访条例》第十三条规定，设区的市、县两级人民政府可以根据信访工作的实际需要，建立政府主导、社会参与、有利于迅速解决纠纷的工作机制。信访工作机构应当组织相关社会团体、法律援助机构、相关专业人员、社会志愿者等共同参与，运用咨询、教育、协商、调解、听证等方法，依法、及时、合理处理信访人的投诉请求。2014年年底召开的全国信访工作会上，明确提出了综合采用多种方法来动员社会力量参与矛盾化解，这为社会工作参与信访问题化解提供了政策上的可行性。

（二）提高化解效率的必然要求

信访部门的人员有限，每年受理信访问题的量以及难度都大大地超出了信访部门所能负荷的最大限度，在这种情况下，信访部门难以针对每一个信访问题深入开展研究化解或协调督办，对群众反映的问题仅仅采取"中转"的方法有时也是无奈之举。而作为违章建筑问题执法主体的城市管理部门也同样存在这种问题，因此，行政部门以及执法部门急需借助、引入或整合各方力量共同化解信访问题和矛盾纠纷。在这种情况下，引入社会工作介入信访问题，有利于多方参与化解政府部门的工作压力，也有利于提高问题和矛盾的化解效率。

（三）形成综合化解机制的客观需求

违章建筑与民生工作密切相关，违章建筑的整治直接影响居民的生活。社区居民自建的以自住为主的违章建筑具有普遍性，且其拥有者多是生活困难的弱势群体，这使得政府部门通过依靠法律法规进行查处遇到了巨大的阻力，在严格执法与保障民生之间，政府只能弱化处理。如果进行个案查处，又使执法陷入有失公平的境地。在这种情况下，通过社会力量介入，建立疏堵结合的综合治理机制，通过遏制新生违建、减少现有违建来达到治理目的。

（四）增强化解工作公平性的现实需要

信访工作本身是一种"双边代理"的关系，信访部门一方面要为群众解决问题，另一方面也要协调政府部门之间的关系，这种"双边代理"看起来是将信访部门放入了一个中立的位置，但是信访部门本身作为行政机关，在信访群众看来，就很容易被认为是"官官相护"，这就使群众对"中立性"产生怀疑。而社会工作的第三方性质，使其能站在客观公正的立场上去化解矛盾纠纷，调整信访群众、责任部门和信访部门之间的关系，这有助于提升化解工作的公平性。

（五）提升社区治理能力的必要选择

社会工作与社区治理具有天然的联系。从前文的分析可以得出，社区违章建筑引发信访问题无论是从诱因上，还是化解工作所面临的困境分析中，都与社区的管理水平或治理能力有关。这就急需从社会工作的角度出发，以专业的社会工作理论为指导，运用专业的社会工作方法，提升社区的管理水平，优化社区治理模式，改变目前社区管理现状，源头预防减少社区违章建筑引发信访问题的发生。

二、可行性分析

（一）政府购买服务提高履职效率

信访部门每天面临着大量的信访问题，以 D 区为例，每年到区级信访部门的来信来访总量一般保持在一万件左右。除此之外，还要处理上级交办的信访问题。这使得信访部门很难就某一个信访问题严加督办，也就不能保证每件信访问题的解决都能得到群众的满意。特别是违章建筑引发的信访问题，作为 D 区信访事项中反映突出的问题，在问题的数量以及处理的难度上都给信访部门、职能部门带来了考验，产生了违建问题突出而政府部门无能为力的矛盾。

在这种情况下，可以采用政府购买服务的形式减少化解压力，具体来说，可以采用岗位式和项目式两种模式。通过这种方式，可以缓解信访部门无暇顾及到的一些个案或是因身份尴尬无法有效开展的工作。社会工作者的个案工作方式，可以通过与信访人的深度接触，将其视为"案主"进行工作，通过释放情绪、提供帮扶等方式来帮助解决问题，也可以采取代理诉求的方式，由社会工作者代理信访者与相关利益部门进行沟通洽谈，起到缓和矛盾的作用。

（二）传播助人理念促进政府职能转变

社会工作有助人性和对弱势群众的关注的特性，使得他们在工作中更能体现出服务的理念，同样，在拆除违章建筑的过程中，通过社工的工作，在一定程度上能够弥补政府行政和执法部门执法活动中的缺失，进而促进政府职能的转变。社会工作的存在，相当于在执法部门、行政部门和违章建筑当事人之间架起了一座桥梁，使前者能够更加关注违章建筑当事人的实际困难。与此同时，社会工作者也可以在违章建筑当事人的建筑被拆除之后，运用他们具有的整合资源的能力，为居无定所者提供帮助，弥补拆违后续工作的空白。

信访工作实践中河南省义马市的"义马模式"，也是借鉴社会工作理念改进信访工作的有力例证。"义马模式"强调在信访工作中，把来访群众当家人，把群众来信当家书，把群众反映的问题当家事，把信访工作当家业。正是在这种理念的支持下，信访工作者与信访群众的联系越来越紧密，使信访工作真正践行了群众路线，成为联系党和政府与人民群众的连心桥。通过社会工作理念与信访工作的融合，可以使信访部门在创新群众工作方法时，更加考虑到为民谋利，为民服务，为民解忧。

（三）发挥社工优势影响居民认知

社会工作者关注的是个案问题，他们与人民群众的距离最近，也就是说，他们有可能关注到人民群众的每一个具体问题，在这方面上，社会工作所具有的优势是信访部门以及其他政府部门、执法部门所不能比拟的，可以通过这种优势潜移默化地影响居民对于违章建筑的认识和看法，提升其参与、支持违章建筑治理工作的自觉性和拆除违章建筑的自发性。

三、社会工作介入具体路径

上文分析了社会工作介入城市社区违章建设引发信访问题的必要性和可行性，具体来说，可以通过社会工作的方法，倡导完善相关政策法规、提升社区治理能力，介入具体信访问题个案。

（一）倡导完善政策法规

针对基层信访部门目前研究力度不足，难以发挥影响公共政策作用的现状，倡导理论，提出通过发挥社会工作影响政策的作用加以弥补，信访问题或政府部门可以采用政府购买服务的方法，委托专业社会工作机构对违章建筑问题进行调查研究，并将研究结果向上级政府提交，为领导决策提供参考。

1. 收集意见建议

社区工作者工作在社区一线，了解居民对违章建筑的看法，可以采取设立意见箱、发放意见表、基层访谈等各种灵活多样的形式征求社区人民群众的意见建议。这种渠道与信访部门的人民建议征集机构相比，具有广泛性、主动性，群众通过这些渠道反映的意见建议，可以通过社会工作者反映到政府机构中。

此外，社区工作者可以通过整合社区资源集中民智。基于对社区居民的了解，建立违章建筑问题社区专家资源库，通过定期组织会议、论坛等，吸引专家学者对违章建筑问题提出基于社区实际的对策，为社区管理提供新思路，同时通过与信访部门等政府部门合作，使这些建议进入政府渠道，起到影响社会政策的作用。

2. 开展深度调研

社会工作者选择某一个违章建筑问题较为集中的社区，进行深度调研。通过设计调研方案，运用多种社会工作方法，形成基于社区实际情况、反映社区居民的真实想法的深度调研报告，提出合理化建议，发挥影响政策的作用。社会工作者的一线工作性质，使他们在社区内开展调查研究工作时，具有天然的优势，为调研工作的真实性、可行性、针对性提供了保障。

（二）提升社区治理能力

针对违章建筑引发信访问题比较集中，比如小区居民采用联名信、集体访，或者重复信访的方式反映问题时，可以运用社区工作方法，比如发动社区自治等方法，综合各方力量增强社区治理的能力，共同化解矛盾纠纷。社会工作介入社区违章建筑引发的信访问题时，可以采用多种方法综合治理。

1. 定期排查，监管新生违章建筑

社会工作在矛盾纠纷排查方面具有天生的优越性。社区社会工作者对社区的情况较为熟悉，其服务对象覆盖每一位社区居民，在日常的工作和与居民的沟通中就能够发现矛盾纠纷的易发点，尽早地发现处于萌芽状态的矛盾纠纷，进而起到提前化解和预防矛盾纠纷扩大化的作用。针对社区违章建筑引发的矛盾纠纷，社会工作者可以建立起一个排查工作计划，定期摸排，同时动员社区居民全员监管控制新生违建；对于在施在建的违章建筑，社区工作者也可以提前介入，在萌芽状态即采取措施加以化解。

2. 开展普法宣传教育工作，源头预防违章建筑

居民对城市规划相关法律知之甚少，加上公共空间内行为规范容易缺失，是违章建筑愈演愈烈的一大原因，这就需要社会工作者在社区范围内开展普法宣传教育和公共行为规范化教育。通过开展社区活动，使社区居民意识到违章建筑的危害性，形成自觉抵制的良好舆论氛围，从源头上预防和治理违章建筑。社区工作者也可以采取与政府相关部门合作的方式，在社区内开展主题宣传活动或讲座、座谈会等，提高居民的法律意识和规范公共空间行为的意识。

3. 召开听证会，对违章建筑进行合理处置

对于不能立即拆除的违章建筑，特别是历史遗留违章建筑，社区工作者可以通过对小区居民进行走访调查和问卷调查，组织召开听证会、论证会等，对如何合理处置现有违章建筑进行深度分析调查，在尊重社区居民意见的前提下，对不能立即拆除的违章建筑进行合理利用。

4. 整合资源，为信访人、违建当事人提供支持网络

对于违章建设问题反映集中的社区，有两类群体需要特别加以关注，一个是信访人群体特别是重复上访的信访人，往往会被当作"维稳对象"加以管控，久而久之，其与社区的关系越来越疏远；另一个是违建当事人群体，会被小区其他居民视作公共利益的侵害者被孤立。对于这两类特殊群体，社区工作者可以通过整合资源，为其建立起社会支持网络，提高他们的社会参与度，得到接纳和认可，从而促进其与社区的融合。比如，社区工作者可以通过组织社区讲座、职业技能培训、文艺活动等多种方法，吸引这两类群体参与，在活动过程中释放心情，受到应有的尊重和理解，从而使其重新融入社区生活。

5. 培育信任，重建居民与政府职能部门间的关系

社区居民在长期信访过程中，由于所反映的问题没有得到及时解决，会对信访部门和执法部门产生不信任，社区工作者可以使用多种方法介入，重建信任。一是通过沟通信息增强拆违工作透明度。社区工作者定期将政府违章建设拆除工作进展情况向社区居民披露，增加拆违工作的透明度。对于正在履行拆除程序，但确实存在困难的，及时与群众沟通，使群众能够时刻掌握拆违工作的最新进展。二是搭建群众与政府职能部门间的交流平台，如协调政府职能部门到社区内开展咨询、宣传、讲座、法律、座谈等交流或服务的活动等，增加互动，培育信任。

（三）介入具体信访问题

主要是指使用社会工作中常见的个案工作方法，介入违章建筑引发的个案信访问题或重点疑难信访问题，化解信访矛盾纠纷，介入重点信访问题带来的危机。

1. 通过个案工作推进违章建筑拆除

在信访工作中，对于确实存在困难的违章建筑个案，可以委托社会工作者以个案工作的形式参与化解工作。由社会工作者制定详细的工作方案，与案主进行接触、建立相互信任的关系、多次交流访谈，进而制定完整的工作方案，参与重点疑难信访问题的化解工作。

2. 介入重点问题化解危机

针对执法过程中，违章建筑当事人与执法工作人员产生的对立情绪，可由社会工作者以第三方的身份介入，对违章建筑当事人进行疏导劝说和政策法规的宣讲，减少对立情绪、缓和矛盾，使得拆除工作能够顺利进行。

3. 为困难违章建筑当事人提供救助

通过社会工作者整合资源，为违章建筑当事人中存在困难的对象，提供相应的救助。这主要是针对执法部门依法拆除违章建筑之后，当事人由于生活困难而通过信访渠道反映诉求的情况，通过社区工作者的及时介入，填补工作空白。比如：对于符合低保政策的，可以帮助申请最低生活保障；对于患有某种疾病的，可以为其争取相应公益基金等。

社会工作介入 C 区拆迁信访问题策略研究

聂慧松

摘　要： 在党的十八届四中全会提出依法治国战略的背景下，如何依法公正、及时有效地化解拆迁信访矛盾，促进社会和谐稳定，不仅考验着政府部门的执政能力，也是信访工作改革创新的现实需要。近年来，随着各地进入大拆迁、大建设、大发展的关键阶段，拆迁信访问题成为信访工作的重点与难点，能否妥善处理事关区域长远发展和群众切身利益。鉴于当前信访矛盾化解侧重于"体内循环"，强调政府部门间的协调合作，呈现出"政府——信访人"二元矛盾化解格局，较少关注社会力量协同参与的现状。为构建更加规范合理的拆迁矛盾化解机制，推动现有信访体制机制改革创新，本文以 C 区拆迁工作现状及相关信访实例为切入点，分析拆迁信访问题成因，对"政府——信访人"二元矛盾化解格局的利弊进行剖析；在此基础上，对社会工作介入拆迁信访问题的策略深入探究，提出构建"政府——第三方——信访人"三元矛盾化解格局的思路与设想，进一步明确社会工作介入拆迁信访的时期、扮演的角色及运用的方法；最后，从拆迁政策完善、矛盾排查化解、拆迁群众社区融入三个维度，提出社会工作介入拆迁信访矛盾的具体路径，以期健全完善拆迁信访调处大格局，切实维护拆迁群众的合法权益，营造和谐稳定的拆迁秩序。

　　拆迁工作是统筹城乡发展、推进城市化进程、提高群众生活水平的重要方式。近年来,我国各地的城镇化进程迅猛推进,在地方政府的大力推动下,重点项目招商引资落地、公共基础设施投入建设、城市发展新区迅速崛起,一轮新型城市化、城镇化建设浪潮引发一次次征地拆迁热潮,与此同时,拆迁信访问题呈规模化、多样化、集中化爆发态势。以 2013 年为例,国家信访局在国务院新闻办公室举行的发布会上公布,"2013 年群众信访主要集中在农村土地征用、城镇房屋拆迁及社保问题等民生领域,其中比较突出的有三个方面:农村土地征用问题、城镇房屋拆迁问题及劳动和社会保障问题,这些问题与经济社会发展和社会治理现代化的要求不匹配,要推动实现信访形势的根本好转,还有大量工作要做"。① 同年,山东省平度市金沟子村出生的财经记者陈宝成等人抗拆维权事件、长沙女教师谭双喜因拆迁受株连事件、广西柳州暴力拆迁涉黑案、苏州虎丘区范木根因拆迁刺人事件等广受社会关注。由此可见,拆迁信访问题已成为当前制约经济社会持续健康稳定发展的难点问题,无论在深度、广度上都明显高于其他社会矛盾,需引起全社会的重视。

　　政府部门是当前拆迁信访问题协调化解的主体,又是诸多拆迁项目的实施主体,在拆迁信访问题处理时扮演"运动员"和"裁判员"双重身份,要解决这种利益争端,无论如何都需要第三方的介入,那么,如何构建"三元矛盾化解机制",更好地规范拆迁程序、完善拆迁政策、引导居民融入等,是需要解决的重点问题。为此,本文以 C 区为例,基于拆迁工作第三方组织机构介入相对空白的背景,通过分析具体信访实例,提出介入的方式路径,为实际问题的解决提供参考。

---

　　① 《群众信访多集中在征地拆迁和社保上》,http://news.qq.com/a/20131128/010920.htm,2013 年 11 月 28 日访问。

拆迁信访问题相关理论运用

一、相关概念

拆迁信访问题是一个极为复杂、系统的工程，涉及学科内容繁多、且各利益主体间关系复杂，因此有必要对概念进行界定，旨在界定本文拟要研究的内容。

（一）拆迁

拆迁从土地性质上可以划分为集体土地和国有土地上的房屋拆迁。根据2011 年《国有土地上房屋征收与补偿条例》，国有土地上房屋拆迁是指根据国民经济和社会发展规划、土地利用总体规划、城乡规划和专项规划，将保障性安居工程建设、旧城区改建，应当纳入市、县级国民经济和社会发展年度计划需要，房屋征收部门可委托房屋征收实施单位依法拆除建设用地范围内的房屋和附属物，将该范围内的单位和居民重新安置。[①]

（二）信访

按照《国务院信访条例》第二条规定："信访指公民、法人或者其他组织采用书信、电子邮件、传真、电话、走访等形式，向各级人民政府、县级以上人民政府工作部门反映情况、提出建议、意见或者投诉请求，依法由有关行政机关处理的活动"；[②] 信访人则是反映情况、提出意见或投诉请求的公民、法人或其他组织。因此，信访问题可概括为信访人采用书信、电子邮件、传真、电话、走访等规定方式到问题相匹配的部门反映信访诉求，对应的信访接待部门依法、及时、就地解决问题的过程。但结合当前工作实际，社会矛盾问题越发突出，信访问题覆盖面越来越广，通常将围堵政府机关、上街游

---

① 《国有土地上房屋征收与补偿条例》，http://baike.baidu.com/view/3214986.htm，2011 年 1 月 21 日访问。

② 《国务院信访条例》，http://www.gov.cn/gongbao/content/2005/content_ 63338.htm，2005 年 1 月 10 日访问。

行、堵路等极端行为反映的诉求及问题，也归结为信访问题。

（三）拆迁信访问题

按照上述概念，我们可以确定拆迁信访问题泛指：被拆迁人对拆迁人实施的房屋及附属物拆除或安置存在不满，由此产生向相关部门反映、围堵政府机关、封堵拆迁现场等问题。结合区域特色，本文侧重于对集体土地上房屋拆迁信访问题研究，另外，随着近年来政府引进的重大项目持续落地，拆迁人一般为政府委托的房地产公司或属地政府，拆迁信访问题则出现在这些拆迁项目的各个环节上。

（四）社会工作介入

本文的社会工作介入是指运用社会工作的方法和理念，通过社会工作者队伍（含人大代表、政协委员、社会精英等群体），以拆迁人、政府委托或独立第三方身份参与到拆迁工作各环节，为被拆迁人提供帮扶，帮助拆迁群众争取合法权益、适应回迁社区新生活，从而达到助人目的。介入过程中，社会工作者是提供服务者，是案主的支持者，也是资源协调者和政策影响者。

二、相关理论

本文拟通过运用社会系统理论、期望理论等对拆迁信访问题产生的社会根源进行剖析，运用危机介入理论对拆迁信访事件的化解过程提供参考借鉴。这些理论的主要内容阐述如下：

（一）社会系统理论

结合社会系统理论的创始人巴纳德对理论的系列阐述：组织是一个复杂的社会系统，应从社会学的观点来分析和研究，组织作为一个协作系统，要形成一个整体，就必须具备三个基本条件，即"能够互相进行信息交流的人们、这些人们愿意作贡献、实现一个共同的目的"。一个组织能否产生及存续有三个要素，即：共同目的、作贡献的愿望和信息交流。贡献是指通过个人活动而实现组织目的，组织保持平衡的条件是向各成员提供或分配大于或等于个人所作的贡献。作贡献的意愿还取决于成员个人在实现目的时所获得的满足。①

拆迁工作涉及多个主体，可看成一个系统，该系统中包括政府、开发商、村集体经济组织、村民等不同成员，这些因素共同构成一个组织。这个组织共同的目的是通过拆迁改善生活环境、推进城市化。其中村民的贡献是通过放弃农村宅基地，放弃传统生产生活方式，支持城市发展建设；开发商通过给村民拆迁补偿用作交换；政府则为补偿的标准进行定价。当村民得到的利益大于、起码等于个人所作出的贡献，即达到村民心理预期后，则拆迁工作顺利进行；一旦心理预期失衡，村民支持拆迁工作的贡献意愿不强，则拆迁工作难以推动，容易引发拆迁信访矛盾。因此，运用社会系统理论知识，让我们对拆迁组织体系中各成员关系更加清晰，也让我们对拆迁信访问题成因更加理解。

（二）期望值理论

由北美著名心理学家和行为科学家维克托·弗鲁姆提出，他认为，期望与现实间有三种可能：期望小于现实，期望大于现实，期望等于现实。不同的情况下人的积极性是完全不同的。当现实大于期望值时，比如调职、加薪、放假等，有助于提高人们的积极性；但期望值小于现实时人就会失望，产生消极情绪；期望大于现实时人便会产生挫折感；期望等于现实时，有助于提高人的积极性，但如果缺乏后续跟踪激励，将只维持在期望值水平。②

反映在拆迁问题上，随着当前房价不断上涨特别在大中城市土地所产生的价值不断提升背景下，拆迁补偿预期水涨船高，村民对拆迁补偿的期望值一再攀高，但受政策条件的束缚，一般宅基地区位补偿价并没有随着房地产市场的变化而发生大的变化，村民的"期望"从政策层面就有可能变成"失望"。当前诸多拆迁信访问题的产生，有大部分原因就源于被拆迁人的实际期望与所得拆迁补偿中间存在差距，特别是一些强拆案件或钉子户事件中，无一例外地出现了被拆迁人所要的拆迁补偿款与按政策所得的拆迁补偿款不对

① 参见百度百科：社会系统理论，http://baike.baidu.com/view/4410327.htm，2015 年 4 月 6 日访问。

② 参见百度百科：期望理论，http://baike.baidu.com/view/46905.htm，2015 年 3 月 18 日访问。

等，被拆迁人的期望值得不到满足，进而导致心理严重失衡，因此不断上访甚至用极端方式表达诉求。

（三）危机干预理论

该理论涉及的主要问题是：危机发生的原理是什么？如何进行危机处理？根据卡普兰理论，个人危机首先取决于个体是否拥有足够的生活必需品即衣食住行的条件、心理必需品等。当这些必需品过多或严重不足时，都有可能使个体陷入紧张、恐惧。面临危机的人，有的会采取积极方式应付危机，保持心理平衡；有的则因采取消极行为而出现心理危机。因此，对于心理危机状态必须进行危机干预，增强个体应对心理危机的能力。要采取向危机面临者提供必要的信息、避免怂恿危机面临者责备他人等危机干预原则，通过精神支持、精神宣泄、给予希望和传递乐观精神、劝告甚至直接建议等策略方法。

拆迁信访中的心理危机问题是比较突出的，信访人的心理问题解决不好，容易出现极端思维，进而产生极端行为，极有可能转变成一场极大的危机事件，小则关系政府公信力，大则引发群体性事件甚至出现公共危机。一旦发生拆迁信访问题，如何有效介入，让信访矛盾逐步化解、让信访群众心态趋于平和，是信访工作部门及每个工作者必须思考的问题。掌握危机干预理论，有效运用好危机干预方法及策略，是社会工作介入拆迁信访问题的一个重要内容，也是从容应对拆迁信访群体事件的工作准则。

C区拆迁信访及矛盾化解现状

一、C区拆迁及由此引发的信访问题概况

C区面积 1343.5 平方公里，下辖 15 个镇、5 个街道办事处。"十二五"以来，该区掀起了大拆迁、大建设、大发展的浪潮，完成拆迁面积 370 余万平方米，实现了 33 个村的整建制拆迁。过去 10 年，该区按户籍人口计算的城市化率提高 22 个百分点，达到 68%。

（一）拆迁项目类别

该区拆迁项目主要集中在以下类别：支持重点功能区建设类拆迁；市级挂账重点村拆迁改造。自 2010 年开始，该区所在市启动城乡结合部三年拆迁改造计划，对城乡结合部地区人口密度高、环境脏乱差、违法建设多的 50 个市级挂账重点村进行集中整治，按"一村一策"方式因地制宜实施拆迁；房地产开发推动村庄拆迁改造。近几年来，随着城区土地逐渐饱和，大量房地产项目溢向郊区，房地产集团通过与村集体签订协议，带动部分村庄拆迁；同时，村庄有发展建设需求，与房地产商或建筑队合作，推进村庄拆迁改造；支持市政道路建设类拆迁工程。近年来，随着高速公路等市政基础设施的启动建设，一些沿线村庄进行了搬迁改造。

（二）拆迁信访矛盾及特征

伴随着拆迁工作必然产生拆迁信访问题。不可否认，在重点功能区加速推进、城市化率不断提升的背景下，区域发展环境持续好转、发展层次逐步提升，但同时大拆迁、大建设、大发展而引发的矛盾和群体性事件也不断增多，且化解困难、处置棘手。通过相关信访数据分析，近年 C 区拆迁上访矛盾主要集中在拆迁政策不统一、回迁周期过长、就业社保没着落、补偿款未兑现等问题，并呈现出如下特征：

1. 拆迁项目与矛盾呈正比

随着经济社会加快转型，迫切需要在整合空间资源上取得突破，为产业发展和城乡建设提供基础条件，但项目越多、拆迁信访群体量越大。以 2010 年为例，到区上访反映征地拆迁问题的分别占来访总量的 17.3% 和 31.1%；2011 年 1—8 月，到区上访反映征地拆迁问题的分别占来访的 10.5% 和 12.1%。

2. 信访诉求内容持续多样

近年来，由于征地拆迁项目多、规模大，由此引发的矛盾大量增加，数量急剧递增，信访的诉求也呈现多样化，从政策层面看，不同项目的被拆迁人要求给予同等补偿；拆迁程序方面，一些群众对拆迁补偿方案及回迁设计方案不满意；回迁社保方面，有的群众对回迁周期太长、周转费发放不及时不到位有意见等。

3. 信访群体化特征突出

当前，部分群众基于共同利益，在法不责众的心态支配下，以群体、串联上访方式进行维权，拆迁信访问题由过去单一主体向多元主体发展，出现了分工明确的活动组织者、策划者、挑头人和骨干分子，少则几十人多则上百人采取"抱团"集体访、重复访、越级访等形式向政府施压。以 C 区 2009年为例，征地拆迁引发的群体性上访 23 批 435 人次；2010 年，因征地拆迁引发的群体性上访 77 批 5430 人次。

4. 极端信访行为逐年攀升

信访形式按从轻到重的顺序排列分四个层级：一是依法依规到相关信访部门按程序表达诉求；二是到非指定接待场所静坐上访；三是采取集会、游行、围攻政府机关等方式表达诉求；四是采取冲击政府机关、堵路等极端方式。目前信访群众普遍存在"小闹小解决、大闹大解决、不闹不解决"的想法，把聚众上访、聚众抗争闹事作为解决问题的主要手段，特别在"一夜暴富"错误认识的支配下，部分受鼓动的群众选择围堵政府和施工现场、网上炒作、扬言自焚等极端行为对政府施压，极端维权行为逐年递增。

5. 信访矛盾化解难度增大

征地拆迁信访问题的诱因涉及政策、经济、管理等各方面，这类事件往往是历史遗留问题和新问题叠加，国家政策规定与个人利益所得矛盾冲突在一起，群众合理性要求和非合理性要求混淆在一起，反映问题的正常性与反映形式的违法性交织在一起，给处置带来很大难度。除拆迁补偿安置主体矛盾外，婚姻、继承等法律问题及劳动保障等历史遗留问题相互交织、互相影响，化解难度大。另外，舆论、媒体对征地拆迁工作的关注和报道与日俱增，工作中稍有不慎，就极有可能造成难以挽回的负面社会影响。

二、拆迁信访问题成因解析

结合 C 区拆迁信访案例特点及国内其他拆迁信访实例，运用社会系统理论分析征地拆迁信访成因，重点从"期望目标不一致、支持拆迁动力不足、信息沟通交流不充分"三大方面进行分析。其中，社会心理失衡、拆迁机制不完善、拆迁工作不规范而直接导致村民参与拆迁的意愿不足，是征地拆迁群体性事件产生的主要原因。与此同时，利益表达平台缺失和基层政府利益冲突化解能力弱，也导致拆迁信访事件极易产生。

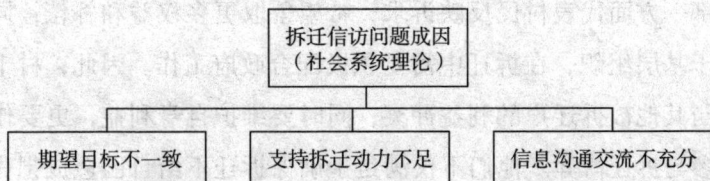

```
                    ┌─────────────────┐
                    │  拆迁信访问题成因  │
                    │  （社会系统理论）  │
                    └─────────────────┘
            ┌──────────────┼──────────────┐
    ┌───────────────┐ ┌───────────────┐ ┌───────────────┐
    │  期望目标不一致  │ │ 支持拆迁动力不足 │ │ 信息沟通交流不充分│
    └───────────────┘ └───────────────┘ └───────────────┘
```

社会系统理论角度拆迁信访问题成因解析

（一）期望目标不一致

1. 属地政府——扮演双重角色

政府作为公共事务管理者，为了改善地方投资环境，更好地招商引资、促进区域经济发展转型，必然倾向于推动土地开发及旧村改造，促使城市面貌短期内焕然一新，同时又必须主动降低土地成本吸引投资者。在这种双重角色定位下，为了尽快完成任务、赶出工期、集约利用土地，往往会出现以政治行为代替市场行为的现象，导致拆迁工作中留下一些隐患和疑难问题。

2. 拆迁群众——过上富足生活

村民作为被拆迁主体，对未来生活即充满担忧又满怀希望，希望通过拆迁得到预期补偿，过上富足的生活，通过拆迁后的就业、社保、转居等政策保障，确保生活没有后顾之忧。在回迁社保方面，希望获取尽量好的房源和尽量大的安置面积，逐步改善生活质量，住上高品质的回迁房，享受和城市居民同等的待遇。

3. 开发公司——压缩开发成本

开发商以获取商业利润为目的，在拆迁工作实施过程中，往往通过降低开发、建设成本，逐渐减少补偿额度，从而提高利润。承建开发商为了压缩成本，提高拆迁效率，压减支付的拆迁补偿。[①] 在这种开发公司以追求利益为目的的背景下，往往导致利益分配不均衡、不对等，很多被拆迁人因此上访，以村级自主开发项目居多，政府主导的拆迁项目中这种情况相对少。

4. 村级组织——平衡多方利益

村干部一方面代表村民反映诉求，希望争取更多权益和补偿；同时，村级组织属于基层组织，在拆迁中需要积极配合政府工作。因此，村干部既要平衡政府与其他被拆迁户的利益冲突，同时要维护自身利益，更要作为一个独立主体参与拆迁博弈。他们不仅满足于确保拆迁不给自己造成损失，还希望通过拆迁获得村民认可、政府满意，为下一次竞选赢得上级支持、奠定群众基础。[②]

（二）支持拆迁的动力不足

1. 社会心理失衡是重要原因

部分村民抱着"小闹小解决，大闹大解决，不闹不解决"的心态，你急我不急，你等不及了，我狠抬价码，用时间换钞票，不达目的誓不罢休。甚至有趁机捞一把心态，摸准了工程的时间节点，心理期望值过高。

我们家经济条件不好，老人又有病，孩子上学，我和孩子爹又没有固定工作，拆迁了给这点儿补偿，以后老人看病的钱政府得想办法帮我们解决，不然我们不同意拆迁。

这是一种典型的困难打包心态，认为平时生活有困难，找不到政府，缺门路、缺方法，现在借着拆迁，政府主动上门找我，正好将困难或历史遗留问题一并提出，希望彻底解决，这种心理在一些老上访拆迁家庭和家庭成员健康不佳拆迁家庭出现比较多。

我不愿意到信访办去反映问题，信访办跟政府是一个系统的，虽然他们服务态度比较热情，又做登记、又给倒水，但是问题反映了也是白反映，又解决不了实际问题。

---

① 参见朱宏博：《试论如何缓解我国城市建设中的拆迁矛盾》，《吉林财经大学学报》2013 年。
② 参见王晔：《城郊村征地拆迁中平衡利益博弈的对策研究》，山东大学 2012 年硕士学位论文。

这体现的是一种不信任心理，觉得信访部门本身就是政府部门，从主观上不愿意相信信访部门，觉得信访只是空架子，不能解决实际问题。认真审视此事，也源自于在一些政府主导的拆迁项目中，政府企业作为拆迁人，一旦出现问题纠葛，群众到信访部门反映问题的积极性并不高，认为信访部门就是政府部门、拆迁部门，在解决一些问题时出现彼此不信任的情况，不利于问题化解。一旦出现负面传言，当前采取的方式往往是上一级政府机构派人入驻，缺乏第三方有效平台或机构介入矛盾，开展思想工作，造成工作的极大被动。

我生下来就住在平房里，不喜欢住高楼，觉得压抑，加之现在腿脚不灵便了，更加不想上楼。这个宅子是老祖宗留下来的，是我的根，我不想离开这个院子，再说上楼后没法自己种菜种地了，我不能适应，那种日子没有意思。

上述体现了信访人的一种相对剥夺感。社会心理学认为，当人们实际所有的东西不能达到他们自己认为所应得到的程度时，便会产生一种相对剥夺感，有四个诱导因素，即：与不同拆迁期的人员的比较、与相邻镇或者相似情况拆迁补偿的比较、与拆迁前的自己比较、与上访得到补偿的人员比较。相对剥夺感造成上访群体心理失衡，对未来充满担忧。特别是一些老年人，将导致内心彷徨不安，出现焦虑情绪。

2. 政策措施不完善是根本原因

从国家到所在市和 C 区都颁布了一系列拆迁工作政策法规。如《物权法》、《国有土地上房屋征收与补偿条例》等，但由于各政策出台背景时间均不一样，且大都是指导性意见，缺乏对具体问题的具体指导，由此容易导致拆迁补偿标准不一致甚至差距较大的现象。"不患寡而患不均"，被拆迁群众容易相互攀比，如果发觉拆迁补偿标准不一，必然认为是政府在暗箱操作，最终导致上访。

同时，新老政策不衔接问题也较为突出。对拖延数年之久的拆迁项目，老政策已经明显滞后，新政策不断出现，被拆迁人希望用新政策解决老问题。然而，如果用新政策解决老问题，又面临已拆迁人追加补偿的要求。因此，新老政策如何合理衔接，是需要各级部门加快研究、妥善处理的问题。这些问题发生后，往往由于没有第三方评估机构的介入推动，导致问题迟迟无法化解。

3. 保障机制不健全是多发原因

拆迁后村民的后续保障如果不能很好跟上，前期拆迁工作的成效就会大打折扣，群众参与支持拆迁的积极性、示范性都将受到影响，后续保障机制不健全引发的拆迁上访难题成为拆迁信访问题的一个重要组成部分。

> 我们村8年前就开始拆迁了，按约定5年前大伙就该住上新房了，但回迁房建到现在还是只盖了半拉子。现在有好几个老人，没等回迁住上新房，就陆续在外面去世了，搞得出租人都不愿意把房子租给我们这种带着老人的家庭了；我们家的孩子对象找好了，但一直想着等房子下来再让孩子结婚，结果拖到现在，婚事一直挂着，孩子们都有情绪了。大伙们至今仍在外面漂着，盼着能早日回家，我跟着大伙多次到市里、区里、镇里上访了，上次是有家老人过世，我和他们带着老人的遗像和花圈到政府门口上访，虽然有点儿极端，但是我们也实在没有办法了，政府要帮助我们赶紧住上新房，不然还得一直上访下去。

这是回迁安置慢问题突出而导致上访。拆迁工作回迁周期一般为3年左右，且拆迁协议上一般约定回迁周期，受回迁安置用房用地规划选址未确定、手续进展较慢、施工周期较长或项目周边市政基础设施不完善，以及中途调整规划、改变设计方案等因素影响，部分项目回迁安置房未能按照协议约定的交房日期交付被拆迁群众。被拆迁群众漂在外面迟迟不能回迁而产生大规模上访。

转工转居不配套问题也是引发信访的重要因素。一些实施较早的项目采取逢征必转的做法，即征多少地则转居多少人，这样容易造成转居分配不均，同时转非安置受政策程序影响，一些失地农民权益得不到保障，缺乏长久生计来源，进而引发社会矛盾隐患纠纷。

失地农民就业问题也不容忽视。农民失去土地后变成失地农民，需要改变以往劳作方式到城镇打工维持生计，由于"优先用工"政策没有具体企业承担，失地农民就业收入不稳定，① 且受自身知识结构有限、年龄偏大等条件限制，缺乏市场竞争能力，拆迁后极可能陷入"失地又失业"的困窘局面，进而引发较大的社会安全隐患。

4. 拆迁工作不规范是诱导原因

拆迁工作程序不规范。项目单位不熟悉项目前期手续办理流程，项目手续推进缓慢，延误了拆迁工作。另外，群众的知情权、参与权没有得到保障，一些拆迁主体没有充分听取群众意见，没有充分考虑特殊群体利益，引起了拆迁居民强烈的不满，导致居民拒不配合拆迁。

拆迁政策执行不严肃。当前在处理拆迁工作中的各种新情况、新问题时，政府部门往往采取会议纪要形式进行议定，把拆迁补偿安置摆上桌面，但逐步演变成突破拆迁政策的一种方式，成为处理棘手问题的"万能药"。

接访时发现有个别拆迁主体通过会议纪要将不符合"分宗"条件的一宗宅基地按两宗宅基地享受拆迁安置补偿；将不符合"新分户"条件的拆迁户按新分户享受拆迁安置补偿；对违章建筑给予补偿等。通过会议纪要确定的补偿事项，加大拆迁补偿的差异，出现"同城不同策"甚至"同村不同策"，滋生"不公平"现象。而且，一旦某个特殊补偿事项通过会议纪要出台标准后，立刻出现"跟风"现象，成为其他拆迁项目解决此类事项的标杆，由此增加拆迁工作的难度、增加拆迁成本、增加拆迁政策被进一步突破的风险，这种现象要坚决制止。

拆迁工作的不规范将直接引发"多米诺效应"，导致拆迁受阻的连锁反应，成为信访的重要诱导原因，一旦这种效应被启动，带来的将会是严重的不信任，进而给拆迁后续工作推进带来极大的阻力。

（三）信息沟通交流不充分

1. 思想动员不深刻

一些拆迁工作推进过程中，政策宣传不到位、补偿结果不公开、思想工

---

① 参见张武、曹辉：《关于如何化解征地拆迁信访问题的探讨》，《襄州党建》2013 年 10 月 21 日。

作不细致，造成了被拆迁村民不理解、不配合，进而导致拆迁工作无法顺利开展。一些工作人员在拆迁政策宣传过程中，甚至自己都缺乏对政策的理解，做群众工作说不到重点，不能解答村民提出的各种问题，使得村民对拆迁本身有了极大的反感和抵触情绪。

2. 谣言信息处理不及时

拆迁中存在信息不公开、不对称问题，特别是拆迁村民掌握的信息与基层政府掌握的信息不对等，基层政府在信息获取上占据优势，村民获取渠道较少，最终容易引发矛盾纠纷。在征地拆迁这种大事件中，谣言处理特别重要，前几年闹得沸沸扬扬的甘肃陇南的征地拆迁群体事件，导火索就是信息不对称。在这种群众获取信息渠道少且负面信息处理不及时、不到位的情况下，小道消息很容易在村里流传，村民很容易受到煽动，有可能引发"蝴蝶效应"，导致一系列连锁反应。

3. 利益诉求表达平台缺失

美国政治学家戴维·伊斯顿在其对政治系统理论的阐述中认为："政治生活包含各种因素或子系统，这些因素或子系统间相互影响、冲突，从而构成了政治系统，再与其他系统构成社会大系统，因此，政治系统要想保持稳定，不仅与外部要和谐，内部各因素及子系统也要良性互动。"在当前社会深度转型、社会结构调整的背景下，各社会阶层及群体的诉求表达意愿不断增强，特别是随着城市化进程的加快推进、区域发展不平衡、城乡差距拉大等背景下，人们的思想观念和意识形态都发生了剧烈变化，一旦诉求表达渠道不畅，就容易引发信访事件。加之当前基层组织的社会控制力呈弱化趋势，群众工作不灵通，部分基层干部工作作风不实，一些原本可以解决的事变成问题，引起群众的强烈不满，矛盾只能被层层上交。

三、"政府—信访人"二元矛盾化解模式及存在的弊端

(一)"政府—信访人"二元矛盾化解模式

信访工作作为当前化解社会矛盾、维护社会和谐的解压阀、缓冲器，是矛盾调解、问题解决、风险预警的重要领域，是一项庞大的系统工作，每个

环节都牵扯群众的切身利益，一个环节处理不当，则有可能影响整个拆迁工作进程，直接导致政府的公信力下降。虽然这项工作引起了各级政府的高度重视，但在化解方式上仍然走"体内循环"，强调政府部门间的协调合作，较少关注到社会力量参与协同的成效①，呈现出"政府—信访人"二元矛盾化解格局。简单来说，即由政府部门直面信访对象，"一对一"解决问题。

1. 双方协商处理

这是处理信访矛盾用得最多的方法，双方协商的处理形式也是双方从心理上最容易接受的方法。通过逐户梳理、分析未签约户基础资料及拒签原因，成立由政府工作人员、拆迁公司、信访工作人员等组成的工作小组，针对每户特点，制定促签方案并抓好组织实施，通过公示、公告、听证会、公开征求意见等形式，充分保障被征收方的陈述权、知情权，同时让被征收所在地区的居民通过与工作组交谈释放不满和不安情绪，缓解征收双方的对立状况，这种方式可以有效解决对政策不理解、有抵触情绪的问题，其中专业的工作团队是做好工作的保障。

2. 行政调解处理

行政调解是基层信访操作方式灵活的一种，能够及时快捷地解决基层信访案件中的问题。乡镇政府既可依据法律法规解决纠纷，也可以充分考虑社会道德观念、情理要求，使纠纷调处结果既接近法理又符合情理，让当事人获得"非正式的正义"。② 根据国家《行政诉讼法》的规定，一旦进入司法阶段之后，将不在进行调解，但在起诉之前，如果起诉人自愿放弃的话，可对纠纷实行案前调解。现实中，一些街道作为第一责任机关，街道司法所及其他各职能部门参与纠纷调解工作体制，尽量将争议和矛盾纠纷化解在行使程序过程中、化解在矛盾的初始阶段。

3. 司法强制执行

在处理拆迁钉子户或疑难户情况时，由于入户谈判、思想工作等常规方

---

① 参见朱眉华：《社会工作介入信访领域的探索与思考》，《容志》2012 年第 4 期。
② 郭玉军、甘勇：《美国选择性争议解决方式（ADR）介评》，《中国法学》2005 年第 5 期。

法已经不能解决拆迁疑难问题，拆迁主体为了保障项目进展，往往对滞留项目申请强拆。

（二）"政府—信访人"二元矛盾化解弊端

二元矛盾化解机制有利于建立"政府—信访人"直接沟通交流机制，对于解决一些救助帮扶、就业指导等问题具有明显的优势，以 C 区为例，该区信访办公室负责统筹化解全区信访矛盾工作，各乡镇（街道）是维护稳定、牵头化解矛盾的责任主体，开发商、动迁公司是化解矛盾的职能主体，在应对重大拆迁信访问题时，一般按照区信访办公室牵头召开协调会，报请区委副书记或分管城建的区长主持会议，协调属地镇街、动迁公司及相关职能部门与信访人接触，就信访人提出的意见建议，由动迁公司或拆迁主体进行答复，相关职能部门协助完成，区信访办监督执行，行政色彩比较浓。这种模式有利于直接与群众对话、倾听群众呼声诉求、面对面解决群众难题。但由于拆迁工作有其自身的特殊性，特别是一些政府主导的拆迁项目，如果依旧延续这种二元矛盾化解模式，则政府即扮演着运动员又扮演着裁判员的身份，既是"被告"，又得充当"调解人"，双重角色的定位，不仅容易导致信访群众的不信任感，还使得政府与群众间的沟通不顺畅。

1. 群众对调解结果满意度不高。当前拆迁群众反映的信访矛盾，绝大多数情况都是由于某种不平等而造成的，被拆迁人利益在一定程度上受到侵害。拆迁信访群众第一次大规模上访，一般很容易做通其思想工作，群众也会很配合的选定代表，由政府相关领导和部门介入，要求拆迁人一块座谈解决问题；但由于拆迁信访类问题一般都很复杂，且非常不好解决，比如涉及回迁安置房建设、转非安置等，不但本身周期长，且受资金、手续、政策等各方面因素制约，一般拆迁信访问题没法在短期内解决，可为了平复群众情绪，往往在答复时将化解时间说在前头，一旦不能按期兑现承诺，群众又开始大规模重复访，且信访工作介入的难度非常大，群众的信任感明显下降，调解工作就变成了缺乏公信力的工具，并不能解决实际问题。

2. 司法强制执行慢且风险大。实际工作中，由行政裁决到司法强执过程参与部门多，程序繁杂，协调难度大，且时间间隔长，导致不能对滞留户心理产生应有的震慑作用。多数被申请人都会根据代理律师的引导在最后期限对行政裁决申请复议、诉讼，拖延拆迁时间，与政府、开发商打心理战，以求得到更高补偿。《最高人民法院关于办理申请人民法院强制执行国有土地上房屋征收补偿决定案件若干问题的规定》第二条："申请机关向人民法院申请强制执行应当提供的材料"明确规定要提供"社会稳定风险评估材料；征收补偿决定送达凭证、催告情况及房屋被征收人、直接利害关系人的意见"，①强化了申请强制执行的条件和时间。以 C 区某村为例，被拆迁人从 2011 年 6 月裁决后，到 2014 年 1 月实际强制执行，共历时 30 个月，直接影响了拆迁及回迁安置房建设进度。

3. 潜在矛盾风险仍然比较突出。从表象看似乎纠纷已经解决，但仍然不能忽略纠纷解决背后的潜在问题。这种让政府既是管地者，又是用地者，还是出现争议时的裁决者，既当"运动员"又当"裁判员"的模式，很难保证政府在发生争议时摆在正确位置。如果第一次调解的事宜没有兑现，则第二次调解群众一般不容易接受。以回迁安置问题为例，某村老百姓在大部分已经拆迁的背景下，提出对回迁房设计不满意，经过长时间上访、政府主导调整回迁方案，最终方案经过了村民代表会议，但因回迁设计方案反复调整，耽误大量时间，且相关手续作废需补办，致使回迁安置时间延后，村民们开始联合串访，要求尽快回迁，且上访形势越发激烈，给属地政府造成极大压力，政府公信力受到一定影响，后续工作陷入被动。

社会工作介入拆迁信访的策略

既然"政府—信访人"二元矛盾调解模式已有其不适应的地方，那么如何解决好促进发展与保护群众利益间的关系，努力实现征地拆迁一片、安定和谐一片，就必须借助第三方的力量参与构筑"三元矛盾调解机制"，由第三

---

① 最高人民法院：《关于办理申请人民法院强制执行国有土地上房屋征收补偿决定案件若干问题的规定》，http://www.mlr.gov.cn/zwgk/flfg/xgflfg/201206/t20120611_ 1108462.htm，2012 年 6 月 11 日访问。

方机构或社会工作方法充当纽带和桥梁，参与化解矛盾纠纷。

一、社会工作参与构建"三元矛盾化解机制"

党的十八大报告指出，要围绕构建中国特色社会主义社会管理体系，加快形成党委领导、政府负责、社会协同、公众参与、法治保障的社会管理体制，完善信访制度，完善人民调解、行政调解、司法调解联动的工作体系，畅通和规范群众诉求表达、利益协调、权益保障渠道。国家权力介入拆迁需要有一个正确认识，对于被拆迁者来说，服从公共利益只意味着合理补偿情况下同意拆迁，而不意味着要牺牲自己的利益，因此，一个客观、公正的评估很有必要，在双方就补偿难以达成一致时，应该考虑由双方共同选择第三方进行评估，既能避免公权力对民事活动的过度干预，又能够合法有效保护被拆迁人合法利益。①

社会工作介入信访领域，目的是依托第三方参与、专业介入方法的运用，合力攻坚解决社会难题。方法在于改变传统"政府—信访人"二元矛盾化解模式，通过引入第三方公信人士介入信访案件的调查、分析与评估，对初步化解方案进行充分论证，建立"政府—第三方—信访人"的三元矛盾化解模式。三元矛盾化解机制，实际上是对社会工作介入信访领域进行深入探索，通过第三方的参与、专业介入方法的运用，形成一股合力来化解社会矛盾，真正维护社会和谐稳定。② 社会工作能够对积累的社会矛盾和冲突起到调节作用，为纠纷弱势群体争取合理的补偿，在纠纷问题解决过程中，保证介入过程的公平性，在一定程度上决定其拥有其他力量所不具备的优势。同时，社会工作理论体系丰富，用相关社会工作理论方法介入，将会使调解更加人性化和科学化，这也使得社会工作介入拆迁信访问题具有可行性。③

---

① 参见张守龙：《弱者反抗的逻辑——对拆迁过程的社会学反思》，《宁波广播电视大学学报》2011 年第 9 卷第 1 期。

② 参见朱眉华：《社会工作介入信访领域的探索与思考》，《容志》2012 年第 4 期。

③ 参见林珍：《民间纠纷调解的社会介入》，《社会工作》2010 年第 4 期。

二、社会工作介入拆迁信访的时期和角色

从当前我国社会工作介入拆迁信访的成功案例可以看到，社会工作介入信访问题分为早期、中期和后期，其中早期介入主要是影响政策制定和参与重要事项决策参与，中期介入侧重于矛盾排查化解，后期介入侧重引导社区居民新生活融入。

（一）介入时期

1. 项目规划期介入

社会工作机构一直与政府有合作关系，承担着政府购买服务的相关项目，且彼此信任。在这种背景下，政府在主导的拆迁项目启动前，延续政府购买服务合作，聘用社会机构介入拆迁工作，参与早期的政策评估、风险排查等一系列工作中。这种介入模式更多偏向于社会工作介入政府工作，属于前置介入的范畴。

广州东濠涌中北段改造项目对社会工作进行了很好运用。东濠涌改造工程的拆迁工作中，越秀区政府先组建了越秀区政府购买公共服务工作部，再以政府购买服务方式，引入专业公关公司帮助协调居民与政府间利益关系，搭建居民与政府部门、拆迁主体沟通渠道，公关公司发挥了积极作用。

在规划期介入有利于尽早让社会工作融入拆迁当中，尽早在发现矛盾、了解情况上发生作用，引导社会工作者从一开始就通过政策宣传、信息收集与居民（村民）建立信任，对于后期工作的开展更有帮助。

2. 拆迁执行期介入

拆迁执行期是拆迁工作的关键阶段，也是拆迁信访矛盾集中爆发的关键阶段。社会工作者或机构参与协助落实拆迁政策，是社会工作发挥矛盾排查、拆迁引发的家庭关系调试等的关键时期，可以说是社会工作介入的最佳时期。[①] 这种介入主要是社会工作介入拆迁信访的过程，属于后置介入的范畴。

---

① 参见杨婕媖：《社会治理实践中社会工作介入拆迁安置社区的研究》，《中南大学学报》2013年第 20 卷第 5 期。

长沙市开福区众仁社会工作服务中心设立拆迁服务项目，组织 4 名社工以独立第三方的角色，在拆迁工作中主要开展五方面工作：一是进入拆迁家庭了解被拆迁人的真实想法；二是对态度强硬、心理焦虑的被拆迁人开展心理疏导；三是帮助有困难的被拆迁人反映困难或者提供实际帮助；四是进行政策宣传与讲解；五是提供政策咨询，这些做法取得的成效是非常显著的。①

拆迁执行期引导社会工作介入，其目的性非常明确，就是辅助推动拆迁。社会工作作为一支独立的第三方力量，有利于化解许多"信访部门—信访人"解不开的二元矛盾，重新建构三元矛盾化解机制，将政府和信访人连接起来，但此时对社会工作者的能力素质要求特别高，既要取得双方信任，又要找好双方利益的契合点，需要有很丰富的工作经验和相应技巧才能达到。

3. 拆迁收尾期介入

拆迁收尾阶段的社会工作主要面向两类群体，对于已经拆迁的群众，要做好生活调试、居住保障、新社区融入等工作；对于未回迁的钉子户，则需要加大力气开展政策解读、思想劝导工作，这部分工作也是社会工作中比较难做的部分。拆迁收尾期的社会工作介入主要是集中在回迁社区融入方面，通过邀请专业社工介入，或者政府购买服务方式主动干预，对于构建和谐社区、发展社区文化有重要意义。这种介入也属于后置介入范畴。

（二）介入角色

社会工作介入拆迁信访有很多种方式，比如，信访部门请专业社工提供义务服务，或政府购买服务方式委托给专业机构实施，或有偿聘请专业社工等。以香港为例，通常邀请义工开展社区探访、组织居民会议、引导资源连接、倡导政策改善等方式，将社区工作方法与社会工作倡导相结合。因此，社会工作介入拆迁安置服务的方式是多样的，但不管哪种方式，均要注重如下情况：注重利用一切机会，与服务对象建立起良好关系；要利用身份优势介入拆迁工作，兼顾政府与服务对象需求。近些年 C 区在这方面进行了一些

---

① 参见肖萍、罗狄烽：《长沙社工，征收方与拆迁户之间的润滑剂》，《中国社会报》2013 年 1 月 5 日。

有益的探索实践，结合不同角色分析如下：

1. 以拆迁执行人的角色介入

实际工作中，将大学生村官、社区工作者直接纳入拆迁工作组，与其他人员一起开展拆迁政策宣传、回迁社会安置、居民素质提升等服务，辅导以社会工作的方法，对于增强拆迁群众归属感有很大助益。

C 区在实践中，充分利用大学生村官熟悉社区（村）情况、较易获得被拆迁人的认可、学习能力强、接受新鲜事物能力强等优势，将大学生村官吸纳到拆迁工作组，并对其进行社会工作专业培训。这些村官在拆迁工作组除了负责日常文字、信息等报送收集工作外，作为非直接利益人，还可以深入各家各户了解情况、收集群众信息并及时反馈给拆迁工作指挥部，帮助解决问题推进拆迁进程。同时，在回迁周转期内，充分发挥大学生村官学习能力强、电脑运用技术高等优势，帮助村民搜集租房信息，建立村民 QQ 群，发布手机短信，让村民时刻感受到被关怀。

2. 以拆迁委托执行人的角色介入

这是当前社会工作介入拆迁工作比较多的一种。政府部门通过购买服务的方式委托专业机构介入拆迁。在这个过程中，社工以相对独立的身份介入，并且有足够的时间充分地评估拆迁各项事宜，协调处理各种拆迁疑难杂症。

政府购买服务解决基层社会治理难题，或将成为今后推进基层社会治理创新的方向。在当前法治社会的大背景下，通过购买法律咨询服务，由专业律师为拆迁群众提供法律援助，既规范了拆迁工作，又帮助拆迁群众解决了一些切身难题，还为政府赢得了时间和信任。需要注意的是，购买服务的质量需要进行监督和评估，以群众满意不满意、愿意不愿意为标准。

3. 作为独立的第三方主体介入

社会工作机构以完全独立的第三方角色介入拆迁工作，其中社会工作机构受拆迁主体的邀请参与，而非委托执行，目前这种角色尚不多见。

（三）介入方法

社会工作实务有三种工作方法，即个案工作、小组工作和社区工作。针对不同的拆迁信访群体，有针对性地引入适宜的工作模式，充分利用社会学、心理学、危机干预等知识，解决信访群体利益诉求，营造和谐稳定的拆迁环境。

1. 个案工作方法

这种方法比较适应于个体访的拆迁信访群众，特别是情绪控制能力差、信访频繁、心理状态不佳的信访人。利用心理学等专业知识与技巧，提供一对一、面对面的交流帮扶，深入了解信访者的诉求，帮助解决实际问题。在与这类拆迁信访群众接触中，首先要取得信访人的信任，建立良好的关系，让其愿意接受帮助。其次要详细了解其遇到的困惑，对于能帮助协调解决的诸如家庭调和、社会适应、心理失衡等问题，通过更多的心理疏导和耐心引导，积极治疗解决；对于一些政策层面的问题，要帮助信访人反馈给相关部门，协调推动问题的解决。

2. 小组工作方法

这种方法适用于以家庭单位上访或者家族单位上访的少数几个人，在介入过程中，要选定出其中的代表人物和权威人物，进行有针对性的沟通交流、答疑解惑。了解他们在拆迁中面临的问题，对于共性问题归纳总结，协助反馈给相关部门进行办理，对于非共性诉求做好解释工作，同时积极进行小组心理疏导，帮助排解不适宜情绪。

3. 社区工作方法

这种方法适用于回迁社区建设过程中，特别针对居民回迁融入感不强、归属感不强等问题，要积极运用回迁社区这个载体，有针对性地开展社区活动，丰富回迁村民生活，引导他们积极融入新的群体。同时对社区中老年、妇女、儿童、失业群众等群体有针对性地开展社区活动，引导社区居民在为老护老、爱护环境、相互关怀等方面主动作出表率。通过一系列的措施帮助居民提升社区融入感。

三、社会工作介入拆迁信访的具体路径

社会工作介入不是一次性和万能的，需要连续不断、循环往复的长久过

程以及持续不断的尝试和探索。① 鉴于拆迁工作总体可分为三个阶段，本文拟从事前、事中、事后三个维度分析社会工作介入的具体路径。

（一）拆迁政策风险评估及完善

1. 评估拆迁政策

现实生活中，拆迁补偿政策往往是极端信访事件的导火索。因此，对于拆迁补偿，需要有一个客观公正的评估，在双方难以达成一致的情况下，可以考虑由双方共同选择第三方机构介入评估，既避免公权力的过度干预，又能合法保障被拆迁人的利益。② 拆迁政策制定时，可以探索聘请专业社会机构介入，或者由人大代表、政协委员、新闻媒体、律师专家等社会人士担当，这些人了解区域发展情况，熟悉拆迁工作流程，了解居民的就业与生活状况，应该引导他们参与拆迁政策制定，让政策覆盖大多数人利益。同时，确保补偿标准不低于规定标准，使各项目奖励补助的名目和标准统一，各拆迁项目内先签与后签被拆迁人的奖励补助统一，杜绝奖励补助数额逐步增加的现象，避免产生"先拆奖励少，后拆奖励多"问题。通过社会工作者队伍，对拆迁政策进行评估和监督，防范引发社会不稳定风险因素，寻找政策漏洞，协助政策制定者调整完善政策，最终达到柔性管理的目的。

2. 宣传拆迁政策

当前拆迁工作中，前期政策往往由村委会向村民传达，加之拆迁政策文件规定烦琐、专业术语很多，被拆迁人不一定能够读懂、甚至对政策产生误解，而负责拆迁工作的人员有限、工作量烦琐，无法做到一一解答。在这种情况下，可以委托专业社会机构介入特别是法律服务类机构，参与前期的拆迁政策宣传普及，通过设点咨询宣传、入户咨询宣传等方式，围绕居民重点关注的拆迁政策进行答疑解惑，帮助村民算经济账、长远账。这个过程不仅是答疑解惑的咨询过程，也是建立良好关系的有利契机。对涉及被征地拆迁

① 参见杨婕娱：《社会治理实践中社会工作介入拆迁安置社区的研究——基于香港与大陆的比较分析》，《中南大学学报（社会科学版）》2014 年第 5 期。

② 参见张守龙：《弱者反抗的逻辑——对拆迁过程的社会学反思》，《北京科技大学学报（社会科学版）》2010 年第 4 期。

群众的拆迁方案、回迁方案等，充分听取意见建议，对于群众意见中合理的内容，要第一时间反馈，并且及时答复拆迁群众，担当起第三方有效快捷联络员。

3. 征集群众诉求

通过引入专业社会工作机构，以第三方独立人身份对群众进行走访调查，对调查数据进行科学分析，评估预测征地拆迁工作是否存在引发群体性事件的苗头或其他隐患，并针对可能存在的风险点有针对性地建立相应的预测预警措施和风险防范、处置措施、应急预案，强化风险的可控性。

要真正发挥社会工作者作用，就必须充分吸纳社会工作者参与拆迁工作推进部署中，让他们了解当前进展及真实情况。同时，引导社会工作者将群众诉求与政府部门进行对接，推动建立信息沟通平台。

（二）排查化解拆迁信访隐患纠纷

1. 全程监督拆迁

可以由人大代表、政协委员、法律人士、新闻工作者和拆迁群众代表等组成第三方监督小组，全程参与和监督拆迁工作，对于拆迁村民提出的疑问积极履行权利及义务，坚持一个"标准"，保持一个"口径"，最终目的是要保障拆迁公平公正进行。对于政府主导的拆迁项目而言，这条也属于前置性介入，通过社会工作监督政府工作。通过第三方机构介入，避免被征地拆迁群众由于对政府缺乏相对信任，而造成互相猜测、互相抬价、互相攀比等心理，也为合法面积界定提供可靠的依据。

2. 提供法律服务

由于部分被拆迁人文化水平较低，对各种政策法规也缺乏了解，容易受他人蛊惑而上访，甚至有极端上访行为。对于这类人，要聘请律师等专业法律服务人员参与拆迁信访问题调解，增加专职律师在调解中所占的比重，依托他们帮助信访群众分析相关政策，告知各种问题的处理方法，一起探讨各种对策的利弊得失，引导信访人走上正常维权渠道。

这种做法既有利于落实中央法治建设的要求，也将推动拆迁工作在法治的大轨道里运行，引导拆迁群众知法用法守法，将拆迁中的矛盾引向法治轨道解决。因此，引进法律社会工作对于更好地规范拆迁工作意义重大。

3. 劝导钉子户

在当前拆迁工作中，拆迁滞留户、钉子户成为拆迁工作的难点，并且常常是拆迁重点矛盾隐患的代言。成都金牛区的唐福珍事件，女主人唐福珍以死相争未能阻止政府组织的破拆队伍，最后"自焚"于楼顶天台。湖南株洲市云龙示范区学林办事处横石村，汪家人为阻止强拆在自家房顶点燃自焚。这些案例给我留下了一些启示，对于拆迁钉子户，政府主导的强拆行为只能进一步激化矛盾，最终导致矛盾升级甚至造成人员伤亡，非常有必要通过第三方力量参与化解。实际工作中，让拆迁村德高望重的人或拆迁地区德高望重的村干部、老同志参与拆迁滞留户思想劝导工作，效果非常好。这些人生活在拆迁户中，平日威信高、说话管用，且对拆迁政策比较熟悉，对当地百姓家庭、生活、生产情况熟悉，帮助拆迁户算拆迁经济账，使拆迁户慢慢意识到拆迁最终将带来实惠，即化解了拆迁矛盾，又确保了和谐稳定。

这种通过第三方介入开展思想劝导工作的做法，就是通过第三方人员反复上门参与拆迁遗留户的政策解释及思想劝导，进行面对面交流，最终让拆迁遗留户有了动迁意愿，可以有效化解很多正面冲突矛盾。

4. 心理失衡疏导

信访工作人员对信访事项处理成功与否有两个决定因素，即对政策法规的熟悉应用程度和对信访人心理的把握程度。拆迁信访群众绝大多数都有心理失衡问题，社工运用自身知识和专业训练帮助他们宣泄郁闷的情绪，使得拆迁中三方能和谐相处，同时帮助困难被拆迁人走出负面情绪的阴影，理性面对问题和困难。因拆迁信访的群众，其心理特征主要有侥幸型心理特征（明知自己的问题解决不了，也要找与此相关的一些借口和理由进行信访，总觉得哪天会有转机）、嫉妒型心理特征（看到别的拆迁户过得好，引发嫉妒情绪，最终爆发不满）、信任型心理特征（凭自己的力量无法解决时产生了求助心理，但信访行为本身就证明了对政府及领导的权威充满信心）、从众型心理（在领头人的感召下积极追随，但自己缺乏主见，容易接受外界的压力或消极暗示）。对这些不同心理特征，要充分利用心理疏导中的"倾听"、"共情"

和"自我暴露"等技术，采取约谈和跟踪回访等形式对信访人进行心理疏导。

心理疏导实质是不断消除内心不和谐因素，最大限度营造和谐心理的过程。对拆迁信访者进行心理疏导，将有助于其以理性心态来对待拆迁矛盾或纠纷，更有利于问题回归到理性轨道上来解决。

（三）提升拆迁群众对回迁社区的融入感

1. 生活帮扶

在当前"货币补偿＋房屋安置补偿"相结合的拆迁工作背景下，村民从签订拆迁协议到顺利回迁入住的过程一般为2—3年，最长可能要4年甚至更久，在这个过程中村民往往因为居无定所、生活不便产生很多心理、生活上的问题，容易引发信访矛盾纠纷，比如子女上学、日常出行、邻里沟通等，还有一些服务对象面临各种家庭矛盾，缺乏社会支持系统，提供全方位优质服务迫在眉睫。可以由社会工作者与政府相关部门成立专业帮扶队伍，从解决待回迁群众的住、行、上学、就医等问题上下功夫，帮助联系周转房源，让拆迁群众顺利入住，并尽量安排原有邻里居住在附近，相互照应；协同教育部门解决待回迁群众子女上学问题，帮助其顺利过渡；社会工作者定期走访待回迁家庭，了解其生活境况，针对工作中存在的问题积极协调化解；特别对拆迁后独居的老年人，要帮助建立社会支持网络。让回迁村民心理上有被照顾感、被重视感，有利于营造和谐的拆迁关系，同时也将让拆迁村民更好地适应拆迁后的过渡生活，更好的度过过渡期和心理调适期。

2. 就业指导

做好群众长远生计谋划，要加强被征地拆迁群众再就业工作指导力度，增加被征地拆迁群众工作岗位。要按照"政府促进、个人选择、市场调节"的原则，制定促进失地农民就业配套政策，可依托社会工作介入，对拆迁农民就业情况及就业意愿进行调查，对不同情况的村民进行分类培训，同时政府将相关就业信息交给社工机构，由社工对应聘村民进行辅导，对走上岗位的村民进行心理调适，帮助其更好地适应工作氛围。可以成立失地农民就业帮扶项目，为失地农民提供各种培训、就业信息等服务。因此，政府要关注拆迁村民的就业问题，要以强化失地农民培训为重点，提高失地农民的素质和就业竞争能力。

3. 理财帮扶

帮助群众合理使用补偿款。当前政府部门对村民拆迁款使用情况没有追踪，介入村民理财容易造成误会，因此借助第三方社会机构力量，对村民进行理财指导很有必要，可以协调联系银行、金融等方面的专家，根据村民需求，设置"理财知识课堂"，根据各村情况不定期"上课"，引导银行、金融等行业专家与村集体结对共建，成为村民的"理财专家"，引导回迁村民树立长远理财意识，确保生活长久富足。

4. 回迁社区建设

回迁社区建设对于拆迁村异常重要，要特别注重鼓励孩子们参与社区治理，通过孩子影响每一个家庭，帮助每一个家庭改变和融入社区。在社区环境方面：每月开展一次清洁家园活动，呼吁社区居民从身边的小事做起，共同维护社区环境。社区文化方面：挖掘社区居民潜能，组建兴趣团队，丰富居民闲暇生活，满足居民精神文化需求。邻里关系方面：开展"结对帮困"等活动，增强居民凝聚力和归属感。心理支持方面：为老人提供情绪疏导、心理支持和促进生活适应等服务，与老年人谈话交流，分享他们对于拆迁安置的感受和看法，及时疏导他们的负面情绪。日常管理方面：挖掘和培养社区领袖及志愿者团队，引导居民参与到社区工作中，凸显"社区主人"身份。

通过上述行动，从回迁社区文化素质提升、居民生活方式转变的角度，从社区环境、社区文化、邻里关系、日常管理等方面融入社会工作，推动构建和谐稳定的新型回迁社区文化，真正探索实践"政府主导、社会参与、社区自治"的多元社会治理模式。

当前一些棘手信访问题信访部门介入已无法化解，且持续介入而不解决实际问题只会让政府公信力下降，加之信访工作者长期的工作习惯往往站在政府角度考虑问题，缺乏站位的公正性和平衡性，矛盾化解方式呈现出"信访部门（政府）—信访人"二元结构。在这种背景下，提出第三方机构介入拆迁信访问题，通过选定双方认可的第三方，充当信息沟通交流、意见反馈、专业咨询、服务提供等多重角色，为更好地推动拆迁工作奠定更加坚实的基础，构建推动信访问题有效解决的"信访部门（政府）—第三方社会工作—信访人"三元矛盾化解模式，并基于社会工作介入拆迁信访问题的实例、介入方式方法，从拆迁前、拆迁中、拆迁后三个维度，提出社会工作介入拆迁、化解信访矛盾的具体做法及角色扮演，以期对解决当前的拆迁信访问题有所借鉴。

　　虽然从一些已经实践的案例可看出，社会工作介入拆迁信访问题确实是解决当前二元矛盾化解机制弊端的一种好的选择，但其在操作实际中面临的几个问题也不得不引起重视，如拆迁信访群众对社会工作的接纳程度、社会工作者的角色定位及公正服务问题、社会工作方法介入拆迁信访问题成效评估、社会工作方法与其他工作方法的联合运用等。

医务社会工作缓解紧张医患关系途径研究

黄峥

摘 要：社会和谐是人类孜孜以求的社会理想。社会主义和谐社会也是我国社会建设的目标，而和谐的医患关系是社会主义和谐社会的必备要素。近年来，随着我国经济社会的快速转轨，医患关系却出现了紧张的趋势。医患之间的冲突不断升级，暴力伤医事件频频发生，造成了恶劣的社会影响。因此，调整医患关系的治理方式，重构医患关系，已经成为当务之急。本文从我国转型期医患关系的现状、特点及表现形式入手，分析紧张的医患关系产生的多方面原因，结合我国目前医务社会工作的经验，研究运用医务社会工作改善我国目前紧张的医患关系的途径和方法，并提出有针对性的对策和建议。

我国医患关系紧张的现状及原因分析

医患关系伴随着医疗服务过程而产生，有医疗服务行为，便产生了医患关系。患者满意是医疗服务的目标和宗旨，也是衡量医患关系的"晴雨表"。医患之间本身是利益共同体，是相辅相成的关系，损害任何一方的利益，另一方的权益都无法得到保障。目前，我国医患关系状况呈现出异常紧张的状况，表现为医疗纠纷与医疗诉讼的不断递增，"医闹"现象的愈演愈烈，对医护工作者的人身伤害事件频繁发生，探究其原因，既有深层次的制度上的缺陷，也有医患双方本身的问题。本节从医患纠纷的现状入手，分析其特点及原因，以探求更好的解决方法。

一、我国医患关系紧张的现状

（一）卫生部统计报告中反映的医患关系现状

根据国家卫生部公布的 2008 年《第四次国家卫生服务调查分析报告》显示：患者满意度调查中，向就诊病人和住院病人询问"您对就诊（住院）机构最不满意的是什么"，41.2% 的门诊就诊病人对就诊机构表示不满意（城市 43.5%、农村 40.5%）。44.2% 的住院病人对住院机构表示不满意（城市 48.6%、农村 42.6%）。门诊不满意内容及患者比例，16.2% 就诊患者对医院的设备环境差最不满意（城市 7.5%、农村 18.9%），是所有最不满意选项中所占比例最高的，越是落后的地区其不满意的比例越高。14.9% 就诊患者对医疗费用（高或不合理）最不满意（城市 20.3%、农村 13.3%），在所有最不满意选项中位列第二，其中城市相对较高为 25.3%，农村各类地区相对较低。7.8% 的人对药品种类少最不满意（城市 5.0%、农村 8.6%）。5.4% 就诊患者对医院技术水平低最不满意（城市 4.1%、农村 5.7%）。4.1% 患者对就诊机构手续烦琐最不满意（城市 5.2%、农村 3.7%），以大、中城市比例相对较高分别为 6.5% 和 6.7%。患者对医生的信任程度仍有待进一步提高。尽管大部分的门诊或住院患者对医生表示信任，但仍有较多的人（18% 的门诊病人和 16% 的住院病人）表示"一般"或"不信任"。患者对医疗服务仍有较高比例的不满意。①

与 2003 年相比，对门诊服务患者满意度改善不明显。患者对门诊不满意的原因，集中在设备环境差（尤其是农村）和医疗费用高（尤其是中小城市）两个方面。2008 年住院服务的满意度调查结果较 2003 年有所改善，但不满意的比例仍然达到 44.2%，其中，又以对住院费用高不满意最为突出。该调查表明，我国目前医患关系呈现出患者对医疗机构提供的服务不甚满意，医患之间缺乏信任与沟通。其中除去医疗技术因素，医疗机构缺乏对患者的

①　参见《第四次国家卫生服务调查分析报告》第六章。

关爱，缺少人文关怀和人性化的服务是导致患者对医疗服务不满的主要原因之一，加上缺少有效的医患之间交流与沟通机制，患者的不满情绪爆发在就诊过程中，医患冲突就不可避免地发生了。

（二）信访事件中反映的医患纠纷

信访事件中涉及的医患纠纷主要特征表现为，医疗事件发生后，患者和家属往往不愿意采取正当的途径解决纠纷，排斥医疗事故鉴定和司法途径解决问题，在利益诉求得不到满足后，采取到医院门口打横幅、霸占病房、对医院工作人员进行伤害等过激行为，不但影响正常的诊疗秩序，也危害了其他患者的就诊权利。

（三）新闻网络等媒体报道的纠纷事件

近年来，新闻媒体报道的医患纠纷事件不断增多，冲突形式也不断升级，从要求巨额赔偿到对医务人员的身体伤害，医患关系不断恶化的现状，触目惊心，令人担忧。医患纠纷的表现形式已经逐渐从言语暴力、肢体冲突发展到暴力伤害事件。据不完全统计，中国每年被殴打受伤的医务人员已超 1 万人，2000 年至 2010 年间，共有 11 名医务人员被患者杀害。中国成全世界医生遭杀害最多的国家。[①]

二、我国医患关系紧张的原因分析

（一）医患双方原因分析

1. 医方原因分析

（1）医疗技术具有局限性

医学是一门具有不确定性的科学，具有试验性和探索性，同时具有高技术、高风险的特点，个体之间的身体差异会导致医疗效果千差万别。治疗过程具有不确定性，在诊治及护理过程中，伴随治疗而产生的并发症是现代医学科学技术能够预见而不可避免和防范的不良后果。医疗行为总是在疾病发

---

① 参见《拷问中国医生安全保障》，http://health.sohu.com/s2012/yinao/，2014 年 11 月 26 日访问。

生之后进行，加之疾病本身的复杂性，治愈有时则需一个漫长的过程甚至无法治愈，而患者对一些疾病缺乏专业认识或期望值过高，常常导致患者及家属的心理落差，一旦发生不可接受的结果，医患矛盾则容易激化。

（2）医院过分追求经济效益

在现行的市场化运营模式下，医院为维持自身的运行与发展，不得不追求经济效益。医院为追求高效益，单纯注重医疗硬件的改善，加大基础设施建设，配置大型医疗设备，强化经济目标，弱化质量目标。于是药品加成、过度医疗、高价药品、大处方、收回扣、科室承包等问题和现象层出不穷，导致了人们"看病难，看病贵"。这是导致医患关系紧张的重要因素之一。

（3）部分医生医德滑坡

在市场经济的大背景下，人们普遍看重经济利益。少数医务人员缺乏关心、爱护和同情患者的基本素质，对患者冷言冷语、态度生硬、责任心不强。部分医生为完成科室下达的经济指标开大处方、上大设备，不仅造成了医疗资源的浪费，而且加重了患者的负担，导致患者对医生的不信任，造成了恶劣的社会影响。

2. 患方原因分析

（1）对治疗结果的预期过高

时代不断发展，人们的维权意识普遍提高，对医疗服务也有了更高的要求，大多数患者对治疗疾病的预期也越来越高，总是期望药到病除、医生妙手回春。但是病患个体千差万别，即使是常见病、多发病在不同的患者身上，也会出现相当复杂的情况，仍然存在治疗上的风险。更重要的是，目前的医疗技术还对许多疾病束手无策。在患者对治疗结果的期望值过高，对风险性和复杂性估计不足的情况下，治疗结果一旦低于预期，就会形成患者及家属的心理落差。在这样的心理之下，往往就会认为是医院或者医务人员的问题造成的结果，由此引发医患矛盾。

（2）非正常维权

医患之间产生纠纷后，正常的解决途径基本上有三种：一是与院方自行协商解决；二是申请医疗事故鉴定；三是通过法律途径解决，部分患者及家属不知道或不愿意通过正常的渠道解决纠纷，或者是提出不合理要求，在院方不能满足其不合理诉求的情况下，认为申请医疗事故鉴定有"医医相护"的嫌疑，为达到个人目的而霸占医院病房、办公室，打横幅，漏费欠费，甚至谩骂、殴打、攻击医务人员。

3. 医患双方的原因

（1）缺乏相互信任

患者对医生不信任。看病、住院千方百计托关系、找熟人；手术前给医务人员塞红包，生怕医生不认真、不负责；对检查结果到多家三甲医院找专家分析，还是将信将疑；对收费单据仔细检查，怀疑医院乱收费；等等。这些不信任既包括了对医生医术的不信任也包括对医生医德人品的不信任。

医生对患者不信任。为避免纠纷或漏诊，医生往往以高精尖仪器检查而代替普通仪器诊断，不承认患者带来的外院的检查结果，不信任患者讲述的病情和病史而过度诊疗、滥检查，医生实施"防御性医疗"，其结果是加重了患者的负担，导致患者不满，增加对医务人员的不信任。如此恶性循环，医患互不信任。

（2）信息不对称

医护人员是经过多年医学专业知识和实践培训出来的专业人员，对疾病问题有专业判断，而就诊患者的知识、学识、背景、职业、专业差异很大，对疾病的认识和对治疗方案的理解也不同。医患之间有严重的医学信息知识不对称的特点。患者相对缺乏医疗专业知识，患者对医学知识的局限性和医生掌握的疾病治疗的经验，造成了双方对疾病认知程度的不对称。

（3）沟通不畅

医患沟通是一门学问。医患间良好的沟通是保证医疗质量的重要基础，医生通过询问了解患者的症状、病史及生活习惯等情况，制定出具有针对性的诊疗方案，使者不是单纯地被动地接受治疗，还要信任、积极地配合医生进行治疗。医患之间有效的信息交换是消除障碍、互相信任，构建和谐医患关系的前提。在医疗服务过程中，医生需要与患者及家属不断交换信息，达成共识，制定适合患者的医疗方案，患者需要配合治疗，向医生反馈治疗效果。当今，在提倡人文关怀背景的医疗环境之下，医患之间的沟通显得尤为重要。而现实却是，患者在经历排队挂号再排队就诊的几个小时之后，好不容易见到医生，医生来不及抬头看看患者，就开出了一大堆检查单，接着患者继续排队挨个检查，拿到检查结果后还要排队给医生看，没等说几句话医生就开出了一大摞的药单，如果再多问几句，后面排队的患者便牢骚不断。面对人满为患的就诊者及不断的加号请求，医生也很难做到与每一位患者充分沟通，此种情况下，由于缺乏医患之间沟通的机制和机会，造成患者对医务人员服务的不满。

（二）医疗体制原因分析

一是我国医疗卫生资源总量不足且配置不合理。优质医疗资源集中，基层卫生服务体系薄弱。医疗卫生资源多集中在大城市，城市中的优质医疗资源又集中在大医院。导致城市的三甲医院人满为患，大病小病都往大医院跑，而基层卫生机构门可罗雀或是成了开药房。2011年2月18日，卫生部部长陈竺在作深化医药卫生体制改革形势报告时指出，百姓反映强烈的"看病难，看病贵"的问题是多种原因长期积累造成的。其中原因之一就是医疗资源不均衡。二是以药养医的卫生体制，医院要负担自身的发展资金和医生的工资，在医疗服务价格受物价局制约的情况下，不得不通过药品销售维持医院运行。

（三）社会原因分析

媒体过度炒作医患矛盾也是加剧医患不和谐的重要原因之一。医护人员本是救死扶伤的天使，医生和护士是一种高尚的职业，从古至今，也有许多悬壶济世、治病救人的感人故事。可是，商业传媒在日益激烈的市场竞争下，为了维持和增加听众和读者，吸引眼球，鲜有医护救死扶伤的正面报道，却对医疗纠纷、伤医事件、医生"不作为"等大肆宣传渲染，报道中带有强烈的感情色彩，事实被扭曲后留给读者和观众的印象就是医生不负责任、医院挣黑钱。医护人员被"妖魔化"，降低了患者和家属对医护人员的信任度，从而容易产生矛盾纠纷。

医务社会工作缓解紧张医患关系的可能性

一、医务社会工作对医患双方干预产生的影响

（一）维持医患之间良好的沟通关系

医务社会工作者是连接医生与患者之间的纽带，其具备医学与人文相结合的知识结构优势，尤其是具有扎实的医学基础和临床知识以及医院的临床实践经验，通过开展调查反馈、谈话，了解情况，掌握第一手资料，为医生提供治疗所需的患者资料；为患者和家属提供相关的医疗咨询，进行必要的健康知识教育，增强患者对自身疾病治愈过程的理想与现实差距的理解，在医患之间架起一座桥梁，弥补信息的不对称，从而使医患之间沟通顺畅。

（二）调试患者及家属的社会心理

医务社会工作的服务内容涉及生理、心理和社会等多个方面，具有很强的针对性和直接性。医护人员投入在繁忙的医疗工作之中，很难对患者的心理、社会等需求投入更多的关注，而患者在就医过程中会产生各种各样的社会心理问题，如对就诊流程不熟悉、对医院科室设置和位置不熟悉、对医生诊断治疗的疑惑、对病情的误判、对手术的恐惧、医患之间沟通不良、来自家庭和经济方面的压力等问题，这些问题如果不及时得以解决或缓解，将会影响诊疗方案的实施和治疗的效果，而且还易引起医患矛盾，引发医患冲突。解决这些医疗之外的问题，需要专业的医务社会工作者来完成，社会工作者可以根据患者和家属的具体情况和需求，提供必要的心理辅导和情感支持，对患者及其家属在就诊和治疗期间出现的心理和情绪问题进行协助疏导，制定具有针对性的入院、转院和出院计划，协调安排其他方面的服务，解决患者的实际困难，进行社会心理调适工作，拓展患者和家属抵抗疾病、适应社会的能力，预防医患纠纷的发生。

（三）协助医疗团队的顺畅运行

医务社工不仅是医患关系的协调者，同时也是医疗团队间冲突的协调者。

医务社会工作的重要内容之一是协助医院医疗团队的顺畅运行，包括促进医生、护士、医务社会工作者之间的专业分享，协调医疗团队成员间冲突，提高医疗团队的工作效率和工作质量；发现患者和家属的能力与社会资源，拓展患者和家属的社会功能，以更好的配合医疗团队的治疗；促进患者与医疗团队的沟通协调，及时处理患者和家属出现的问题，向医疗团队反馈患者意见，以便医疗团队及时调整治疗方案；协助医疗团队成员调试不良情绪和状态，改善工作方法，提高服务质量，为患者及其家属提供令患者满意的服务等。通过医务社工的专业服务，使医疗团队整体有序地开展工作。

（四）促进医院自身发展

医务社会工作者在为患者及家属、医务工作者提供服务的过程中，改善了医院服务质量，优化医院服务体验，实现医院"以人为本"的服务理念，实现"以患者为中心"的工作要求，提供人性化的服务，体现医院良好的人文关怀。同时，医务社会工作者在工作中，可以收集患者和医务工作者对医院服务、管理和发展的建议和意见，反馈给医院的领导者，不断改进医院服务，提升医院管理和服务水平，参与医院发展建设，为医院发展献计献策，促进医院自身发展。

二、医务社会工作对医疗体制产生的影响

（一）增加医院内的新角色

我国较早就有医务社会工作的历史，但由于历史原因有相当长时间的停顿，目前，社会普遍缺乏对医务社会工作专业的认识，即使是在医院，大部分职工也不了解医务社工的工作内容和作用。医务社会工作者进入医院，成为医院职工的正式一员后，可以通过参与医疗治疗服务过程，不仅让患者了解医务社会工作，也使医院内部工作人员了解医务社会工作专业，通过社工的努力，改变医院传统的生物治疗模式，使医院从医务工作者到医院的陈设更加具有人文关怀精神，患者所见的不再只是病房内统一而缺少人性化的白墙、白床单、白大褂，通过增加对患者的心理关注、解决患者的社会问题，将在很大程度上缓解医患矛盾。

（二）确立有效沟通机制

由于医生忙于医疗专业工作，加上对患者人文关怀的欠缺，以及患者自身的文化素质及有限的医学知识等问题，使得医患之间沟通不畅，关系紧张。而医务社会工作者的作用，就在于能够改善这种状况，促进医患之间的有效沟通，使医生与患者之间产生良性的互动，建立联系医患之间的有效沟通机制，减少因缺乏沟通而产生的纠纷和矛盾。

（三）促进医疗资源的合理利用

我国医疗资源分配不合理，因此患者往往集中于大城市的三甲医院，医患比例不协调，也容易导致医患纠纷的发生，因此医务社会工作者的工作内容也包括引导患者合理就诊就医，引导患者到社区就诊或是到其他适合的医疗机构就诊。此外，患者在医院治疗结束转入康复期后，医务社会工作者利用资源可以为需要的病患联系资源。例如为结束治疗转向社区康复的患者联系当地康复机构，为需要进一步治疗的患者提供帮助，协助建立个人健康档案，从而减少病患为寻求资源而产生的苦恼，促进医疗资源的合理利用，进而促进医患之间的关系。

三、医务社会工作对社会环境的影响

（一）正面引导社会舆论

在医患关系中，患者处于相对弱势地位。为了维护平等和谐的医患关系，社会往往偏重于强调医护人员在构建医患关系中的责任。由于媒体、舆论对医疗行业的不客观评价及患者角色意识的增强，导致了患者对医生的不信任，并进一步激化了医患矛盾。[①] 不良的媒体舆论宣传，对恶化医患关系起到了推波助澜的作用。事实上，绝大多数医务工作者是敬业的，他们工作努力、勤奋，加班加点，兢兢业业，战斗在医疗卫生工作的一线，在 SARS、"甲流"侵袭人们的时候，是可敬可爱的医务人员坚守在工作的一线，才保障了广大人民的生命财产安全。媒体应更多聚焦于医务工作者的辛勤工作，为患者服

---

① 参见李洋、李君：《媒体凸透镜下医患关系报道的思考》，《今传媒》2014 年第 3 期。

务的报道上，正确引导社会舆论。医务社会工作者通过开展院内外宣传，不仅进行医疗知识、就诊流程的普及和医疗纠纷发生后解决途径的介绍，还需要对医院医务人员为患者服务的先进典型事迹进行宣传，增进与媒体的交流与合作，扩大医院及医务人员与患者和社会成员的沟通和了解，引导媒体进行舆论正面宣传医院和医务人员，减少因不了解和误会引发的矛盾和纠纷，推动医患关系和谐发展，推动医疗卫生事业健康发展。

（二）增加患者的社会支持

患者在生病就医期间，来自于疾病的困扰和家庭、自身认识等因素，会降低患者的社会功能，医务社会工作者通过挖掘患者的社会支持网络，协助患者提高社会功能，增加适应能力，增加患者的社会支持网络。如帮助因疾病而导致的工作能力障碍和就业障碍，社工可以帮助康复患者进行社会上的经济援助申请，联络社区资源进行支持，对医药费报销政策等进行咨询，改善与家庭成员的紧张关系，获得来自家庭的支持，利用资源进行就业介绍，减少社会歧视，帮助患者重返社区，从而拉近医院与患者的关系，促进医患之间的有效互动。

（三）推动社会和谐健康发展

医务社会工作者在为患者和医务人员提供服务的过程中，加强医患之间的交流协调，通过培训学习，加强沟通技巧的学习，提高医务人员职业道德和人文素养，倡导"乐善好施，扶贫救困"的传统美德，增进医务工作者对患者的关爱和关怀，优化医院服务流程，提高医疗质量和服务水平，加强医疗卫生行业自律，缓解紧张的医患关系，减少社会矛盾和冲突，维护社会稳定。同时，医务社会工作者通过在工作中发现的问题，可以及时向有关部门反映，提出合理化建议，倡导惠民的政策、法律法规的制定，促进医药卫生体制的改革，从根本上解决医患矛盾，推动社会和谐健康发展。

医务社会工作缓解紧张医患关系的实务领域及方法

医务社会工作作为专业社会工作的一个分支，在医院通过专业的社工服务，可以在医患纠纷和矛盾产生前进行有效预防和化解。本部分将具体探讨医务社会工作的实务领域和具体方法，开展院内的医务社会工作，服务对象不仅包括患者和家属，同时也包括医务人员和社会志愿者，探索院外的实务领域，研究适合本土的个案工作、小组工作、社区工作等医务社会工作专业方法。

一、医务社会工作实务领域探索

（一）开展医院内的医务社会工作

1. 服务对象

医患关系包括医方和患方，医院内的医务社会工作的服务对象包括住院及门急诊患者及家属，同时也包括医护工作者。社工服务的基本原则要求医务社工要平等待人，不论男女老幼、不分贫富贵贱、不带职业歧视，不对种族、肤色、地域不同的人带有偏见，一视同仁地对待每一位患者或服务对象。

2. 为住院及门急诊患者提供医疗及康复的社工服务

患者在医院就诊和住院过程中，医务社会工作者可以在接触患者和家属过程中全方面了解患方的基本情况，包括基本病情、心理问题、不良情绪、家庭状况、社会关系等情况，并在与患方充分沟通的基础上，了解患者的需求，将收集到的资料进行分析和汇总，及时向主管医生和护士反馈，并进一步了解患者的诊疗方案，及时调整更具针对性的诊疗方案，满足患者的需求，提供更人性化的诊疗服务，减少医疗纠纷的发生。患者在康复阶段，可以协助患者和家属联系康复医疗机构或社区，协助患者办理离院手续，及时做好转归，减少患者和家属由于不熟悉医疗系统的转归流程而发生不满和矛盾。

3. 为医务人员提供社会工作服务

我国医疗资源总体匮乏，优质医疗资源供不应求且集中于发达地区，大医院的医疗设备及人员均是超负荷运转，不仅是患者需要社工的服务和辅导，对医务人员来说，同样需要社会工作者的服务。医务人员面临来自患者及家属的疑问、社会负面的舆论及评价的压力，专业上的不断学习，职称晋升的激烈竞争，工作上较长和不规律的工作时间等各方面的压力均较大，因而也需要医务社会工作者开展必要的专业服务，以促进医务工作者的身心健康，从而更好地为患者和社会提供医疗服务。

医务社会工作者通过开展针对医护工作者的社会心理、医学人文、医学伦理、职业道德、社会工作方面知识等相关培训，促使医务人员缓解压力，树立良好的医德医风，并在实际工作中，不断改善工作作风，改进工作方法，加强与患者的沟通与交流，学习沟通技巧，真正做到关心体贴患者，提升医务人员的职业道德、增加对职业的热爱，促进医患关系的良性发展。

同时，在当前医患矛盾和冲突频频发生的背景下，协助医务人员应对心理危机，也是医务社会工作者的重要工作之一。发生纠纷事件，或医疗冲突事件后，医务社工可以为医务人员提供专业社会工作服务，减轻医务人员的工作与心理压力，减少心理负担，保证其有一个轻松的心情投入到工作中，更好地为患者提供服务。医务社会工作者为身陷医患纠纷的当事人开展相应的个案辅导，以缓解消极情绪和心理危机，通过小组活动，开展文化娱乐活动，丰富业余生活，以更轻松的状态、饱满的精神迎接工作。

4. 组织开展志愿服务

医务社会工作者组织开展招募社会志愿者走进医院提供志愿服务，组织医务人员志愿者走入基层开展志愿服务。在医疗机构搭建奉献爱心的平台，促进医患关系和谐发展。包括温馨服务在门诊的志愿服务，由志愿者为门急诊患者提供包括导医导诊、预约诊疗、排队引导、提供咨询、协助取药、陪同检查、取送检验报告单、查询费用等服务；为输液病人送水、发放医院宣传资料，协助医护人员为无家属陪同的输液病人做简易的生活护理；贴心服务在病房，为住院患者提供一般生活护理、沟通交流、陪同检查、健康咨询、费用查询、出院后回访及预约诊疗等服务。组织各类医疗服务志愿者，到社区、社会福利和残疾人康复机构等地，为群众提供诊疗、健康教育、咨询、宣传、预约诊疗、康复辅导等服务。

（二）医院外实务领域的探索

1. 开展健康宣教活动

医务社工可在社区、公园或其他公共场所，为公众提供疾病预防常识、保健知识等方面的宣传，提高居民预防和防控疾病的观念和能力，促进形成健康的生活方式，达到增进医患和谐、社会融洽的目的。

2. 联络资源为病患服务

社工要帮助患者不仅需要协调院内的各种设备及医务人员，有时为帮助患者减免、报销医药费用、进行医疗转诊、出院后的康复治疗或是申请其他救助和援助，还需与社区卫生机构、相关政府部门、慈善组织、基金会等相关机构进行联络，为患者提供信息。这就进一步拓展了医务社会工作者的服务领域，使其服务的范围不局限于医院内，更要放眼于社会，熟悉各项社会政策，关心社会发展，积极联络资源为患者提供服务。

二、医务社会工作方法研究

（一）建立工作关系

1. 与医院及医护人员建立合作关系

医务社会工作与一般社会工作有很大区别，其工作地点在医院，主导医院工作的是医护人员，诊疗行为是医院的主业，医务社会工作处于从属地位。我国目前社会工作尚处于起步阶段，公众对社会工作这一专业的认识不足，医务社工要在医院顺利开展服务活动，首先要取得医院和医护人员的信任，建立良好的信任合作关系，组成医生、护士、社工为成员的服务小组，参与入院计划、治疗方案等环节，进而与他们很好地配合，为患者提供服务。

2. 与服务对象建立专业关系

病患及家属是医务社工的主要服务对象，医务社工在与服务对象初次接触时就要与对方建立信任关系，以利于今后专业服务的顺利开展。专业关系建立的质量，将直接影响社工介入的效果。良好信任的专业关系，能使得受助者愿意在社工的指导下积极主动地反思自己面临的问题，动员自身的潜能，促进服务对象的自我觉醒。社工与服务对象接触时，所持的态度及相处的技巧对建立专业关系有直接的影响。[①]

社工在对病患及家属服务前，要选择适合的场所，并提前进行布置，尽量做到保护隐私、环境温馨舒适，美好的服务环境有利于放松服务对象的心情、舒缓压力，有利于工作的开展。社工要对服务对象的所处环境和问题感同身受，体会服务对象的压力和挑战，理解服务对象的困境，同时协助服务对象明白当前的目标和任务，对服务对象的积极行为进行鼓励和支持。

3. 学习医学基础知识

医务社工的主要服务对象是病患或病患家属，因此，社工应了解患者的来源、疾病种类、病情程度，科室患者的大多数问题，以利于参与到医疗团队的治疗计划，更好地做好医患之间的沟通与协调。

4. 掌握社会资源

了解当地的社会政策，包括医疗费报销政策、社会救助政策、各种基金会政策等，需要时协助患者及家属进行申请。

（二）开展个案管理

1. 开展个案的条件

医院患者很多，社工不可能对每一名患者都进行个案工作，于是社工对个案服务对象需要进行甄别。住院和门急诊患者和家属是社工的潜在服务对象，个案对象来源包括几种：一是患者及家属认为自己需要社工服务而自主求助的；二是医护人员或他人转介的；三是社工通过临床探访发现的。开展个案的前提条件则包括患者认为疾病严重困扰了其生活，有很大心理压力和负担，要求社工提供服务；医护人员反映患者表现异常，饮食不正常，有抑郁或焦躁表现，严重影响治疗的；经济困难，后续治疗难以为继等情况；具体是否需要社工服务介入，要对服务对象进行临床观察和预估，不可以社工自己的视角来界定服务对象的需要和问题。

---

① 参见香港社会服务发展研究中心编：《医务社会工作实务手册》，中山大学出版社 2013 年版，第 30—31 页。

2. 个案跟踪

对需要进行个案服务的对象，社工需要建立档案，根据社工发现及医护和家属反映的临床表现，对服务对象的问题和困境进行预估，并与督导讨论合适的介入策略，制定介入计划，使服务对象了解服务内容和计划，并达成一致的目标。

3. 评估

社工在结案前应对患者情况作详细评估，并事先与病患及家属讨论，要对完成个案目标和任务情况，服务对象问题改善和环境情况进行评估，看是否达到结案标准。

4. 结案

服务对象感觉自身问题得到缓解或自我能力得到恢复，不再需要社工服务，或其他原因，包括无法联络服务对象、服务对象病亡、服务对象极度抵制等情况，不再提供服务，应进行结案并做好结案记录。

（三）开展小组活动

1. 小组活动类型

小组工作是社工开展工作的有效方法。在医务领域小组工作可以有多种类型，内容也可以非常丰富。针对患者和家属，医务社工可根据各类疾病和患者的临床特征为患者和家属划分小组，例如乳腺癌互助小组、糖尿病支持小组等；根据组员身份划分的小组，例如患者小组、家属小组、医护人员小组等。患者及家属因疾病会产生巨大的心理方面和经济方面的压力，需要社工的及时疏导，而医护人员超负荷的工作量及特殊的工作环境，患者病情多样化、复杂化，加之医患之间矛盾不断升级，往往导致医护人员心理压力过大，因此医护人员同样需要社工的服务。针对医务人员，医务社工组织医护人员开展个案或小组活动，帮助医护人员减压。不同的小组类型将使小组活动目标更具针对性。

2. 小组活动的内容

医院开展的小组活动可提供疾病知识宣讲、饮食调理养生、心理疏导及治疗、入院、离院指导、病友关系拓展等相关内容。疾病知识宣讲小组可以让患者和家属了解疾病知识，以有利于照顾患者，邀请护理人员讲护理方面的知识和技巧，邀请营养科的医师讲解饮食方面调理的注意事项；心理治疗小组以疏导心理压力过高的患者和家属的心理压力为重点内容，鼓励患者和家属之间的相互交流，建立互相帮助、分享的小组关系；关系拓展小组可拓展病友间的人际关系，增加患者的支持系统，使患者不仅获得来自家庭、医院的支持，更可以从有"同病相怜"的病友的好经验中获得支持和信息。

通过开展临床小组活动，可达到支持、教育、治疗及娱乐的功能，鼓励患者和家属之间的互动和相互支持，减轻医患之间因为疾病和误解所导致的压力和冲突，增加相互间的情感交流，起到释放和舒缓紧张情绪的作用。

（四）进行社区工作

1. 开展义诊或体检

医务社会工作者倡导医院支持并与相关部门合作，利用医院内的资源为社区居民提供义诊和免费体检服务，医务社工需要提前与社区管理部门进行联络协调，同时取得医院的支持。通过有计划的持续性活动，维持医患良好的关系。

2. 开展社区健康宣教

制作宣传栏，发放宣传单及纪念品，提供健康讲座和咨询，分析地区多发疾病，根据社区居民的需求，邀请相关专家讲授疾病预防、治疗、康复方面的知识。

3. 医院义工募集和培训

医院社工可以吸纳有意参加志愿服务的人员到医院进行社会服务，对志愿者进行服务宗旨、服务技巧、沟通能力、疾病知识等的培训，充实医务社工的后备力量，发动整个社会对医务社会工作的了解、支持和奉献。

（五）拓展资源利用

1. 联络帮扶机构

发现医院中经济条件困难的患者，医务社工在核实其真实情况的基础上，需要为这些困难的患者联系相关资源和了解相关政策，如救助站、民政部门、医保部门、红十字会、基金会等社会组织，社工查找资源，给予患者支持，帮助联络机构和加强沟通，将使患者感到温暖，减少与医院之间的冲突。

2. 寻求合作伙伴

医院开展社区活动可与当地社区机构建立长期合作关系，利用当地社区资源，向工作人员介绍可能给社区居民带来的益处，吸引合作，并利用社区人员协调社区资源和居民的优势，保证持续的合作。同时可争取其他领域的合作，如争取基金会对开展活动所需的经费、专家、物品进行支持等。

社会工作是一门专业，开展医务社会工作就需要结合医务工作这一特殊领域，结合专业的社会工作方法，为患者和医务人员开展服务，在实现医务社会工作价值的同时，及时预防和化解医患矛盾，解决患者和家属的困难，疏导患者和家属、医务人员的紧张情绪和心理压力，促进医患关系和谐发展。

医务社会工作缓解紧张医患关系的中国实践

一、当前中国医务社会工作缓解紧张医患关系的基本情况

近年来，在社会学和社会工作教育迅速发展的情况下，我国一些医院为了解决日趋紧张的医患矛盾和医患冲突，运用社会工作理论和方法探索解决医患纠纷，在调和医患矛盾方面发挥了举足轻重的作用。广州中山大学附属第一医院自 1998 年 7 月开展医院义工服务工作。自 2000 年以来，北京、天津、上海及广州等大城市的大医院开始设置"社会工作部"等类似部门，在工作中运用社会工作理念及方法处理和化解医患矛盾，为新时期、新阶段如何改善医患关系提供了借鉴。如 2000 年 5 月上海东方医院成立了医院社会工作部，为病人提供帮助和情感支持，促进医院建立以病人为中心，关怀病人的爱的氛围。2007 年 1 月，北京协和医院恢复建立社会工作部，其宗旨是"主动服务于社会、服务于病人"，医院通过开展主动性、预防性的工作，以增加医患沟通渠道，扶助社会上的困难、弱势群体，重塑良好的医患互信关系。北京大学人民医院作为医务社会工作试点单位，于 2009 年正式成立医务社会工作暨志愿服务工作部，于 2010 年 12 月牵头成立了中国医院协会医院

社会工作暨志愿服务工作委员会。① 目前医院医务社会工作的内容包括志愿者服务，社区健康促进，实施的团体工作让病人及家属在团体讨论与经验交流中，促使病人及家属获得正确的医疗资讯、缓解情绪压力、增进疾病适应能力，对于经济困难的患者，医务社会工作者与各个社会慈善协会沟通联系，收集基金会的相关医疗救助信息，建立基金会医疗救助资源库，建立合作关系，协助患者申请相关医疗救助。

医院社会工作的开展，有效地提高了医务人员以病人为本的服务意识，增进了医患之间的感情交流，缓解患者压力，改善了医患关系，起到了医疗纠纷事前预防的作用。

二、中国医务社会工作缓解紧张医患关系的两个典型实践

（一）同济大学附属东方医院医务社会工作实践

同济大学附属东方医院开展医务社会工作的模式已成为上海市综合性医院开展医务社会工作的代表。其专业工作方法不仅包括院前、院中和院后各个服务期，也涵盖了包括探访、个案、小组、社区、义工和公益项目在内的多元化服务方式。②

1. 开展调查与评估

为获取病人对医院服务的需求，医务社会工作者不定期在医院内开展问卷调查，对服务需求、医院总体印象、医院布局、医疗服务、医疗水平和医疗环境等方面开展调查评估，为医院决策和服务调整提供科学客观的参考依据。

2. 进行病房探访

医务社会工作者每天对不同病区的患者进行探访，为患者提供疏导情绪、安抚心理、介绍医院及病区功能等服务，同时将患者的有关情况向医护人员反映，促进医患之间的沟通。

---

① 参见陈红、郝徐杰、关婷、王杉：《北京大学人民医院医务社会工作的实践与探索》，《中国医院》2013 年第 4 期。
② 参见张一奇：《上海市综合性医院医务社会工作模式的建立与评价——以同济大学附属东方医院为例》，《现代医院管理》2010 年第 2 期。

3. 开展个案工作

医务社工通过病房探访或医护人员的转介，对有明显不良情绪和心理困扰的患者进行服务，制订个案服务计划，进行跟踪服务，利用患者的社会支持网络，包括家庭成员、亲戚朋友、同事好友和可利用的其他社会资源安抚患者，提高患者的心理承受能力、适应能力和自信心，协助患者早日康复。

4. 开展义工服务

义工向患者介绍医院布局与科室设置，陪伴患者就诊、病房探访、手术陪伴等，向患者分享经验，减轻患者心理压力和紧张情绪。

5. 开展公益服务

制定爱心基金的管理制度，组织院内员工献爱心，开展院内义卖，并将收集的善款纳入爱心基金，为患者提供适当的经济援助。

6. 开展小组工作

以出院患者为重点，将患有相同疾病的患者组成小组，开展小组活动，通过分享经验、健康宣教、趣味游戏等环节，使患者重新正确认识疾病，协助患者建立社会支持网络，促进患者早日康复、回归社会。

7. 开展社区工作

开展社区健康宣传讲座，提供免费医疗咨询、开展义诊。同时，针对学校、机关事业单位等机构的要求，组织医院专家开展主题活动。

同济大学附属东方医院在全国率先开展医务社会工作，以专业社会工作方法进行调查与评估，为患者开展个案服务、小组活动，开展院外的宣传等，通过以上工作的开展，沟通了医患关系，营造了良好的氛围。

（二）北京大学人民医院医务社会工作实践

1. 开展医院志愿服务

由医务社会工作暨志愿服务工作部承担社会志愿者的管理，建立了与国际接轨的志愿者管理体系，包括招募体系、培训体系、管理体系、评估体系和激励机制。开展了包括就诊引导、为患者提供图书借阅、透析室陪伴、术前患者陪伴服务等17项志愿服务工作。

2. 开展社区健康促进

改变传统的医疗模式，将医院内的医疗服务延伸到住院前初级卫生保健和出院后的康复服务和社区照顾，围绕社区的基本功能和居民的需求，开展健康服务活动。包括社区大讲堂、健康咨询、义诊筛查、健康宣传展板、健康宣传资料发放等。

3. 开展团体服务

通过举办患者及家属病友会，让病人及其家属获得正面的信息和情感上的支持，从而协助他们在行为、态度、情绪和环境方面发生改变。例如，开展白血病患儿家庭病友会，以提升白血病患儿家庭的抗逆力，增强战胜病魔的信心，同时建立医生与患者、家属的联系机制。举办透析患者的病友会活动，增强透析患者对生活的热情和信心，帮助他们采用优势视角看待自己、接纳自己。

4. 开展个案服务

在 CCU 冠心病的重症监护室开展患者及家属的社会心理评估工作。建立了 CCU 患者的社会—心理个案评估量表，了解患者基本信息、评估患者的经济、情绪、家庭的状况，根据患者评估结果决定是否开案，提供包括情绪关怀、协助医患沟通、经济资源链接等后续服务。

5. 行政工作

为有困难的患者挖掘社会资源，加强与各慈善机构、基金会等机构的沟通与协调，建立合作关系，帮助患者进行医疗救助申请。同时医务社会工作在教学和实习方面也承担了一些工作任务。

北京大学人民医院的志愿服务为沟通医患关系，为社会成员到医疗机构服务、了解医务人员的工作搭建了平台，开展的专业社会服务为沟通医患关系起到了积极作用。

三、制约医务社会工作缓解紧张医患关系的因素分析

医务社会工作的发展在我国一些城市和综合性医院虽然取得了一定进展，但总体发展仍受若干因素制约，导致社会对医务社会工作认可不足，发展还

存在困境，分析制约医务社会工作发展的因素，将对促进其发展有重要意义。

（一）社会普遍缺乏对医务社会工作的认知

首先社会工作在我国还处于发展阶段，人们对社会工作的认识有限。而医务社会工作是社会工作的一个分支，社会公众对其的了解就更少了。其次，传统的看病求医的思路，对医务社会工作知之甚少或不理解，认为没有存在的必要，认为医院治病就行了，不需要社会工作。即使是大医院的医护人员对医务社会工作了解的也不多，有的甚至不知道医务社会工作到底是干什么的，更不了解医务社会工作的工作内容和价值。再次，疾病的治愈过程是显而易见的，而疾病所带来的其他困难具有滞后性，医务社会工作的成效不能立竿见影，因此医护人员和病患很少体会过社会工作的积极影响。最后，医院是需要考虑支出成本和效益的，医务社会工作是福利性质的，社会工作在医院常常被划入行政部门，行政人员及开支的增加势必影响医院效益。

（二）医务社会工作者专业化程度不高

职业的专业化教育是保证职业质量的基础。目前，我国大学开设社会工作专业的学校为数不多，且医务社会工作作为社会工作其中的一个领域，需要更多的医学知识和社会工作技巧，尤其需要在医院的大量实习经验，大学教育在这方面尤显不足，没有充足的专业人员作为支撑，专业的职业化发展就会困难重重。目前，我国多数医院从事医务社会工作的人员较多是从行政或其他岗位上调整到社会工作岗位，较少有社会工作的专业背景，社会工作岗位人员往往还兼具其他多项工作，国际上，社会普遍认同社会工作是一门职业也是一门专业，从业者须经过专业的社会工作高等教育和丰富的实习经验才能进入此行业。

（三）医务社会工作者的专业地位缺乏保障

一是缺乏相关政策和制度保障。社会工作是现代社会体系的一部分。我国全民健康保障体系尚不健全，全面规范的医疗服务政策法规尚未出台，由于缺乏相关的医疗服务、社会福利、社会服务政策和法规做指导，医务社会工作的开展缺少法律依据和政策支持，发展举步维艰。2009 年，卫生部出台的医药卫生体制改革文件提出鼓励"医院开展医务社会工作，探索解决医患纠纷的新途径，增进医患沟通"，可以说是政府层面已经意识到医务社会工作对改善医患关系的作用，但医务社会工作在医疗卫生服务领域如何发展还处于探索和试点阶段，其地位和发展还没有形成明确和具体的政策。二是医院管理者不够重视。大部分医院领导层对医务社会工作的重要性认识不足，医生和护士对医务社会工作的内容和价值也不理解，因此医务社会工作常常被边缘化，此外医院追求经济效益和自负盈亏的现实背景，医务社会工作是社会福利的范畴，很难为医院带来经济效益，因此，在缺少相关政策和政府投入的前提下，医院自行开展社会工作的动力不足。三是缺乏合理的职业待遇。社会工作作为一项职业，应当有正常的职称考核、晋升、继续教育的机会，目前由于受医院编制的限制，医院尚无社会工作者这一序列，医务社会工作者往往作为社工机构派驻在医院，或是医院行政人员，医务社会工作者的身份显得有些尴尬，常常被安排一些行政事务性工作，社会工作者很难进行正常的职称晋升，社会工作的继续教育工作也不像医院里医生和护士有明确的考核要求。

（四）医务社会工作滞后于社会发展需要

随着社会的进步和医学模式的转变，人们对健康的需求从生物层面扩展到生物、心理和社会层面，人们渴望人性化的医疗服务，同时，医院日益倡导以患者为中心，以人为本的服务理念。在保证患者享受高质量医疗服务的同时也能享受到心理上的舒适和健全的服务，这不仅是医务社会工作者的使命，也是历史发展的必然。国外的医务社会工作发展经历了三个阶段：第一阶段是从医院起步，服务范围主要在医院和病房，服务对象是患者；第二阶段是医务社会工作，服务范围不局限在医院内，扩大到公共卫生、疾病预防、社区照顾和社区支援、政策倡导、理论研究等方面；第三阶段被称为健康照顾社会工作，社会工作者的职责提高到健康服务的层次，与人类健康相关的领域都是社会工作者服务领域。① 随着我国经济水平的不断提高，人们对于健

---

① 参见刘继同：《美国医院社会工作实践的历史发展过程与历史经验》，《中国医院管理》2007年第 27 期。

康生活的追求不断提高，而我国目前的医务社会工作还处于起步阶段，医务社会工作对大众还是个陌生领域，甚至因为缺乏了解而不被认可，社会工作是社会福利的一部分，我国的社会福利体系尚不健全，缺乏政策保障的条件下，社会工作的开展缺少人力和物力的充分保障和支持，人民日益增长的社会需求同社会工作的滞后发展形成了较大的矛盾，这也是医患矛盾日益显著的重要原因。

发展医务社会工作缓解紧张医患关系的对策建议

医务社会工作已有 100 多年的历史，在发达国家已成为现代健康照顾体系中不可或缺的重要组成部分，对促进患者社会康复、构建良好的医疗人际关系发挥了重要作用。我国社会与西方社会有着不同的发展历史、文化背景和社会制度，在借鉴西方社会工作有益成果的过程中，要充分认识自身的优势，要站在国情与自身优势的基础上，将西方社会工作进行本土化。卫生部人事司 2007 年的调查结果显示，我国大陆卫生系统医务社会工作尚处于"萌芽和初始状态"，在人员构成、工作理念、运营制度等方面还有较大不足，社会影响较小。[1] 因此，发展具有中国特色的医务社会工作还任重道远。

一、医务社会工作改善医患关系的思考

医患矛盾是世界性难题，改善医患关系也是一项系统工程，不仅涉及医患之间，还与社会环境、制度和政策有着密不可分的联系。目前我国的医务社会工作还属于新兴专业，发展还不成熟，相关理论和实践研究都较少，而当前的医患关系日趋紧张，医疗纠纷频发，在医患矛盾难以调和的背景下，政府和一些学者开始认识到发展医务社会工作缓解医患关系的重要性和紧迫性。近年来，我国政府部门逐步认识到发展社会工作的必要性，出台了多部发展社会工作的政策和指导意见，如 2010 年《国家中长期人才发展规划纲要

---

[1] 参见《卫生部将推行医务社会工作制度》，《健康报》2009 年 8 月 26 日。

（2010—2020 年）》指出："到 2015 年，社会工作人才总量达到 200 万人，到 2020 年，社会工作人才总量达到 300 万人。"① 2011 年年底，中央组织部等 18 个部门联合发布《关于加强社会工作专业人才队伍建设的意见》，从指导思想、工作原则和目标任务、加强社会工作专业教育培训、推动社会工作专业岗位开发和专业人才使用、推进社会工作专业人才评价和激励工作、加强党对社会工作专业人才队伍建设的领导等诸多方面提出了宏观的政策指导。2012 年，国家卫生部出台了卫生系统"三好一满意"活动，该方案提出了要探索设立医院社会工作者，开展"志愿服务在医院"活动。国家出台的一系列有利于社会工作发展的政策，为医务社会工作发展提供了良机。

二、发展医务社会工作缓解医患关系的建议

（一）医院设立专职社工部门，开展专业社会工作服务

目前，医院处理医患关系的部门名称和部门职责五花八门。部门名称方面，有的由医院医务部负责纠纷的处理工作，有的医院是由医患关系办处理纠纷。因此，从部门称谓上就可看出，处理纠纷的部门兼具多项工作职责，包括医务管理、处理医患纠纷，有的还兼职处理一些行政事务性工作。在处理医患纠纷和医患关系上，大多是发生矛盾后的疲于应对，使医院在处理医患关系上显得被动。医院设立独立的社会工作部门，将有利于医院社会工作的宣传和工作开展，使医务社会工作者为公众所了解和认可，以便有足够的精力投入到专业社会工作的开展，对医院的医患关系进行符合实际的调查和评估，针对发现的问题，提早介入进行干预，将处理医患关系的主动权掌握到医院方面，利于建立医患良好的沟通机制和渠道。

（二）提高医务社工的专业化水平，有效化解医患矛盾纠纷

医院处理医患纠纷的工作人员大多数是由医院其他科室转岗而来，不具有社会工作的专业背景和工作经验。从事医务社会工作，需要既懂医学知识，又懂社会工作的专业人才，医务社会工作者需要经过社会工作知识和医学知

---

① 参见《国家中长期人才发展规划纲要（2010—2020 年）》。

识的专业培训，或是对目前医务工作人员进行社会工作方面的培训和继续教育，使从业者具有社会工作的专业精神和专业理念，再进入该领域开展工作。促进处理医患矛盾的工作人员形成医务社会工作专业理念，以社会工作的专业精神开展矛盾化解工作，以尊重、接纳的态度对待患方及家属，在处理纠纷时遵守社会工作者的守则，提高从业人员的专业化水平，有效化解医患矛盾纠纷。

（三）保障医务社会工作者的专业地位，发挥专业优势缓解医患关系

纠纷或冲突发生前已经产生的苗头和小矛盾演化为纠纷或冲突，是矛盾升级的结果。传统的医患纠纷和矛盾的处理是在纠纷事件发生之后，处理和调停起来困难重重。医务社会工作者不应仅仅是发生医患冲突后的消防员，更不应该被医院的设置边缘化，而更应该在事件升级之前及时的排查、发现、分析、评估与介入。医务社会工作者是医患之间矛盾的化解者，沟通的协调者，耐心的倾听者，服务的提供者，病患的支持者，政策的宣传者。政府应出台相应的政策和制度，保障从业者的专业地位，给予合理的职业待遇，促进专业发展，使社会工作的专业优势充分发挥。

（四）拓宽医务社会工作领域，满足患者社会需求

我国正处在社会转型的深度变革的时期，医药卫生领域的改革进入深水区，健康照顾的内涵和外延不断扩大，意味着医学的服务领域也在不断扩大，内容不断丰富，层次不断提高，这将直接影响医务社会工作的发展，使其服务领域也进一步扩展和延伸，从而满足社会发展需要。医务社会工作缓解紧张的医患关系，不能仅着眼于已经发生的纠纷事件，更要在预防医患纠纷的发生上做工作，缓和医患矛盾，就要提高医院的管理水平和服务质量，大力开展社会工作，探索适合中国国情的医务社会工作领域，对有纠纷苗头的病患及家属开展个案服务，对特定的病患群体开展小组活动，拓展患者本身的资源与能力，增强其患病期间的社会适应能力，构建和谐的医患关系。

医务社会工作在发达国家发展了百年，在我国还是新兴行业，因此，发展具有中国特色的医务社会工作，缓解目前紧张的医患关系，完善相关制度，提高公众的认知和认可，真正发挥专业优势，还任重道远。这需要政府的重视和相关政策的保障，社会工作理论的深入研究，以及实践经验的不断探索。国际水准的一流医院，不仅体现在具有高精尖的医疗设备和医疗技术上，更应该体现在医院的人文关怀上。优化服务举措，构建人性化的医院文化，使患者在就医过程中感受到关心、体验到关怀，能从很大程度上预防医患矛盾的发生。医务社会工作可以改善医患关系为切入点，在医院文化建设上，在服务患者的细微之处多做努力，更好的沟通医患关系，促进医患之间的和谐发展。

增权理论视角下的农村征地
矛盾纠纷化解路径研究

——以 H 市 M 区 X 村为例

齐 凯

摘 要: 近年来农村土地征用引发的矛盾纠纷日渐呈现群体化、对抗性等特点,而造成征地矛盾纠纷的原因十分复杂。社会工作中的增权理论为研究我国征地矛盾纠纷提供了一个全新的视角。它在关注制度和政策的同时,更加重视通过强化农民现代公民意识、民主参与,为农民增权赋能,通过外部推动和内部提升,改善农民在征地活动中"无权"、"弱权"的现状,从而预防和化解征地矛盾纠纷。

H 市 M 区 X 村征地过程中农民无权困境和抗争现状

尽管近年来信访总量逐年下降,但征地信访问题并没有出现积极的好转,一方面是由于制度建设尚不完善,另一方面是由于农民自身存在的各种不足。在笔者所接触的征地矛盾纠纷案例中,绝大多数上访群众连小学文化都没有,无法准确地用文字表达诉求。有些人语言表达能力很差,无法讲清问题的症结所在。关于本文中的样本 H 市 M 区 X 村,笔者在该村征地准备初期就开始观察了解,基本经历了该村征地前期、中期、后期的整个过程,亲眼目睹了农民在整个征地过程中维护自身权益的表现,以及他们遇到的种种困境,近距离的观察确保了研究材料的完整性和准确性。

M 区经济实力雄厚,在 H 市名列前茅。X 村地处城乡结合部地区,2009

年被列为市统筹城乡战略优先发展的重点村之一。全村总人口 4800 余人，耕地 2700 亩，下辖 4 个自然村。近 10 年来，该村 2 个自然村的集体土地已陆续被征为国有，村民被拆迁安置。但少数村民自征地拆迁以来的几年内一直以征地不合法、土地补偿款流向不明等理由到国家各级有关部门上访。剩余 2 个自然村的村民多数以出租房屋或在外上班为主要收入来源。村内剩余土地均流转给村集体经济组织统一经营，村民基本脱离了传统的农业生产生活。

一、农民被排除在征地谈判之外

《中华人民共和国土地管理法》规定，"国家为了公共利益的需要，可以依法对土地实行征收或者征用并给予补偿"。从法律上来说，征用农村集体土地的唯一合法主体是"国家"，而政府则名副其实地扮演了国家征地权力的实际主体角色。法律的规定使政府部门在征地活动上天然地具备了主动性，村集体和村民从一开始就处在被动的状态。

具体到本文 X 村的征地实施主体是该村所在的乡政府。乡政府的主要工作是与村委会达成共识、签订征地协议、组织安排征地补偿安置以及协调各方关系，解决征地矛盾纠纷。村民是集体土地的使用者，村委会是村民选举产生的村民自治组织。征地的全部过程，实则就是乡政府、村委会和村民之间利益博弈和平衡的过程。

尽管村民对于征地的看法不同，但毫无疑问征地都将改变他们的生活。村民都十分关心征地到底什么时候开始，征地的补偿安置标准到底如何等信息。村民们不时地向村干部或乡政府打听这方面消息，每次得到的答案都是不确定的、模棱两可的。有些关系广泛的村民通过其他渠道打听到消息后在村里散播。不同渠道的消息在传播过程中变异，村民们被各种不同版本的消息左右，不知道该相信哪个。最终村委会主任接到乡政府的通知后召集村民代表开会。村委会主任在会上介绍征地情况，最重要的是村民代表举手表决是否通过"征地补偿协议"以及其他相关协议。由于村主任在会议之前已经通过各种方式与多数村民代表沟通达成默契，会议高票通过了征地补偿协议等重要事项。

在这个过程中，没有人征求村民的意见，村民们也不知道向哪些部门咨询，他们始终在诸多不确定的消息和主观臆想中分析判断自己土地被征用的情况。村委会似乎变成了乡政府下属的办事机构，执行乡政府的命令，完成乡政府安排的任务。本应代表民意的村民代表一方面屈服于现实的利益，选择与行政化的村委会形成统一战线，另一方面囿于其自身观念、知识的不足无法真正起到代表民意的作用。

这里需要指出，虽然村民对征地已经启动的事实还不知情，但村民与乡政府之间的矛盾冲突已经产生。村民们对于土地被征用的事实早有准备。为了争取利益最大化，每家每户都着手扩建自家宅基地，或是将住房盖起二层、三层。村民抢建扩建宅基地没有得到政府部门审批，严格地讲都属于违法建设行为。乡政府以依法履行职能，查处违法建设的名义对村民新建的行为进行劝阻。为了起到震慑作用，乡政府还对个别违法建设进行强制拆除。被"剥夺"了发言权的村民在征地前期的矛盾纠纷主要是围绕乡政府依靠公权力拆除违法建设影响村民征地拆迁利益引起的。解决矛盾纠纷的方式是非对抗性的、理性地与政府周旋。

二、农民无法实现有效参与和沟通

在现行土地管理制度下，征地的实质是将农村集体土地所有权变更为国家所有权。国家征用农村集体土地的前提是得到土地所有者的同意许可。理论上全体村民享有对集体土地占有、使用、收益、处分的权利。可问题是农村集体土地又实行所有权和使用权分离制度。村民事实上只是得到了土地的使用权，并且在 X 村的实际中，村民的使用权也被架空。因为在几年前全体村民都已经"自愿"将自己的土地以每亩地每年 450 元的价钱流转给村委会经营，也就是说 X 村村民实际上连土地的使用权也没有掌握在自己手上。按照平均每家 4 口人计算，每户每年土地流转费收入约是 3500 元，这个标准几年内没有提高过。现在村民回想起当初流转土地的情景都认为是被村委会蒙骗才"自愿"在流转协议书上签了字。也有一大部分人是随大流，看到别的村民签了字同意流转，自己没有多想就也签了字。

村民们面对迫在眉睫的征地，更加深刻地意识到土地对于他们的意义。特别是目睹了邻村村民土地征用后的生活现状，X村村民觉得与其征地还不如维持现状。伴随征地活动持续推进，村民、村委会和乡政府之间的矛盾纷争从相对缓和阶段逐渐发展到直接对抗阶段。Y村土地是在几年前被征用的。Y村村民都已经搬进了回迁房，对于征地后的生活具有代表性的说法是"头几年还可以，这两年有的人把征地款花完了都要借钱花了"、"住进楼房，水电费、物业费啥啥都要开销，却没有收入了"、"地被征了，户口没转，还是农民，看病不能和城里人一样报销，都不敢看病啊"、"城里人可以靠上班工作，我们没了土地什么也不会做，等过几年征地款花完了就喝西北风了"。村民对于土地的依存度之高可见一斑。平时感觉不到土地的重要性，等到即将失去土地，村民们对未来充满了迷茫和不安。正因如此，X村村民普遍希望能在征地补偿款安置上尽可能地为长远生活争取更多的筹码。

《中华人民共和国土地管理法》第四十七条规定，征收土地的，按照被征收土地的原用途给予补偿。征收耕地的补偿费用包括土地补偿费、安置补助费以及地上附着物和青苗的补偿费。征收耕地的土地补偿费，为该耕地被征收前3年平均年产值的6—10倍。征收耕地的安置补助费，按照需要安置的农业人口数计算。需要安置的农业人口数，按照被征收的耕地数量除以征地前被征收单位平均每人占有耕地的数量计算。每一个需要安置的农业人口的安置补助费标准，为该耕地被征收前3年平均年产值的4—6倍。但是，每公顷被征收耕地的安置补助费，最高不得超过被征收前3年平均年产值的15倍。实际情况是X村村民自从几年前将土地流转给村委会以后，村民每年土地收入就是每人每年约875元。征地涉及的安置补助费主要用于征地农民农转非缴纳社会养老保险、医疗保险等支出。土地补偿费由村集体统一管理使用。在现行的集体资产管理制度下，农民对于土地补偿费的使用用途情况缺乏有效的话语权和监督权。X村村民的宅基地房屋将被拆除，依照补偿安置方案，全村将整体搬迁上楼。回迁楼按照一定金额回购的方式由村民自行购买，费用基本来自于宅基地拆迁补偿款。村民们对照拆迁补偿标准，结合自家实际情况计算后更加肯定了之前的想法。"看着钱很多，给了两三百万，买房、装修各种开销和今后的生活就指望这笔钱了，细水长流，没有保障，心里还是不踏实。"村民对于这份只能被动服从的安置补偿方案心有不满。他们质疑村民代表会议"有猫腻"，"村民代表都是村干部的七大姑八大姨，无法代表老百姓"、"要求废除村民代表会议决定"。村民中开始出现个人或群体到村委会和乡政府找人"讨个说法"。

X 村村民先是向村委会、乡政府表达不满意见。村民在这段时间通过互联网或者购买书籍的方式主动学习国家的政策法规。学习之后令村民气愤的是明明看似对自己有利的政策，但在乡政府的解答时就变成了其他意思，转向对自己不利的方向了。乡政府埋怨村民没有弄明白政策法规的真实含义，只是依着文字表面的意思一厢情愿地解读。在几番交涉后，村民们已对乡政府不寄予任何希望，决定采用上访的方式维护权利。

三、权利救济及支持资源薄弱无力

X 村一些村民在前期与乡政府的交涉中逐渐走到一起，建立起了一个相对固定的组织。该组织的带头人 D 是一位 40 余岁的女性，小学文化，丈夫后来做蔬菜生意。D 家本就与村委会存在矛盾，征地活动启动以后，D 就开始带领二十几个人到乡政府和其他政府部门上访。这个组织具有某种程度上的制度性：组织内有较明确的分工、成员出资分摊各方面支出、开会学习法律法规、有计划地开展行动。D 带领的群体上访的目标从乡政府、M 区，到 H 市政府，收到的信访答复意见不下 50 件，但他们所反映的问题无一得到处理。起初他们还是比较规范地上访，后来就采取到各级政府呼喊口号、打标语、扰乱办公秩序、到天安门等国家重点地区实施非正常方式上访。这些行为引起了当地政府的重视，乡政府主动找到 D 及其他人协商，但乡政府认为他们提出的条件脱离该村征地补偿安置政策，不能答应。当地公安部门也对他们进行过治安行政处罚。但 D 群体坚持越级上访、重复上访、非正常上访。后来 D 群体因为内部矛盾产生了分化，一些人脱离了组织。几个主要带头人因涉嫌与境外不法势力勾结被依法处理，这个组织最后自行解散。

X 村民在试图解决问题时也尝试运用了法律程序。在村委会贴出征地公示后，有村民提议申请召开听证会。按照有关规定，征用农民承包土地中涉及安置补偿等农民切身利益的，农民有权提出听证。但是当地政府有关部门以准备不足等理由拒绝了村民的请求。据调查显示，尽管目前政策许可农民申请征地听证，但近年来 H 市成功举办的征地听证会寥寥无几。另外，即使举办了听证会，听证会的结果也不会对是否征地的结果产生影响。听证会基本只是发挥意见表达作用，对于政府最终决定不起实质影响。而 X 村村民连参加听证的机会也没有得到。征地被批复后，X 村民原本计划对政府的征地批复提出行政复议，《行政复议法》要求"可以自知道该具体行政行为之日起六十日内提出行政复议申请"，可是由于村民自身的原因 60 日内没能提出复议申请，错过了复议机会。

村民对 X 村征地补偿适用政策的合法性产生质疑。由于处在特殊的地理位置，H 市在数年前制定了包括 X 村在内的几个乡关于土地利用开发等一系列的特殊政策。村民认为乡政府依据市政府的特殊政策制定的补偿标准和安置方案违背了国家有关法律，于是向法院提起诉讼，要求认定相关政策违法，予以撤销。结果法院对此案没有受理。原因是这类政策属于"不可诉"的范围，村民的问题只能回到属地去解决。X 村村民疑惑不解，多次到法院上访，辱骂法院领导、影响法院办公秩序，受到法院的严重警告。就这样，通过法院推翻政府政策的尝试也行不通了。不过，X 村村民也有一次胜诉的经历。起因是村民到某政府部门申请政府信息公开（信息公开是指公民、法人和其他组织依法向有关政府部门申请获取行政机关在履行职责过程中制作或者获取的，以一定形式记录、保存的信息）。该政府部门逾期没有给予他们答复。村民以行政不作为将该政府部门告到法庭。最终法院判决村民胜诉，要求该政府部门向村民出具有关材料。总的来看，村民采用行政复议、法律诉讼等法律框架内渠道解决纷争也面临着诸多的困难。

在上访、诉讼等法律渠道没有效果的情况下，村民转而采取了与乡政府直接对抗，制造冲突的策略。村民 Z 认为，"M 区政府和乡政府违反土地承包法律有关规定，通过欺骗误导方式，违背农民意愿，强行实施土地流转，剥夺了农民土地财产权和土地承包经营权，致使农民丧失了征地补偿款"。针对此事，当地农业主管部门行政仲裁支持了区政府和乡政府的流转行为。随之 Z 的诉讼请求又被法院以应属村民自治事项为由驳回，不予立案。Z 认为此事只能通过与乡政府"死磕"的方式才能得到重视。于是 Z 及其家人多次到乡政府上访。

村民面对矛盾纠纷不单依靠自己，也意识到了借助外部力量的必要性。上文中 D 上访群体自筹经费雇用了专业律师。专业律师为他们出庭打官司，同时也为他们出谋划策，起草信访申请。专业律师的费用对于他们来说是一笔较大的支出，加之 D 群体内部对筹措资金使用方面存在分歧，最终他们放弃了专业律师。Z 曾经在某些大型网站发布与政府发生矛盾的文章，文章不久就被网站删除。X 村某村民房屋在征地过程中被强制拆除的事件在报纸上发布，但该户村民至今仍没有签订拆迁协议，不断到各级政府部门上访。律师、媒体的介入没能帮助村民解决矛盾纠纷。

基于 X 村征地实例对农民权能缺失问题的分析

X 村征地矛盾纠纷经过了自发的无序阶段和有组织规律性阶段，最后逐渐消失。采取的方式方法既包括制度框架内的信访、司法途径，也试图借助媒体、律师、所谓维权组织等外部资源，甚至不惜制造流血冲突。整个过程表面看上去是村民与各方围绕各自利益产生矛盾纠纷，解决矛盾纠纷的过程。但如果只看到"矛盾纠纷"与"化解矛盾纠纷"这一个层面，那么问题就有被简单化的可能，在解释和应对征地矛盾纠纷问题时也容易陷于狭隘的范围内，根本不可能彻底解决征地矛盾纠纷问题。实际上村民"讨说法"的过程汇集了村民诉求表达、协商谈判、投诉控告乃至情绪宣泄的多种功能。

增权理论认为，弱者的弱势状态是其自身和外在环境共同作用的结果。在征地活动中，恰恰是因为现行的制度体系中缺乏有效必要的利益表达机制、协商沟通机制、救济救助机制、权利保障机制，农民在征地活动中只能完全依靠自己的力量去表达意见建议，但农民受限于自身主观方面的不足，他们在思想观念、政策水平、外部资源、谈判技巧、影响他人等多方面处于弱势。

当能力不足、权利缺失、资源匮乏的农民向机制不健全、法律不完善的外部社会发出声音后，无人响应、无法解决的状况是不可避免的，矛盾纠纷的产生也就在所难免。

一、农民个人层面

（一）信息不对称造成的农民基本权益难以保障

农民是农村土地的使用者，但在政府征地过程中，农民往往成为最后才知道的人。X 村村民看到征地公告时，征地已经获得了市政府的同意，村民同意与否根本无法改变事情的结果。征地补偿费的确定、拆迁安置方式的选择等事项，仅仅由村委会和形式上的村民代表决定，农民只是被动接受。政府部门没有做好征地活动信息的主动公开工作，有时政府以"隐私"为由不公开补偿项目、金额。有时对于关键的信息，公开得不全面、不具体，信息公开方式不利于农民查询掌握。加深了农民对于"暗箱操作"的疑虑，容易引发矛盾冲突。

（二）保守落后的思想意识阻碍农民有效参与征地活动

我国长期的城乡二元体制导致农村经济、社会、文化等诸多方面处于落后阶段。农民对于征地活动中出现的困惑和不公一般采取"随大流"观望的态度，即使在征地初期以不配合政府的姿态出现也只是形式上的抗争。多数农民不相信自己有足够的力量改变弱势的现状，面对政府及村委会时容易自我否定、自我怀疑。村民口中时常表达出"胳膊拧不过大腿"、"民不与官斗"等消极思想意识。在群体维权事件中，很多人会抱有"搭便车"的心态：我不出头出力，让别人出头出力，如果有结果，我也能沾光。"搭便车"的心态，削弱了集体的力量。

（三）个人能力不足影响农民主体地位发挥

这里讲的能力主要是指认知能力和维权能力。农民文化程度普遍偏低。以 X 村为例，村民中 80% 为初中以下学历。他们普遍缺乏足够的法律常识，对于文字的理解把握也不准确，对政策法律的解读常常加入过多主观色彩。农民与政府部门谈判缺乏必要的耐心和技巧。有时因为追求利益诉求过高无法实现，有时满足于短期眼前利益，失去长远的利益。农民对自己享有的权益缺乏准确客观的认识，也不知道如何去维护自己的权益。他们不相信现代性法律途径的救济方式，更倾向于通过上访这种诉诸"清官"情结的传统维权方式。

二、人际层面

内部被征地农民作为一个利益群体，虽然人数众多，但组织化程度低、文化水平有限，使得农民组织资源极度缺乏，在征地活动中与政府相关部门博弈中处于弱势地位，对政府决策和制度安排并没有多少发言权。村委会及村民代表表面上是代表农民利益的权力组织，但由于村干部自身行为失当及半行政化的角色使得村民自治组织无法胜任为农民争取利益的角色。当被征地农民权益受到侵害时，他们力量微薄，根本没有能力与政府进行有效的谈判，而且被排除在土地征用政策制定和执行过程之外。农民自发组成的以争取权益为主的组织具有较强的临时性，内部成员之间缺少坚固的凝聚力量，相互依赖性差，内部达成一致的成本高，整体力量自然不大。尽管有时人数众多，却依然是征地活动利益博弈的失败者。上文中提到的 X 村 D 上访群体属于这类农民维权组织。该组织的成员关系松散，对于"众筹"资金使用的矛盾以及不同的利益诉求致使该上访群体在产生一年之后就自行解散了。由此可见，农民在组织力量支持方面处于十分薄弱状态。

农民外部的生活范围限定在土地范围之内，内部主要依靠血缘、业缘组织成群体，缺乏与外界的沟通交流，可供支持的社会资源匮乏。董海军论述了农民维权抗争"作为武器的弱者身份"可以奏效的条件之一就是必须要赢得外界资源支持。如果没有外部资源支持，"作为武器的弱者身份"则没有任何意义。[①] 农民与政府部门在征地利益博弈中天然的处于劣势，外部社会支持和资源的缺位将会置农民于更加孤立无援的情境中。有些社会组织、媒体、

---

① 参见董海军：《"作为武器的弱者身份"：农民维权抗争的底层政治》，《社会》2008 年第 4 期。

律师能够提供一些帮助，但是帮助的力度不够，只提供一些表面的帮助或者暂时的帮助，不能提供长期的专业的支持。农民面对征地矛盾缺乏利益表达和维护权益的代言人，无法得到外部渠道更好的支持。X 村征地中发生的村民与政府间矛盾曾被 H 市主流媒体上报道过，但后来当地政府通过做工作，该媒体停止了有关报道。上文 Y 村民将与乡政府保安发生肢体冲突的事情公布在博客和微博上，发布内容很快就被删除。D 上访群体遭到冒充的维权组织的欺骗凸显了村民缺少社会支持网络的现实。

三、政治制度层面

（一）农民参与征地活动机制不健全

我国现行法规政策不完善，难以保障农民有效参与征地活动。《中华人民共和国土地管理法实施条例》第二十五条规定"征收土地方案经依法批准后，由被征收土地所在地的市、县人民政府组织实施，并将批准征地机关、批准文号、征收土地的用途、范围、面积以及征地补偿标准、农业人员安置办法和办理征地补偿的期限等，在被征收土地所在地的乡（镇）、村予以公告"。按照这条规定，征地补偿安置方案已经确定后才向村民公布，侵害了农民听证的权利。征地农民对于征用土地面积、规划用途、补偿款使用情况等信息缺少有效的了解途径。由于农村基层民主制度的缺陷，村民代表会形成的征地补偿协议无法获得村民信服。普通村民没有正式的意见表达渠道，只能依靠信访方式向政府表达看法。这种表达方式具有时限上的滞后性，也就是说当群众向信访部门反映不同意见时，征地活动往往已经得到了政府有关部门审批，成为"合法"的征地项目。作为土地实际权利人的农民的知情权、听证权、参与权不能得到保障，使农民参与不足，成为被动的接受者。

同样在 M 区的 A 村，过去经历过一次征地。由于没有认真对待村民提出的意见，部分村民到项目施工现场阻挠施工，造成了与用地单位的肢体冲突。在实施新的征地项目时，村委会吸取过去的失败教训，以每家每户为单位听取村民意见。设立了"村民代表大会—村民小组—农户"三级协商机制，每一级充分讨论，达成签字协议。在涉及补偿安置、转非就业、留地经营等重大问题时，借助三级协商平台，几乎每一位村民都能有空间表达参与，尊重了农民的自主决定权。即使是获得了大多数村民的肯定，村委会和村干部仍然尊重提反对意见的人，不会进行打击报复。整个过程中农民感觉受到了尊重，获得了保障，自然就会积极配合做好征地有关工作。

（二）利益协调机制不完善

虽然我国已经建立了较为完备的行政救济、司法救济等权利救济途径，但征地矛盾纠纷的协调与化解依然处在模糊和低效的水平。比如 X 村村民依法可以对市政府作出的征地决定提出行政复议，但是受理行政复议的机关仍然是市级有关部门。市政府在这里既是"运动员"，又担当了"裁判员"。复议结果基本都是维持市政府作出的征地行为决定。即使进入法院诉讼环节，法院最多只能在程序上对有关问题做出判定，不会判决市政府的征地行为违法，撤销征地决定。由于村民本人不属于村集体组织的法定代表，因此村民也不具备直接起诉政府征地问题的资格。若农民不同意征地补偿安置协议到法院提起诉讼，法院根本就不会予以立案。就实际情况来看，征地农民更多的是采取信访方式表达对征地的不满。信访部门在征地活动中实际承担了听取村民意见、矛盾纠纷调解、利益协调、民主监督乃至情绪疏导的功能。征地农民通过集体上访、反复上访甚至不惜以过激方式到政府上访，说到底就是希望政府能够直接或间接保障农民的利益最大化。但信访部门受限于自身角色定位和权力职责不可能实现征地农民所有的利益诉求。

（三）农民生存发展权缺乏保障

征地不是简单的土地权属的转移，其实质是利益的重新分配。农民尽管文化水平、能力素质有所不足，但同时也拥有"理性经济人"的基本理性判断。农民之所以竭尽所能与政府抗争唯一目的是争取未来生活的预期。现行征地补偿基本都是采取货币补偿或者实物补偿。只是照顾了农民的眼前利益，没有充分考虑到失地农民的长远利益和生活保障。农民脱离土地之后缺乏就业技能，很难再就业。一旦征地补偿被花光，没有经济来源，农民生活就失去了保障，容易导致新的社会矛盾冲突。

农民的土地被一次性征收后，农民对土地失去了控制权，同时也就失去了分享土地的增值收益权利。有些时候政府会为失地农民预留部分产业用地以实现农民享有土地增值收益，但实际上农民对于非农产业用地的使用并没有太大的决策权，这就造成农民依然很难依靠土地自主"造血"自给自足，受制于政府等外界因素，不利于保障失地农民长远生活与和谐社会建设。

H市F区探索实物补偿、留地安置、合作分成、土地补偿费入股等多元化征地补偿安置方式，为征地农民提供了长远的生计保障。F区某镇的土地一级开发项目征地单位与被征地村集体协商征地补偿标准的同时，按照人均建设用地面积相应比例给予村民人均10平方米的商业面积，提供给村集体用于将来自行商业开发，确保村民集体经济组织征地后可以获得固定经济收入。在另外一个征地项目中，村集体与征地单位达成协议，征地补偿费以物业返还形式支付。待建设项目建成后，村集体以约定价格回购相关物业设施，村民在物业公司上班工作。这样既为村民提供了就业岗位，也为村集体资产提供了市场升值空间，消除了农民的后顾之忧。

增权理论视角下征地矛盾纠纷的化解路径

若要扭转农民弱势的状态，预防和减少征地矛盾纠纷的，就要使农民变得足够强大，能够参与、影响征地活动的全过程。按照增权理论的分析维度，我们可以采取增权的内生性路径和增权的外生性路径实现这个过程。

一、增权的内生性路径

增权的核心是激发农民的主动性和主体性。如果没有农民自身改善现实无权、弱权状况的意愿和能力，任何外界的帮助都是徒劳无功的。个人通过自我增权可以获得积极的自我感觉、价值定位以及自我发展的能力，同时也意味着更多处理人际关系和社会事物的知识、技巧、资源和机会。

（一）扭转小农思想意识，培养农民现代公民意识和法律思维

我国历史上是传统的农业国家，具有悠久的农业文化。即使在21世纪的今天，我国农村依然处在由传统向现代过渡的进程中。农民法律、民主意识

有所增强，但法律观念依然淡薄，民主素质依然很低；新的价值观念正在确立但仍存在一些矛盾和问题。主要体现在农民集中关注眼前的个体利益、局部利益，缺乏对作为一个权力、观念文化共同体的社会的公共利益、公共意识以及涉及村集体整体利益、长远利益等的关注。这种状况不仅表现在他们的日常生活社会行为中，而且也普遍反映在政治、经济、文化、教育等社会生活的各个方面。政治生活中的盲目服从和热衷于被动员，文化生活中的人云亦云和缺少主见，就是这种人格特征的重要表现形式。

面对政府征用农村集体土地这种事关个人和村集体长远利益的大事件时，农民时常缺乏清晰的自主性意见，多数农民是在从众心理的影响下，采取观望的态度，视村集体中的"精英分子"或多数人的行为而动。这种心理很容易被征地活动博弈的另一方利用，通过非公开的额外利益吸引少数人同意征地，进而带动其余农民采取默认的态度。农民在开展征地活动维权时虽然积极发表不满言论的很多，但真正付诸行动的却很少。"胳膊拧不过大腿"、"民不与官斗"等保守思想深入人心，束缚了村民维护正当权益的决心和激情。①农民维权的中心要旨是寄希望于传统的"清官"和"长官"情结，诉诸上访、自我伤害（服如毒、自杀）等方式博取同情，轻视诉讼、仲裁等法律渠道的救济方式。

现代化是我国农村发展的必经之路，全面推进依法治国是历史的必然选择。为了保障农民权益，增强农民自我发展动力，必须要唤醒农民的主体意识和法律观念。克服农民松散短视的小农意识，提高农民的凝聚力和向心力，提高农民的自我保护意识和民主意识，倡导农民积极参与村民自治，能够将自我价值和自我行动与村民群体利益、社会整体利益有机结合，主动成为维护正当权益的促进者、参与者。对农民进行法制教育，增强农民的法律精神信仰和信心，引导农民自觉用法律约束自身行为，以法律途径表达利益诉求，申请权利救济。

---

① 参见董海军、代红娟：《农民维权抗争的无效表达：流于过程的情感行动》，《人文杂志》2010 年第 5 期。

（二）加强教育培训，提高农民文化素养和能力水平

我国农民人均文化水平还很低。经过调查，本文中 X 村 90% 农民是初中以下文化学历，从事简单体力劳动工作。缺少继续教育的空间和资源，自我学习动力不足，加之生活经验所限，活动范围相对封闭，对外交流不够充分等原因，农民缺乏有效表达利益诉求，参与民主决策的能力。对于自己拥有的权利义务内容不了解，使他们面对诸如征地活动等重大事项时丧失话语权，很难保护自身的权益。由于素养不成熟，农民缺乏民主议事、集体联合维护权益的能力和技巧。因此，要提高农村文化教育水平，针对农民的现实需求，切实有效地帮助农民提高综合能力。因地制宜地建立教育培训平台，健全完善教育培训机制，以增权赋能为重点确定培训教育内容，以农民喜闻乐见的方式吸引农民主动学习。

1. 提高农民收集信息、评估资料的能力

征地过程中的信息不对称是造成农民处于被动地位的主要原因之一。征地部门掌握准确及时的法律法规和政策动向，对于法规政策的解释也握有主动权。农民对于征地前期的信息只能靠道听途说和主观判断，缺少必要的获取信息途径，对于有限的信息解读主观色彩十分强烈，很难做出客观的评价。要使农民学会扩充了解政策法规的渠道，提高主动获取信息的本领。掌握分析影响问题的思维工具，从多方面多角度理解政策、行为等信息所蕴含的价值。应对矛盾纠纷时可以做到心中有数，心里不慌。

2. 提高农民人际交往层面的能力技巧，学会运用整合外部资源维护权益

增权理论认为外部资源支持的强弱会影响弱势群体的资源分配。社会学者董海军认为农民若失去社会支持网络和可利用的外部资源，农民"作为弱者的身份武器"会面临失效。为此，农民为了维护自身权益必须要学会与他人一道工作，学会倾听和倡导他人的技巧，具备影响他人思考、感受、行动或信念的能力，学会吸引媒体、机构等社会支持网络和外部资源的关注，以影响权利或资源的再分配。非营利组织的社会工作队伍可以介入这一过程给予指导，避免出现扭曲异化或者行为失当。

（三）强化农村基层社会组织作用，发挥组织优势

在现行体制之内，村民委员会是代表村民行使村民自治权利最具权威的基层组织。它在农村治理中发挥着举足轻重的作用。但同时也要看到，村委会在征地活动中趋于行政化的角色使其很难充分发挥预防化解矛盾纠纷应有的作用。村委会需要在完善基层民主制度、完善村务公开民主管理等方面继续努力。

这里讲的农村基层社会组织主要是指农民在自愿的基础上建立的各类民间社区组织和中介服务组织。近年来我国农村社会组织蓬勃发展，各种农民专业协会将分散的农民组织起来，增强了农民的市场竞争能力。只是目前这些专业协会更倾向于经济功能，政治参与和矛盾利益协调能力弱。[①] 在村委会无法很好地协调利益矛盾状况下，农民可能会自发地采取过激暴力行为或者选择逆来顺受，这样对于农民没有任何益处。因此，要激活专业农村社会组织活力，发挥其在利益表达、民主监督、利益协调、纠纷化解等方面的特殊优势。另外还可以借助该平台促进农民自我教育、自我发展，打破小农经济思想束缚，使之成为农民参与民主决策，积极投身维护权益的重要中介。农村社会组织在担当农民利益的代言人的同时，也可以成为农民与政府部门沟通的桥梁纽带，避免矛盾纠纷的润滑剂。

二、增权的外生性路径

增权的目的是实现社会公平正义，维护社会稳定。其实质是形成新的均衡的权力关系，使双方的利益诉求都得到表达，权利都能得到尊重，利益都有机会实现，每一方也都有能力避免对方侵害自己。这种权力分享的格局需要国家必须从法律或政治上给予支持，授予农民增权的合法性，建立起一套正式的支持性的制度来保障农民参与征地活动的权益。因此必须要自上而下的形成坚强的制度保障，获取足够多的外部力量支持，农民力量才可能与外部力量达成一定平衡，不至于被严重侵害利益，造成更为激烈的社会动乱。

---

① 参见姜桂芝：《论中国当代农民由传统向现代的转变》，山东大学 2001 年硕士学位论文。

（一）严格限定公共利益界限，从源头上缩小征地范围

法律明确规定，国家只有为了公共利益需要才能对土地进行征收或者征用。现实中征地主要矛盾是征地范围过宽，突破了法律赋予的"公共利益"范围，过去的征地制度改革中，我们没有界定公共利益范围，公共利益概念模糊不清，致使目前大量非公益性征地项目存在，为政府寻租提供了较大空间。因此，当务之急是要对公共利益的范围进行明确界定，禁止经营性项目用地征用农村土地。国家出于公共利益目的，在符合规划和用途管制的前提下，确需使用农民集体土地，可以依法实施征收。非公共利益用地要退出征收范围。同时要合理加大土地供给，盘活农村集体经营性建设用地资源。建立新的制度使农村集体经营性建设用地使用权在符合规划和用途管制的前提下，可以不经国家征收为国有建设用地而直接流转入市，从事土地开发经营。

（二）明晰农村集体土地权能，保障农民财产性利益

农村集体和个人的权能配置不完整是造成土地征收中利益受损的重要原因之一。因此要保护好村集体和农民个人利益就要赋予其完整的土地权能。一方面，巩固集体土地使用权能，保障农民土地经营权的稳定性，健全灵活可行的承包经营权流转机制，促进农村土地高效利用；另一方面，要从制度上支持农民获取土地增值收益的权利，保障农民享受城市建设带来的发展红利。还要适度放开农民对于土地的处分权，允许通过抵押、入股等多种方式实现农村土地财产收益。此外，要推进集体经营性建设用地"同地同权"地位。政府要转变职能，主要履行管理和监督职能，尽可能地减少直接征用农村土地，让用地方与农村集体按照市场规则谈判让渡土地使用权，村集体直接获得土地效益。政府可以从中收取交易费用或者土地增值税。

（三）完善征地工作流程，保护农民参与征地权利

1. 加强主动信息公开，切实保障农民知情权

对征地有关信息的充分了解是保障农民参与和监督的重要前提。政府有关部门要转变思想观念，通过主动、公开、透明的前期工作赢得农民的信任。运用多种媒介和多样方式，向社会特别是向村集体和农民公开土地征收的有关情况，公布涉及征地的政策法规和必要资料，详细公布被征土地利用规划

材料、使用用途、四至面积、补偿安置方案、经济影响、权利救济等详细情况，使村集体和农民能够完全掌握整个土地征收情况。

2. 完善相关制度确保实现村集体和农民参与权

一是严格落实《国土资源听证规定》。对拟征地的拟补偿安置标准依法举行听证，听证笔录作为征收土地报批的必备材料；二是增加预公告程序。在报批征地前，向征地范围内的农村集体经济组织发布征地预公告，预公告的内容主要是拟征地范围、面积、地类以及拟征地的补偿标准、安置方式、土地用途等；三是确认征地调查结果，对拟征土地的权属、地类、面积以及地上附着物权属、种类、数量等现状进行调查，调查结果应与被征地农村集体经济组织、农户和地上附着物产权人共同确认；四是征收土地批准后依法进行征地公告、征地补偿登记和征地补偿安置公告。为了简化征地程序，可将征地公告和征地补偿安置公告，合并在征地批准后一次性公告；五是征地前要进行社会稳定风险评估。凡是社会稳定风险评估未通过的，将不得启动征地，这样就会避免强征强拆造成社会冲突。

（四）建立多元的矛盾纠纷调处机制

1. 巩固现有的调解、复议、诉讼等多种方式化解征地矛盾纠纷

在目前土地权属争议调处机构基础上，因地制宜地设立专门调处征地矛盾纠纷的仲裁机构，出具裁决意见书。探索法院设立专门法庭，专门审理征地矛盾纠纷案件。政府部门健全司法救助和法律援助，帮助村集体和农民维护合法权益。

2. 建立以信访部门为核心的"差序治理"矛盾调处机制

当前政府社会管理正在从"控制"视角转向"治理"视角。群众上访是诉诸于传统的政府线性控制模式，政府依靠自上而下的命令式运行维护社会稳定。随着社会变革愈加复杂，传统的线性控制模式效果有所减弱。赋予村集体、村民和社会组织参与权，通过合作、协商路径解决矛盾争端更符合现实。按照"差序治理"理念解决征地矛盾纠纷，信访部门主要是负责搭建协

调平台的核心。① 在"核心"外围，吸纳政府有关部门、村委会、农民代表和社会组织共同协商征地利益分配事宜，化解矛盾纠纷。由此形成以信访部门为核心，相关各方在外围的圈状结构。社会组织和村委会等社会参与方发挥整合枢纽作用。多元主体和多种逻辑有机融合。这样的机制在"不同利益群体之间建立有序关系，化解普遍存在的个体化诉求和利益博弈力量不对称产生的冲突"。

（五）征地补偿安置多元化保障农民的生存发展权

现行征地补偿安置一次性给付农民补偿款，属于"一锤子买卖"，缺乏对被征地农民的长远生计保障。农民失去土地就意味着失去未来的生活预期，若不从长远考虑农民的利益，势必会引起农民抬高征地补偿标准，激化征地矛盾纠纷。因此要推动多元的征地补偿安置办法，多措并举消除农民后顾之忧②。

1. 全面推行在征地补偿安置费中足额单独安排发放被征地农民社会保障资金。将被征地农民纳入社会保障体系，为被征地农民建立社会养老保险和医疗保险。将在城市规划区内低于当地最低生活保障标准的农转非人员，纳入最低生活保障。

2. 让农民可以分享土地增值收益。在现有征地补偿安置基础上，将土地有偿使用收入中的一定比例用于被征地农民安置。通过股份制等形式，让农民参与村集体经济项目的利润分成，获得稳定收入。

3. 留用地安置。被征用的土地按照一定比例划出给被征地村集体作为生产发展用地。由村集体经营开发，增加村集体收入。收益由村集体按照相关规定统一分配，促进村民失地后依然有能力自我管理、自我发展。

4. 产业安置。通过免费的劳动技能培训，提高被征地农民的整体素质，在同等条件下用地单位优先安排被征地农民就业。政府在城市规划和招商引资上向被征地地区倾斜，推动以业兴城、以业安民。

---

① 参见杨宝、王兵：《差序治理：从征地拆迁的实践中透视新型社会管理模式》，《中国行政管理》2013 年第 6 期。

② 参见胡勇：《农村土地纠纷化解的路径研究》，《安徽农业科学》2011 年第 28 期。

5. 农业生产安置。在城市规划区外，征收农民集体所有土地的，当地人民政府要通过利用农村集体机动地、承包农户自愿交回的承包地，承包地流转和土地开发整理新增加的耕地等，使有意愿的被征地农民有必要的耕作土地，有条件继续从事农业生产。

（六）积极引入第三方机构，为农民权益注入外部力量

作为第三方机构的社会组织在社会公共事务中具有中立性和中介性的特殊属性，凭借其特殊的属性可以将农民、村集体的利益表达和政府部门的决策有机整合。[①] 一方面可以充当农民利益的代言者，将征地活动中农民的利益表达更加畅通而制度化。另一方面作为政府决策的参谋助手，为政府提供信息咨询、制定政策和政策实施的制度性保障。此外，还可以充当矛盾纠纷协调化解的调停者角色，将矛盾纠纷有效吸纳、吸附在政府与第三方机构之间，实现矛盾纠纷的有效控制和化解。从长远角度看，社会组织、第三方机构为农民提供法律援助，提高农民个人和集体素质能力，延伸扩展外部资源也是为农民征地后更长远的生活增能和赋权。

---

① 参见史卫民：《征地纠纷解决机制的探讨与思考》，《经济纵横》2008 年第 9 期。

社会工作介入城市社区信访矛盾化解研究
——以 D 城区 A 街道为例

谭 勇

摘 要：随着社会经济的发展，城市社区的社会矛盾大量涌现并通过信访渠道表现出来，现行体制和方法应对部分信访矛盾力不从心，社会工作为城市社区的信访矛盾化解提供了新的视角。本文借鉴社会工作介入信访工作已有研究成果，以 D 城区 A 街道为实例，调查分析其信访矛盾化解工作情况和存在的问题，论证社会工作介入城市社区的信访矛盾化解的可行性和优势，结合具体案例对社会工作介入的途径和方法进行探索。针对城市社区自我管理能力不足，缠访、闹访现象突出，集体访易发等问题，社会工作能够发挥其柔性化管理、个性化服务、专业化操作的优势，采取个案工作、小组工作和社区工作方法介入信访矛盾化解，有效解决信访人心理、能力问题，减少影响矛盾化解的负面因素，培养居民主动参与化解社区矛盾的意识，增强信访人和社区处理问题的能力，提高城市社区信访矛盾化解的效能和完善基层信访工作机制。

城市社区是我国社会组成的重要单元，而且随着城市化的推进数量会越来越多，城市社区的和谐稳定将成为中国社会稳定的基础。在中国城市社区的发展过程中，一方面，体制和政策的变动带来利益的调整，另一方面，人民日益增长的物质和文化需求对社区管理和社区服务提出了更高的要求，城市社区的社会矛盾通过信访渠道大量涌现出来，街道办事处和居委会作为城市社区的最直接管理者，承担了大量的信访矛盾化解任务。社会工作是专业的助人工作，在西方现代社会建设中具有重要的地位，有比较成熟的社会工作环境和资源，对我国社会建设也有很重要的借鉴意义。因此，社会工作介入基层信访矛盾化解是很好的结合点，社会工作中的专业技术可以协助信访工作者解决问题、发挥功能，改善信访者的生活质量和促进社会公正。同时，城市社区介入信访矛盾化解急需理论和方法创新。

A 街道城市社区信访矛盾化解工作情况

A 街道是比较典型的城市社区，其信访矛盾化解工作情况是我国信访制度和信访工作落实到基层的样板，也具有自身特色，通过剖析 A 街道信访矛盾化解工作情况，对城市社区信访矛盾化解工作可以有一个比较全面的认识。

一、基本情况介绍

A 街道位于 D 城区中南部，辖区面积 1.84 平方公里。街道办事处始建于 1954 年，定名于 1958 年，现辖 10 个社区居委会，户籍人口 16301 户 45630 人；外来人口 8538 人；60 岁以上老年人 9803 人；残疾人 1919 人。①

从信访矛盾化解工作的角度看，该街道城市社区有以下四个特点：

第一，历史悠久。

A 街道所辖地区历史记载可追溯至明朝，新中国成立后 1954 年正式成为街道建制，属于典型城市社区，其城市社区的信访矛盾既有一些知青返城待遇、私房落实等历史遗留问题，也有现阶段城市社区表现出的以物质利益为主的社区管理纠纷。

第二，地理位置重要。

该地区属中心城区，"提供最优质的公共服务，展现最好的城市管理水平"是城市社区发展的目标，同时保持社会稳定也是该地区政府的重大责任，在此定位下如何做好信访矛盾化解工作，是地方政府面临的重大课题。

---

① 数据来源于 A 街道地方志。

第三，经济发展特征鲜明。

目前该地区城镇居民可支配收入 4 万元左右，居民对物资文化生活质量要求快速上升，但整个地区 70% 属于拆迁区，经历了近 10 年的拆迁但进度缓慢，成为社会经济发展的最大难题，拆迁方与被拆迁居民的经济利益冲突，拆迁地区环境脏乱差与居民生活质量的高要求的差距，居民私搭乱建追逐私利与政府城市管理的对立，成为该地区信访矛盾的主要源头。

第四，社会发展特点突出。

城市社区管理矛盾是城市社区的又一重大信访矛盾源头，业主要求与物业服务之间的差距，有限的公共空间与居民的个人自利冲突，居民自我管理自我服务的参与性与对社区服务的便利要求矛盾，由此导致了许多信访行为的发生，但不同的社区类型又有不同的特点，国家机关大院的矛盾相对较少，主要是对居住环境，便民服务要求和建议较多，而老旧平房区的水热电气、居民之间矛盾较多，现代物业管理的商品房住宅小区矛盾集中在物业收费和物业服务上，单位宿舍楼这种老旧小区的矛盾集中体现在物业管理缺失，私占公共空间方面。

二、信访矛盾化解工作机制

（一）工作机构

按照信访工作中"属地管理、分级负责"的原则，城市社区的信访矛盾化解落脚点主要在街道和社区，而街道和社区的职责功能也是一个变化的过程。在计划经济体制下，街道和社区是单位制的配角，主要是管理无业人员，在此背景下城市社区矛盾主要依靠单位来解决，街道办事处和社区的信访矛盾化解工作具有很强的政治性色彩。1978 年后街道的信访矛盾化解工作开始多起来，但多是"文革"后落实政策问题。随着街道办事处和社区职能的扩展，所负责的信访矛盾化解工作任务也日益加重，信访机构设置和人员不断加强，A 街道在 2005 年开始安排了 1 名工作人员专职负责信访工作，2008 年配备了 2 名工作人员专门负责信访工作，并设立信访接待室，在 2010 年 3 月，A 街道办事处成立了信访科，由办事处主任直接管理，2 名干部专职负责信访工作。社区信访矛盾化解工作多由治保主任或民调主任负责，存在一人多职的情况。

（二）相关制度

《信访条例》是街道办事处开展信访工作的主要依据，每年都开展法制宣传，一方面信访条例逐渐深入人心，对政府开展信访工作有了明确的要求，另一方面居民信访不信法，只讲权利不讲义务，案结事不了等不按信访条例规定上访的行为层出不穷，而信访考核要求依法处理和属地责任导致基层信访矛盾化解工作处于两难境地。

A 街道在信访矛盾化解工作机制方面也进行了积极探索，如矛盾隐患排查制度、领导干部定期接访制度、领导包案制度、信访代理制度、重大决策信访风险评估制度等，这些制度主要是突出了领导干部对信访工作的重视和介入，发挥街道办事处的综合协调作用。A 街道信访代理制度开展比较深入，2007 年开始，A 街道全面推行"以领导代理为龙头，解决疑难矛盾纠纷；以相关科室代理为主线，解决专事突出事；以社区代理为基础，解决小事身边事"的信访代理制，使各级领导干部成为解决信访问题的责任主体，大大降低群众上访成本，对于改善干群社会矛盾，有效减少越级上访作用显著，使城市社区大量信访矛盾在基层得到有效解决。

三、信访矛盾情况分析

将 A 街道 2007 年至 2014 年的信访数据进行汇总，这些数据是街道信访部门的记录，不含社区处理信访矛盾的情况，是已经表现出来的信访矛盾，基本反映了 A 街道信访工作的情况，并从信访数量、信访方式、信访内容、信访人群等方面进行了分析。

（一）信访矛盾的数量及变化

根据 2007—2014 年 A 街道信访处理数据显示，从信访总量上看，2008 年信访和维稳工作要求下沉到社区，信访数量相对减少，总体信访矛盾量处于高发频发的水平。纵向比较，信访总量存在逐年增加的趋势，可以看出信访的任务越来越重。从全国、市、区和街道四个层级接收的信访数量看，信访矛盾主要集中在区级和街道，且上级接收和处理城市社区矛盾的数量在减少，街道和社区接收和化解城市社区信访矛盾的地位和作用越来越重要。

（二）信访方式的变化

（单位：件）

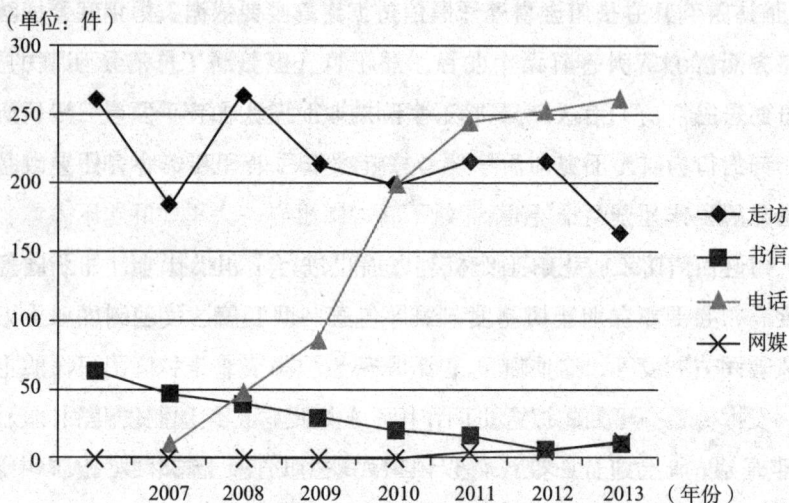

图1 2007—2014年A街道信访形式统计图

资料来源：A街道信访工作总结数据汇总

通过近8年信访方式的比较发现，街道和社区的信访形式主要以走访为主，通过12345电话反映问题的情况逐渐增多，写信反映问题的数量在减少。居民主要通过走访反映问题诉求，源于街道和社区作为基层政府与居民联系最紧密，为居民提出信访诉求、随时查询解决进度和督促问题解决提供了便利。近年来通过政府热线反映问题的情况越来越多，并有超出其他信访形式的趋势，这一方面体现了电话反映问题的便捷性，为许多上班族和不便到街道社区信访场所反映问题的群众提供了新的信访渠道，另一方面也反映出居民希望直接与更高级别的政府反映诉求，通过由上向下转的方式引起重视的倾向。采取写信反映问题的形式越来越少，特别是直接向街道提交信件的形式1年只有几件，且主要是联名信和匿名信。随着科技的发展，也开始出现微博、微信等新的信访形式。

信访形式的变化一方面体现了政府为畅通信访渠道，为居民便利服务的努力和进步；另一方面也能够表现出政民关系和矛盾冲突强度，采取电话和书信要比走访更能节省人力物力，写联名信要比集体访更有利于缓解对立情绪，而采取何种信访形式主动权看似在居民，而实质主动权在政府，如果政府能够为不同类型的信访人提供便捷的信访渠道，能够办好各种形式的信访诉求，建立政府与居民的相互信任关系，那么信访的形式会更加多元，居民选择信访的形式也会更趋缓和。

（三）信访矛盾的内容及变化

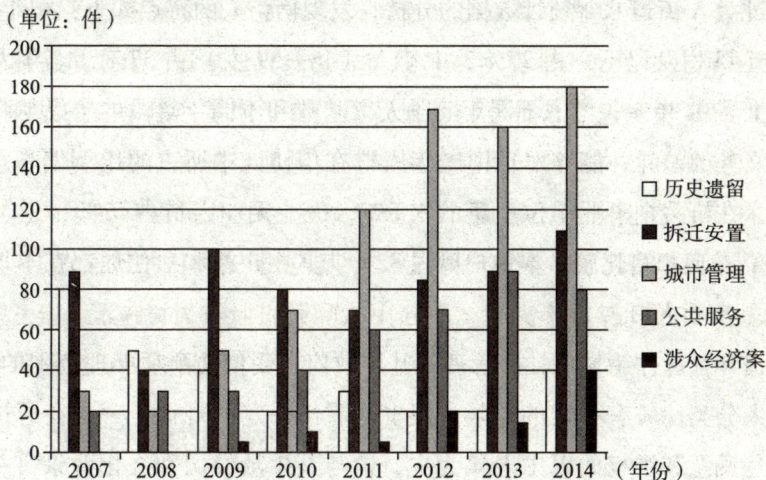

（单位：件）

图 2　2007—2014 年 A 街道信访分类统计图

资料来源：A 街道信访工作总结数据汇总。

2007 年街道处理的城市社区信访矛盾老旧交织，一方面有"文革"落实政策、知青返城待遇、老居委会主任退养待遇等历史遗留问题；另一方面也有拆迁安置等新出现的利益冲突问题。2008 年反映政策落实的信访人待遇得到一定的改善，大部分强拆形成的信访矛盾得到化解，信访数量明显减少。2009 年后公共服务和城市管理问题的信访越来越多，到 2014 年一半的信访矛盾涉及基础公用设施维护、物业管理、环境污染、拆除违法建设等问题。资料显示，8 年来部分信访矛盾始终存在，比如拆迁安置问题，A 街道有 3 件强拆安置问题多年来仍无明显进展，而新的拆迁问题还在出现。2012 年以来，出现了一些新的信访矛盾，一些居民因投资被骗到政府上访，这些问题涉及人数众多，被骗金额巨大，虽然已经通过法院判决，但被骗居民仍联合起来以政府监管不力或者查处犯罪致其投资受损为由上访。

（四）信访人分类比较

按照信访条例信访人可以是公民、法人或者其他组织，只要其想向各级人民政府反映情况，提出建议、意见或者投诉请求都可以成为信访人，但在实际信访工作中，行使信访权利的人群具有自身特点。

通过对 A 街道八年统计数据的分析，发现信访人的特点如下：按年龄分，青年人（45 岁及以下）占 27%，中年人（46—59 岁）占 37%，老年人（60 岁及以上）占 36%，考虑不同年龄段人口基数和不同年龄段的居民与政府发生权利义务的差异，能够发现中老年人群在信访人中所占的比例偏高；按职业划分，在机关企事业单位上班的占 5%，失业无业人员占 53%，退休人员占 42%；按照户籍比较，本地户籍占 82%，其中户籍和居住地都在本地区的占 47%，流动人口占 18%。

街道和社区作为城市社区管理的基层政府，受信访事项办理范围的限制，其信访人分类比较有一定的局限，但也能看出一定的规律，一是在通过信访渠道表达民意和维权的以中老年为主，这与其生活经历和文化背景有关。青年人对信访认识存在两个极端，一部分人不知道信访的权利义务和程序规定，选择信访是想通过给政府直接施加压力来解决个人诉求，另一部分人文化水平比较高，对政府的责任和信访程序非常了解，希望通过信访来主张自己的权利。中年人和老年人多数希望通过信访解决自身诉求，甚至很多诉求属于家庭矛盾，他们对党和政府有依赖心理和全能幻想，这与其经历的计划经济体制和"大政府、小社会"背景有一定的联系，老年人对公共服务、民主参与比较热心，时间相对也比较充裕。二是到街道信访的信访人主要以无业失业人员为主，残疾人和两劳释放人员比较多，他们属于社会中的弱势群体，通过信访谋求物资帮助和争取更多利益，社会工作介入信访矛盾调解这部分人员正是好的结合点，加强社会保障和就业有助于从源头预防和减少信访行为。三是城市社区信访依然与户籍紧密相关，现行政府管理和服务主要还是针对辖区户籍居民，信访渠道解决的问题多是本辖区户籍居民的诉求，对本辖区流动人口的权益保障不足。

四、存在的问题

在对 A 街道城市社区信访矛盾的情况进行分析的基础上，通过与信访工作人员、社区居委会和信访人进一步访谈，对目前的信访矛盾化解工作存在的问题进行了归纳，并从社会工作的角度进行分析。

（一）非信访类矛盾纠纷大量涌入信访渠道

城市社区是居民工作生活的基础单元，居民个体之间、个体与社区集体，社区集体与公共利益都存在利益冲突，这就会产生矛盾纠纷，在化解社会矛盾纠纷中，居民可以选择自力解决、公力救济、司法诉讼等解决方式。社区居民在纠纷解决过程中多偏爱于信访渠道。人们在选择上诉机构时，更加倾向于本地政府机构，只有 16.5% 的人选择去法院。[①] 信访是非诉解决矛盾纠纷方式的一种，主要解决政府及其工作人员的公务行为对居民权利造成损害的权利救济，简而言之是处理官民矛盾。在街道和社区实际信访工作中，大量的居民因邻里矛盾、物业纠纷、家庭纠纷等民事纠纷到政府上访，同时一些涉法涉诉的社会矛盾也涌入政府信访部门，街道办事处每年处理的社会矛盾 60% 不属于信访条例规定的信访事项。这一方面是因为部分居民的认知观念存在误区，对矛盾纠纷的处理能力欠缺，另一方面是社区自我治理能力不足，进而寻求政府主持"公道"。政府对非信访类矛盾纠纷的介入，会违背依法行政的原则，但如果不处理又可能影响社会稳定，这就是信访矛盾化解工作的两难问题。如果以社会工作的视角，从弱者的角度考虑援助，从社区发展的目标提供服务，两难困境会豁然开朗。

（二）集体访易发且有组织化、复杂化特点

城市社区的信访矛盾显现形式多样，但对社会影响较大的是集体访或者

---

① 参见陆益龙：《权威认同、纠纷及其解决机制的选择———法社会学视野下的中国经验》，《江苏社会科学》2013 年第 6 期。

群体性事件，这也是街道办事处在化解信访矛盾中面临的最大压力。在城市社区中，居民之间有利益矛盾，群体之间也存在利益分歧，社区作为一个整体还和相关部门存在利益冲突，就出现了居民对居民、群体对群体、群体对部门的纠纷。例如在社区公共广场的使用上，老年居民想用来跳广场舞，而年轻人则认为扰民，居民之间会因此出现矛盾冲突，并希望政府和社区居委会站在自己的立场，维护自己团体的利益，如果不满意就容易演变成政府与居民之间的信访矛盾。在老旧小区改造、市政施工、居民区公共设施建设等问题上，居民又会从共同利益出发向政府施压，并优先选择集体访的形式表达诉求，比如近年来进行的楼房保温节能加固工程，这本是政府进行的惠民工程，但居民也常因施工影响生活、违章建设要求恢复等原因上访，并会将其他历史遗留矛盾放在一起让政府解决，这就可能涉及产权单位、施工单位、政府职能部门、公用事业单位和物业部门，意味着矛盾纠纷更加复杂化，解决难度也增大。

城市社区在维权行动中，涉及利益的相关方呈现组织化，社区居民群体以"共同利益"为话语纽带选择集体行动，许多对政府存有不满的人也加入进来，许多潜在矛盾纠纷也一起凸显出来，利益群体之间的冲突与对抗日益频繁，相关群体到政府上访表达诉求，展示力量的现象也不断增加，集体访如果处理不当极易激化，使矛盾升级失去控制形成群体冲突和群体性事件。在社会工作的视角下，冲突具有两面性，一方面是对社会秩序的破坏，另一方面却有助于社会的统一和稳定、平衡和整合。城市社区的群体冲突是可控的，社会工作可在群体性冲突前进行预防准备、冲突之时进行应变抵御、冲突后进行社会整合，通过专业工作模式与方法，增加冲突双方公共利益生成的空间，以缓冲冲突带来的消极力量。

（三）非正常访诉求复杂化，息访难度大

在街道信访矛盾化解工作中，缠访和闹访情况比较突出，耗费了大量的人力物力却收效甚微。我国信访工作坚持"属地管理、分级负责"原则，强调了基层是化解信访矛盾的第一道关口，居民信访一般从最基层的信访部门开始，逐级上访。同时也强调按照信访的内容分级负责，本属于相关政府职能部门的事项应由其直接受理。城市社区在处理信访矛盾的实际工作中，属地管理被过分强调，而分级负责却被弱化，造成城市社区信访面临着责重权轻的局面，面临着非正常信访压力。

在此压力下，一方面需要解决信访人的合理诉求，另一方面也需要实现信访重点人的转化。这些信访重点人的诉求是复杂多样的，需要采取法律、行政、救助等多种手段，而其自身也面临着心理、家庭、社区外部系统的问题，需要帮助其提高自身能力，融入社会生活，为信访人提供个性化、系统化的帮助，社会工作方法要比信访工作方法更专业。

社会工作介入城市社区信访矛盾化解的可行性和优势

2014 年 2 月，中共中央办公厅、国务院办公厅发了《关于创新群众工作方法解决信访突出问题的意见》，强调要进一步规范信访程序，强化基层治理和属地解决信访问题，社会工作介入城市社区信访矛盾化解是一个创新之举，不仅在理论和实践中是可行的，同时还具有其自身优势，能够有效缓解信访人与信访部门之间的直接冲突，完善我国信访矛盾化解机制。

一、社会工作介入可行性

（一）共同的价值伦理取向

我国政府是人民的政府，其权力来源于人民的授权，其服务宗旨也强调全心全意为人民服务。信访作为党和政府与群众沟通的重要渠道，承担着化解信访矛盾的职责，其职业伦理要求平等对待每一个信访人，公正透明办理信访人的意见和建议，保护信访人的隐私，不得打击报复信访人。

社会工作是助人的工作，发源于慈善，要求关心人、尊重人、理解人，并且利用专业知识和技能去帮助人、改变人。社会工作的"接纳"、"隐私保护"、"案主利益最大化"等原则与信访的工作要求一样。

（二）工作对象重合

社会工作的目标是向有需要、有困难的人提供社会服务，通过提供专业的、高质量的服务帮助当事人走出困境，恢复正常生活，从中看出解决困难群体的基本生活问题是社会工作的重要组成部分。分析上访群众的情况，他们绝大多数在经济和社会资本上处于无权或不利的地位，信访作为政府了解民情的重要窗口，关注社会弱势群体的权利，可见信访工作者和社会工作者都是在帮助弱者。在城市社区信访矛盾化解工作中，经常面对着这样一些人，他们有着一定的信访诉求，同时也存在生活困难、心理畸形和自我发展能力不足等问题，不知道如何合理合法的维权，这些人需要社会工作专业帮助，解决其基本生活问题和其他困扰信访人的多种问题，这样才能促进其信访问题的解决，减轻化解信访矛盾工作的阻力。在城市社区中以社区发展为目标开展社会工作，推进社区自我管理和自我服务能力，更能从源头上减少信访矛盾。

（三）合法合规性

信访矛盾化解工作主要是行政体制内运行，社会工作不断与中国的本土制度和资源结合，在社区建设、特殊群体能力建设等领域实践，从目前我国的法规和政策来看，社会工作介入信访矛盾化解是合法合规的。《北京市信访条例》第十三条规定，国家机关可以聘请律师、心理咨询师、相关领域专家、社会志愿者，为信访人和国家机关提供法律和其他专业知识的咨询服务，那么社工事务所和社会工作者可以作为第三方协助国家机关开展信访工作，提供专业服务。同时我国社会工作的政策导向也鼓励社会工作在化解信访矛盾中发挥作用，例如在《关于加强社会工作专业人才队伍建设的意见》中提出，要通过在不同领域设置社会工作岗位、开展社会工作服务来解决社会矛盾和问题。

二、社会工作介入优势

（一）社会工作介入信访矛盾化解，可以缓解官民矛盾

信访主要处理官民之间的矛盾，信访工作机构按照信访法规开展信访工作，主要是依靠行政权力，将信访人作为管理对象来对待，而群众也将信访部门当成是党和政府的代表，官民在利益追求和解决方式上存在差异，资源

和信息不对称也会加剧双方的冲突。社会工作者作为第三方力量的介入，既不代表政府也不代表代表民众，有利于打破官民两者对立的局面，客观的立场和中立的态度更有利于赢得信访人的信任，成为信访部门和信访人之间的桥梁，这种柔性化服务有利于改善强制管理手段的弊端。

（二）社会工作的专业技术和技巧可以补充信访工作的方式方法

信访自上而下的思想政治教育会拉开工作人员和信访人的距离，传统的信访接待方法常使信访人反感，社会工作的聆听、鼓励、移情、引导、澄清等专业方法立足信访人的需求，使其感到被尊重，缓解情绪和回归理性，使信访人主动说出自己的想法，改善信访接待方法中信访人的反感情绪。信访工作以受理、调查、协调处理和答复为程序，缺乏针对不同信访人的差别化工作方法，而社会工作实务的三种基本工作模式：个案工作、小组工作和社区工作，能够有效针对不同的信访对象采取合适的工作方法，在法律和政策的基础上，综合心理学、社会学等知识化解社会矛盾，能够个性化地处理信访人的问题，最大限度地调动社会资源处理信访矛盾和突发问题。社会工作有一套规范的工作程序，通过有计划、有步骤地介入案主的问题，并有反馈调整和督导机制，在聚焦信访问题、调整改善社会关系，减缓社会冲突，激发信访人参与到问题的解决有技术优势，从而提高信访工作解决问题的效能和完善解决问题的方法。

社会工作介入城市社区信访矛盾化解的途径和方法

社会工作是一项复杂的社会技术，这种社会技术的使用与一个国家（社会）的经济、政治和文化因素密切相关。[1] 对于我国的社会工作，学者有本土社会工作和专业社会工作之分，本土的优势是完备的组织，群众的习惯，而专业社会工作的优势是专业价值观和科学的方法技术，社会工作介入城市社

---

① 参见王思斌、阮曾媛琪：《和谐社会建设背景下中国社会工作的发展》，《中国社会科学》2009 年第 5 期。

区的信访矛盾化解工作，要中西结合，既发挥现有组织制度优势，也要学习先进的方法。

一、社会工作介入途径分析

中国的社会工作发展道路不同于西方，中国实际的社会工作主要是由政府（通过单位）及与其密切关联的群众团体承担的嵌入式发展和互构性发展，[①] 社会工作介入城市社区信访矛盾化解的途径，要与现有政府和社区管理体制相结合，发挥街道办事处和社区居委会的完备组织优势，同时大力提倡和支持社会组织发挥作用，共同推动城市社区信访矛盾的化解。

（一）专业社工派驻信访岗位

在党和政府的统一组织领导下，以加强信访工作力量为目标，在信访工作岗位引入社会工作人才，并为其提供制度和经费保障。社会工作者以信访工作人员的身份直接参与接访、调查和协调处理信访问题，工作职责主要是协助信访人准确表达诉求，提供心理咨询帮助信访人平复情绪，对信访人的困难进行调查、提供帮扶建议，通过个案对信访人遇到的困难和问题提供专业社会工作服务，并以社会工作视角对信访渠道表现出的社会政策和公共服务问题提出建设性意见和建议。在信访岗位派驻社会工作者，一方面为社会工作人才在权益维护、心理疏导、行为矫正等专业作用发挥提供平台；另一方面也进一步提高信访工作知民情解民困的能力，在调查和答复信访人的作用上拓展帮助信访人解决问题的能力，促使问题的真正解决。

广东省中山市在"引入社工参与信访工作"中进行了积极探索，2010年中山市信访局与博睿社会工作服务中心合作，在信访工作岗位引入4名社工，充分利用"柔"、"梳"、"引"等社会工作专业中方法处理信访问题，应对突发事件。通过试点证明信访社工在改善信访秩序上作用明显，对13位有实际困难的上访人进行个案跟踪，解决了其中6位信访人的问题。[②] 在试点的基础

---

① 参见王思斌：《中国社会工作的经验与发展》，《中国社会科学》1995年第2期。
② 参见中民、中山：《探路"社工参与信访工作"新机制》，《社会与公益》2013年第9期。

上，中山积极推进信访社工的长效机制，一是建立信访社工服务网络，在各镇街设置 1—2 名信访社工，开展日常接访和个案管理工作，进一步扩大服务面；二是推进信访社工的支持体系建设，内抓优化管理，外抓支持体系，使信访社工服务更加规范；三是加大信访社工服务的宣传力度，使信访人了解信访社工这个为自己服务的岗位，愿意通过信访社工来提高自身的能力，解决自己的信访问题。最后加强社工综合能力培训，一方面加强信访业务知识培训和经验交流，另一方面帮助信访社工释放压力、给予激励和业务奖励，保持信访社工人才的优质和队伍的活力。

A 街道根据街道的工作实际，在专业社工派驻信访岗位方面进行了积极尝试，一是通过岗位交流锻炼的机会，抽调 1 名具有社工师资格的社区工作者到信访科工作，在信访日常工作中引入社会工作的实务方法；二是在社区选拔了一批具有社会工作学历背景和获得社会工作资格证书的社区工作者负责社区的信访矛盾化解工作，在街道办事处信访科的指导下以社会工作的理论和方法推进社区问题治理，推动信访矛盾化解，促使信访重点人转化。

（二）购买社工服务解决信访专案

对于一些信访问题或者某一类信访人政府可以将其打包成服务项目，通过购买社工事务所等专业团队的服务，使社会力量参与解决信访矛盾。政府购买服务是政府改革的大趋势，不但可以优化行政资源，同时社会力量的参与也有利于社会问题的解决。在信访矛盾化解工作中，政府购买服务并进行项目化管理，可以减少外围调查、情绪疏导和教育巩固的工作量，集中精力和资源解决其合法合理诉求和完善社会政策，社工事务所作为社会组织也可以以其专业精神、中立的立场和个性化的服务搭建政府和信访人的对话平台，促使信访矛盾顺利化解，同时社会工作专业团队利用其人力资源和理论经验优势有利于推动类似问题的化解。

上海在社工介入信访工作中进行了购买服务的实践，2008 年上海市民政局邀请高校社工专家对一例信访个案进行服务，在 2009 年上海公益社工事务所受浦东新区妇联委托开展了为期两年的动迁安置引发群访的家庭服务项目，2011 年、2012 年又开展了企业退休复员、"白玉兰开心家园"等项目，初步形成了社会工作专业力量介入信访工作的模式。在"白玉兰开心家园——知心妈妈项目"中，专业社工机构受市妇联的委托，在市信访办的支持下针对部分老信访户开展了为期两年的专业服务，发挥社工、心理咨询等机构的专业优势，通过改变上访人偏激行为、修护家庭和社会功能，为其增能、平复情绪，引导其理性表达诉求并协调相关部门合力解决矛盾。

（三）对信访矛盾化解人员开展社会工作教育培训

信访岗位的工作人员在招聘和任用时，一般考虑行政管理、法律等知识结构背景的人员，日常工作专业培训也主要是法律、政策和思想政治方面的内容，导致信访矛盾化解工作偏重行政管理。而在实际工作中信访事项内容复杂，信访人性格各异、能力参差不齐，信访矛盾化解仅仅靠行政、法律等理论和手段是无法完成的，特别是面对一些偏激的信访人，要求工作人员在了解信访工作业务之外，还要有很强的沟通和协调能力，信访问题的真假分辨能力和问题聚焦能力，而这正是社会工作实务的强项，对工作人员进行社会工作教育培训能够提高其处理信访矛盾的能力。

2014年，A街道组织各社区负责信访矛盾化解工作的人员参加了区里社工联合会的培训，对社会工作理论和工作技巧进行系统学习，并以社会工作的视角和方法对一些信访矛盾进行处理。对比培训前后的效果，在信访矛盾化解理念和对待信访人的态度上有了明显变化，都能够以助人的心态去开展工作，在化解信访矛盾的方法上也有新的提升，更注重信访矛盾和信访人的系统分析，注重有计划地开展信访矛盾化解工作。

二、社会工作介入方法及实践

社会工作实务主要有三种基本工作模式：个案工作、小组工作和社区工作，三种方法模式都有其自身特点和优势，根据城市社区信访矛盾的不同类型和信访人的不同特点，可以分别采取适合的工作模式，也可以针对同一信访问题综合采取三种工作模式，通过科学的方法，有计划、有步骤地预防或解决信访矛盾，同时提高信访人的综合能力，推动社区实现自我管理，提高信访矛盾化解效能和完善信访矛盾化解机制。

（一）以个案方法介入非正常访现象

个案工作是社会工作者对单个案主或家庭开展服务，采取各种方式了解其遇到的困难及深层次原因，有针对性地帮助案主解决所遇到的困难，提高案主自身解决问题的能力。在信访工作中，有的信访人需要解决的不只是信访诉求，更深层次的个人心理和认知、家庭关系和社区融入等都存在问题，只通过简单的信访答复和思想工作无法使其息访，反而会产生许多重复访、缠访和闹访，而采取社会工作的个案方法介入却能取得非常好的效果。

在工作中遇到这样一个案例，信访人姓侯，61 岁，低保人员，"文革"期间被送回籍贯地山东，后历经周折将户口迁回北京，现要求解决退休问题，与社区居委会和社保所核实，其没有缴过养老保险，不符合退休政策，而且已经年过 60 周岁无法再办理。在书面正式答复信访人相关政策后，侯某并没有息访或者到上级部门申请复查，反而加大到办事处闹访的频率。经进一步了解，侯某在 20 世纪 80 年代通过上访将户口迁回 A 街道，又通过 10 来年的上访解决了其姐姐的户口问题，对缠访、闹访有丰富的经验和偏执的信心，但其生活也存在一定的实际困难。

对该信访人，社区决定利用社会工作个案方法进行介入，在征得其同意后建立了信访代理关系。

首先，倾听。通过聆听了解侯某的故事，并由此看出其主要的问题是：在社会变革中受到一定的影响，自我排斥和社会边缘化，同时遇到现实困难而不知如何解决。其次，变换场景展现全部故事。个案介入过程中，通过变接访为下访，主动到其家里座谈，发现其家里比较简陋，需要长年照顾患病的妻子。在与其聊天过程中，了解到案主许多生活趣事，同时与其对不同年龄遇到的不同挑战进行探讨，开导其正视目前遇到的问题，挖掘自身优势和资源。再次，重构故事，赋权发声。叙事治疗理论认为，在每一个人的生命历程中，有无数的故事因子库存，有的是成功的、积极的经验，有的是失败的、消极的体验，积极的故事因子形成积极的故事版本，可以塑造生命。[①] 在

---

① 参见何芸、卫小将：《后现代主义和社会工作研究》，《华东理工大学学报》2014 年第 4 期。

侯某的生命历程中，也存在积极的故事，通过其叙事重构了一个勤劳、有爱心的人，促使其自我肯定，社区也邀请其参加社区活动，向亲社会转化，进一步挖掘出其自身的优势并转移到应对目前生活压力和问题上来。针对其生活中的困难，协调民政部门为其办理了低保，城乡养老保险也有一定的补助，民政还针对其妻子的情况增加临时困难补助。最终，该信访人缠访、闹访的思想观念有了转变，同时利用其妻子、女婿等人对其激动情绪的看法和饮酒后行为的担心来促使其改正过激的行为，通过多次访谈和记录其行为，评估其缠访闹访的情况日渐减少，其将更多的时间和精力放在改善家庭生活中。

生命模式认为人们按照自身独特的生命历程发展，在这个过程中所遇到的压力、转变、事件等会扰乱原来的适应状态，因此人们会判断这些干扰的严重性并寻找应对问题的措施，当自身努力无法获得环境的反馈时，人们就可能寻求代表公正和权力的政府上访。侯某的生命历程是独特的，经历了许多转变和压力，而现在突然开始缠访和闹访，直接压力是年老且而又无退休工资，无法有效应对家庭生活压力，在无法获得政府和社区等环境支持时，其将生活困难归咎于政府和社会责任，如果简单就事论事，其没有缴纳社会保险就答复无法办理退休，答复无助于信访人的息诉罢访，而要从其压力源进行分析，增加其个人能力和资源，增强其适应环境的能力，这样才能最终使其息诉罢访。

（二）以小组工作应对共性问题，提升特定群体应对能力

在城市社区信访矛盾中，老年人、失业人员占信访人群的比例很大，以A街道为例，信访人为老年人（60岁及以上）的占37%。老年人群体是社区真正的"常住"人口，也是城市社区信访矛盾的重要参与者，他们有的希望对公共政策和社区建设提出意见和建议，有的希望政府帮助解决家庭矛盾和困难。他们信访的问题并不只是政府管理的问题，也与自身经历社会环境变迁，无法适应新的环境，适应能力不足且处于弱势地位有关，而通过社会工作帮助信访人转变思想观念、提高能力、搭建平台，更能从根本上增强基层信访矛盾的化解效果。社会工作者以发展性模式的小组工作方法介入辖区59号楼老年人经常上访问题为例。

59 号楼是原 218 厂的职工宿舍楼，居住户多为原国有企业的退休职工，该楼居民上访频率高出其他小区 3 倍，小到家庭琐事，中至物业管理，大到对养老等社会政策有意见都偏爱到街道上访，希望政府介入各种矛盾纠纷的化解。社区以"和谐社区我参与"为主题成立了居民行动小组，小组由该楼 9 位老年人组成，他们中年龄最小的 50 岁，最大的 76 岁，平均年龄 64 岁。小组成员主要招募的有上访行为的老年人，其中有两位长期上访反映家庭问题和邻里纠纷，4 位热衷于一起上访反映物业管理问题，也吸纳了居委会推荐的 3 位热心群众，其中一位才 50 岁刚退休，一位是退休了的工会主席，一位是该楼家委会主任。

该小组除了上访倾向外还有以下共同特征：小组成员都是国有企业退休人员，都经历单位制向社区制的转变，且现在大部分时间居住在社区；退休后有大量空闲时间，社会交往减少，精神生活匮乏；成员参与热情高，身体都比较健康且部分成员有领导能力和技术特长。

小组目标：增强小组成员对生活的控制感，对社区的归属感，减少其无助感和情绪化；增强小组成员的法治意识，协商和行动能力，减少上访倾向；搭建老年人参与平台，丰富老年人精神生活，引导老年人参与和谐社区建设。

考虑老年人身体上的不便和知觉方面的限制，小组活动安排在社区居委会，每次活动争取 1 个小时内完成，具体活动内容见下表：

小组活动安排表

名称	日期	目标	活动内容
走近你我	3 月 4 日	使老人相互认识，理解小组目的和内容，与社会工作者建立专业关系	自我介绍游戏：我是大嘴王 破冰游戏：击鼓传花、组名和口号征集。
大家一起来	3 月 11 日	增进组员相互了解，寻找小组领袖，培养依法维权意识，增强小组的使命感和热情	观看"爷爷维权团"视频。 学习信访法律知识、网络使用技能。 分享解决矛盾纠纷经验

名称	日期	目标	活动内容
助人自助	3月18日 19日	建立互助支持网络、议事和行动规范，培养协调行动能力	为小组成员困难出谋划策。 解决小区绿地无人管理问题
夕阳彩霞	3月25日	搭建老年人参与社区建设平台	建立"金点子"工作室。 建立"老好人"调解室

在小组工作中关注老人社会功能减弱和个人潜力的挖掘，小组成员从三方面进行了深入探讨：一是摆正在家里的位置，年龄大了少管年轻人的事，但年轻人尽孝道是理所当然的；二是退休了社区就是新的归属，要多参加社区活动和关心社区建设，老年人仍然可以有所作为，为此社区为老人建立了"老好人"调解室；三是老人是块宝，经验就是笔宝贵的财富，要加强新知识的学习，关心时事，积极为政府和社会建设建言献策，社区为此搭建了基层群众与政府之间互动的"金点子"工作室，使老年人参与社区民主建设。在小组工作结束阶段，这些爱上访的老人带动楼里其他老人已经开始忙碌于讨论"为老服务"、"文明行为"，忙着协调文明养狗，调解邻里纠纷。

老年人这个上访群体，应该辩证地看待，一方面老年人"有想法"和"做点事"的参与热情难能可贵，但也体现出了老年人在社会中的边缘化趋势，随着退休和年老，在社会和家庭的地位都逐渐降低，看孩子和不给别人添麻烦成为人们对他们的期望，其话语权和影响力其实是处于弱势的状态。另一方面，老人虽然有着丰富的经历阅历，但也存在思想观念落后和现代科学技术运用能力欠缺，活动能力不足的劣势。采取小组工作的发展性模式，就是预防老年人社会功能失调，挖掘其个人能力，改变解决问题的方式，建立和谐的社会功能。

（三）以社区工作推进社区治理，推动城市社区信访矛盾源头化解

居民小区是我国城市社区的主要组成部分，小区内的矛盾复杂多样，既有城市管理和居民利益的冲突，也有小区业主之间的利益矛盾，常常通过信访渠道表现出来，是城市社区信访矛盾的重要组成部分。社会工作能够有效

推动社区治理，在社区工作模式下，搭建政府、居民、社会组织等主体的沟通和协商平台，通过社区资源挖掘、社区居民赋权、社区自治能力培养等途径，提高社区沟通能力和凝聚力，推动社区问题的解决，从而预防和化解社区矛盾。

常青园社区属于老旧小区，存在小区管理不善、居民自我管理能力差的问题，因小区管理问题多次引发信访，以前的信访处理往往是头痛医头脚痛医脚，化解信访矛盾的效果不明显，为此对该社区采取社区发展的模式开展社会工作，信访科工作人员与社区居委会、社区居民一起，共同致力于发现和解决小区的管理问题，同时唤醒和培养社区居民的自我管理意识，通过常青园小区改造项目推动了社区治理能力提升，从源头上预防和化解信访矛盾。主要采取以下八个步骤：

第一步：确定问题。近年来常青园社区居民频繁上访，反映小区物业服务差，基础设施老化、公共设施缺乏，私装地锁、私搭乱建现象突出，环境脏乱差，治安问题频发等问题。

第二步：评估社区需求。为进一步了解该小区反映问题的原因，社会工作者通过调查问卷进行了调查，96% 的居民认为小区存在管理差的问题，98% 的人希望小区得到改善，92% 认为是政府的责任，78% 认为是物业的责任，40% 认为是居民的责任。通过与 21 位居民代表座谈，全部居民代表都希望对小区进行改造和加强管理，主要需求是对基础设施和小区环境进行改造，包括对私装地锁和私搭乱建进行处理，修建公共设施如自行车停车棚、监控系统。小区物业由原来开发公司留下的人员负责，其称居民不交物业费，没有财力和人力管理小区。走访了部分私装地锁和存在违法建设的业主，对拆除地锁反对意见较小，但对拆除违法建设反对意见很大。经过综合评估，对常青园小区存在的问题认同度和改善意愿都比较高，但小区居民自我责任和自我管理意识不强。

第三步：培育社区领袖。为化解小区信访矛盾，社区居委会主持召开了一次座谈会，除街道社区办、城市综合管理科和拆违办等政府工作人员参加外，还有居委会工作人员、多次上访的居民、居民代表、物业参加，各方对推进小区改造和管理为焦点进行讨论。居委会和上访居民对改造意愿最强烈，政府部门和居民代表对推进小区改造表示支持，城市综合管理科会为该小区争取老旧小区改造项目，拆违办也会组织综合执法组和城管部门对小区违法建设进行拆除，物业对小区改造不积极但也无反对意见。在谁负责协调推进小区改造和小区管理时，物业表示不能胜任，居民代表对信访人也不信任，政府希望小区改造过程中居民参与，在改造后对公共设施由居民自我管理，与会代表对社区居委会发挥组织协调作用取得了一致认同，要求居委会主任牵头，认为其熟悉小区情况，也熟悉政府运作，便于协调各方力量和开展居民工作。

第四步：社区教育。小区改造和管理取得居民的支持和参与是最重要的，也是进行社区工作的重要目标，为此必须先开展好社区教育。社区教育围绕"拆违"和"建设"两个主题进行，充分调动社区居民的积极性，提高法制意识和主人翁意识。拆违办在小区开展了拆违相关法规宣传，通过悬挂横幅、发放宣传品，普及城市建设的相关法律知识，使居民对违法建设有一个正确的认识。街道宣传部还举办了"打击违法建设"为主题的宣讲活动，形成了居民对公共空间的管理使用共识。

小区怎么改，先听居民的意见，在综合居民来信来访反映的意见和建议基础上，就设计方案、施工方案、施工计划等在小区广泛征集居民意见，通过将设计图纸向居民公开，将居民最迫切的问题列入改造范围，充分发挥居民在地区环境整治中的积极性和创造性。居民反映的意见主要涉及居民出行、小区绿化等事项，街道组织施工方逐一与居民、商户就方案进行协商，由居民提出改造意见，明确环境整治的重点，及时完善修改设计方案。

第五步：制订计划。按照"拆违"、"改造"和"管理"三个目标，政府、居委会和居民经过座谈协商，制订了三个行动计划。首先是拆违工作，由街道拆违办牵头，相关职能部门和居委会配合，按照"先公后私，法理兼顾，分步推进"的思路进行，为小区改造铺好路。其次是建设工作，由街道城市综合管理科牵头，组织施工单位对小区基础设施，公共服务设施进行施工改造。最后是小区自我管理行动计划，由社区办指导，常青园社区居委会实施，组织社区居民代表就小区的如何管理进行协商，推动小区的自我管理自我服务。

在制订行动计划过程中，充分发挥信访的沟通和协调作用，既积极回应居民意见，也整合政府资源推进小区改造。一方面接受小区居民对违法建设的举报，积极回答居民的疑问，让居民理解拆违对小区改造的作用，增强共同使用管理公共空间的意识。另一方面也听取违法建设者的意见，给予其时间到街道申诉的权利，并将居民的担心和顾虑综合归纳后列入改造议程解决。居民反映的存车难、执法公平性、小区后续管理等问题都在计划中得到体现，充分调动了居民参与社区管理的积极性。

第六步：采取行动。按照职责分工，整合社区资源进行行动。在拆违行动中，主要发挥行政执法作用，街道拆违办联合人大办、城管分队等部门约谈了社区内的单位负责人，还走访了社区内的企业，讲明街道拆除违法建设，推进小区改造的计划，转达居民要求先拆除单位违建的意见，均得到了企事业单位的配合，率先拆除了单位的违建。对居民自用违建按照"先易后难，边拆边谈"的思路，有序推动拆违工作。首先对各处违建发动社区进行摸排，逐一建立档案，对违建时间、使用情况和相对人家庭情况进行排查，对有特殊困难的家庭违建拆除日期往后排。小区改造行动与拆违行动同步推进，虽然主要由施工单位执行，同时也充分调动居民的积极性，对施工中的问题提建议，对工程质量进行监督。

小区自我管理计划执行是社区工作的最重要行动，居委会发挥组织者作用，先后组织召开了拆违工作协调会，自行车棚管理座谈会，凝民心，聚民力，群策群力解决社区问题。社会工作关注弱势群体，强调主动维护弱势群众的利益，所以在社区资源分配中对弱势群体进行照顾。在小区违法建设拆除协调会中，协调环卫部门为居民提供临时停车场，协调综合执法组派保安24 小时看护，解决居民临时无处停车的困难，因小区内一户空巢老人和一户残疾居民无法到临时停车场停车，需要暂缓拆除违建车棚，为此专门召开了说明会，基于人性关怀对特殊情况予以照顾，此举赢得了居民的理解和关心弱势群体的认同，也减少拆违的阻力。在新车棚改造完成后，按照居民意见优先安排老人、残疾人的车位使用，协调社会治安综合治理部门安装监控等技防设施，成立自我管理志愿者队伍。

第七步：社区能力建设。街道办事处将拆除违章、环境建设和社区自我管理相结合，注重社区管理能力培养，统筹推进美好社区建设。在拆违和环境建设过程中，利用社区居民委员会，民主议事会、楼委会等居民自治组织进行民主议事，培养居民自我发现问题、解决问题的能力。通过民心工程，进一步强化社区党委和社区居委会的影响力，让居民看到社区居委会协调相关政府资源为居民带来的好处，进一步增强了社区党委和社区居委会在居民中的影响力。制定了社区文明公约，对停车、公共设施等行为进行规范，成立了社区自我管理和自我服务志愿者队伍，加强了小区的治安管理。

同时常青园社区还以此为契机，针对老年人照料、青少年成长、电热气安全等社区居民头疼的问题，整合社区内资源，设立了社区"点点服务室"，以社区党员和辖区企事业单位党员志愿者150余人为主体，及时为辖区居民解决生活难题。社区党员组成的爱心服务队，主要对社区弱势群体家里力所能及的家务提供服务，如帮助孤寡老人包饺子、陪孤寡老人聊天、处理社区矛盾纠纷、帮助维持社区稳定等；由国家电网党员成立了电工服务队，为社区内残疾人、低保户、孤寡老人等弱势群体免费提供入户检查、更换电线，为社区行动不便的居民免费提供买电服务；由燃气服务公司党员组成的燃气安全服务队，入户宣传安全用气知识，为社区残疾人、孤寡老人等弱势群体免费提供社区在燃气安全性上的保障，并对居民燃气管道进行定期检查，提供安全保障；国税局的党员组成青少年教育服务队，开展青少年法制宣传，为社区困难孩子免费提供电脑，积极辅导他们的学习。

第八步：效果评估。从效果上看，首先，小区原来存在的私装地锁、私搭乱建等现象通过综合执法进行了整治；其次，小区的基础设施得到改善，通过合理规划布局，增加停车空间，增设公共设施，增添休闲设施和公共景观，增设太阳能路灯、分类垃圾桶等绿色低碳设施，在社区内加装了监控探头等技防设施；再次，在分配社区资源中对弱势群体进行了照顾，公共设施改造后充分考虑小区老人多的情况，设置老年人、残疾人等专用停车位，增加座椅方便老人休息；最后，社区居委会的地位和威信得到提高，居民参与社区管理和社区建设的热情高涨，社区资源和志愿服务也得到提升，老旧小区的自我管理水平明显提升。

从过程来看，首先，在拆除私装地锁和违法建设过程中，通过社区工作的教育，沟通平台和特殊情况个别化对待，在工作过程中及时化解了信访矛盾；其次，通过一系列座谈会、民主议事会、情况说明会等社区工作，提升了居民参与社区管理的能力，改善了邻里关系和社区居民间的沟通能力，建立了互助和志愿服务网络；最后，在解决工程中发现，信访人作为社区居民提意见的人多，但是愿意作为社区领袖发挥带头作用的人少，社区居民中的高素质和责任感强的人员少，没有起到共同的行动者的作用，这是开展社会工作中存在的不足。

三、社会工作介入的效果分析

社区自我化解矛盾能力不足难题，在化解过程中引入社会工作的理论和实务方法，相比之前的化解工作，对信访问题及信访人的了解更全面、更深入，化解的工作思路和重点更明确，对基层的信访矛盾化解工作有很大的促进作用，但也存在一定的不足。

（一）为基层信访工作提供了新的思路

按照传统思路，政府主要考虑信访诉求的合法合理性，关注信访人不出现扰乱社会秩序的行为，主要采取行政方式和思想工作，容易忽视信访人背后的社会问题和个人因素，常常导致矛盾激化或者异化，不仅提高社会管理成本，还会导致政府公信力受损。社会工作介入信访矛盾化解，社会力量作为独立第三方参与信访矛盾化解，有利于赢得信访人的信任，减轻"官"、"民"对抗冲突，也有利于信访矛盾化解过程的公正透明。社会工作介入信访矛盾化解，能够更有效解决的上访人心理、能力和生活中存在的问题，帮助信访人息访并逐渐恢复正常的生活。社会工作还提高了基层信访工作人员的接访沟通能力，运用社会工作的平等、尊重、接纳、自决的理念，采用同理心、人在情境中、移情等工作技巧，可以改善工作人员与信访人的关系，更有效地疏导情绪、减少冲突、帮助弱者，从而加快信访矛盾的解决。

（二）促进了部分信访难题的有效化解

长期缠访、闹访是基层信访工作中的老大难，这些信访人的合理诉求基本得到解决，不合理诉求也得到了明确答复，有的甚至经过了法院的判决，但还存在心理扭曲、能力不足、家庭和社会融入等问题，且在长期信访中问题被放大和强化，信访终结无法使其息诉罢访。社会工作对这部分信访人进行介入帮助，对心理问题进行科学的干预，协助他们克服生活中的困难，恢复正常的社会生活功能，有利于疏解信访过程中的负面情绪，也有利于解决信访终结后的善后问题。通过社会工作对 A 街道 4 名长期缠访、闹访人员进行介入，其中 3 人不再上访，另外 1 人因拆迁安置诉求过高未解决，但信访频次有所减少。

（三）提高了社区自我化解矛盾的能力

社区管理是街道办事处的重要工作内容，因社区问题引发的信访是城市社区信访矛盾的重要组成部分，且容易形成集体访。随着我国经济社会的改革，居民正从单位人向社区人转变，在此过程中社区居民的自我管理和自我服务能力不足，居民的社区归属感和参与度欠缺，大量的社区问题通过信访表现出来。在化解这类信访矛盾时，街道办事处需要耗费大量的行政资源，一方面代替居民协调各方关系，另一方面对市场主体和居民的投入不足进行兜底，且不能从根本上解决此类问题。社会工作着眼于社区的发展，其介入化解社区矛盾是通过社区成员有计划的参与来解决共同问题，在此过程中强调挖掘社区资源、培养社区自治能力，化解信访矛盾的过程中也提高了社区沟通能力和社区凝聚力，从而增强了社区自我化解矛盾的能力。在 A 街道三个不同特点的社区问题进行了社会工作介入实践，常青园小区有效推动了老旧小区改造，解决了私搭乱建、小区治安差的问题，在东厅社区指导新裕家园业主成立了业主委员会，解决了小区物业管理和服务差的问题，在双玉南街 59 号楼成立了以退休老人组成的"金点子"工作室和"老好人"调解室，为老人参与社区建设提供了平台，不仅解决了社区信访难题，还提升了社区居民的自我管理和自我服务能力，从源头上减少了社区问题变成信访矛盾。

在 A 街道开展社会工作介入城市社区信访矛盾化解探索中，受到街道信访工作原有机制和政策的制约，也受到可利用资源的限制，加上对理论和方法掌握还不够深入，研究存在一定的局限性。同时短期上访率不会有明显下降，信访人的变化也可能反复，因此介入效果也有待进一步验证。

社会工作介入信访矛盾化解为信访工作提供了一个新的视角和新的方法。我国正处于深化改革的重要时期，大量的社会矛盾通过信访渠道反映出来，信访在畅通民意表达，维护群众利益和维护社会稳定方面应积极创新，借鉴社会工作的理论和实务方法，推动信访矛盾化解和信访人能力改善。在城市社区中，信访行为多发、易发，信访矛盾内容多元化、复杂化，但社区自我管理能力，信访人维权能力存在不足，信访矛盾化解工作面临巨大的压力，街道办事处和社区居委会作为化解信访矛盾的最前沿，作为维护社会稳定的落脚点，社会工作介入信访矛盾化解是不错的选择，要积极采用社会工作的理论和方法，发挥其柔性化管理、个性化服务、专业化运作的优势，及时发现社会矛盾和社会问题的深层次原因，及时采取化解信访矛盾的措施和方法，有效帮助信访人克服困难提升能力，最大限度地预防矛盾、缓解矛盾、消除隐患，维护社会安全、稳定与和谐。

社会工作介入城市社区信访矛盾化解工作，仍存在着政策、机制、资源等方面的限制。首先，社会工作在我国仍处于发展完善阶段，社会工作服务机构和人员不够，在社会管理和服务方面参与不足，尤其是参与信访矛盾化解的社会工作机构和社会工作人员缺乏。其次，信访部门与社会工作机构的良性互动机制尚需建立，在信访矛盾化解中引入社会工作需要政府对社会组织的重视，需要政府购买服务的相关政策完善，对于基层政府更需要上级信访主管部门的支持引导和本级政府领导的高度重视。最后，社会工作介入信访矛盾化解需要社会的认同，特别是信访人的信任，只有社会公众接受社会工作介入的方式和取得好的效果后，社会工作介入信访矛盾化解才能够真正得到发展。因此，需要对社会工作介入信访矛盾化解方式进行倡导，需要对社会工作介入信访矛盾化解机制建设进行深入研究。

后 记

本书以北京城市学院 2015 年毕业的"信访与社会矛盾冲突管理方向"硕士研究生的毕业论文为基础编撰而成，由北京市信访矛盾分析研究中心副主任吴镝鸣担任主编，由研究中心敖曼、李慧敏、许娟担任副主编，并由人民出版社出版发行。

本书是集体合作的成果，在准备到出版的过程中，编委成员多次对编写事宜、编写体例和编写内容进行商讨研究。北京市信访办副主任张宗林、北京市信访矛盾分析研究中心主任郑广淼以及研究中心全体同事在本书的前期准备、大纲体例及编辑编撰等方面提了许多宝贵的意见和建议，为本书的顺利编撰付出了心血。同时，感谢人民出版社在本书的出版、发行过程中，对本书编校、排版、印刷方面给予的大力支持。

本书虽经历多次研讨修正，但在很多方面还存在不足，希望广大读者以及相关领域的专家学者、信访工作者能够多提宝贵意见。希望本书的出版能更好地推动信访领域高等教育的发展，能给信访领域的相关研究提供启发，对信访工作实务有一定的帮助。

谨向所有参与本书策划编写的各位专家和朋友们表示衷心地感谢！

编者
2015 年 12 月